AF568501

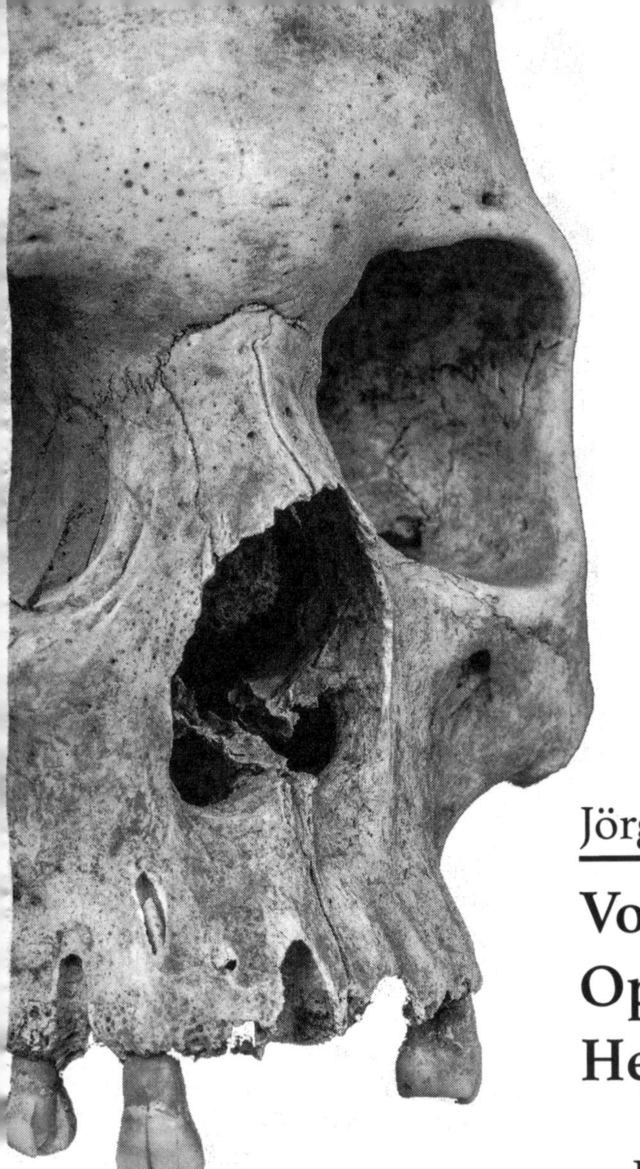

Jörg Scheidt

Von Schädeln, Opfergruben und Heiligtümern

Die Entwicklung der vorgeschichtlichen Religion

Edition Roter Drache

1. Auflage März 2024

Edtion Roter Drache, Holger Kliemannel, Am Hügel 7, 59872 Meschede
edition@roterdrache.org; www.roterdrache.org
Titelbild- und Umschlaggestaltung: Holger Kliemannel

Buchgestaltung: Edition Roter Drache
Lektorat: Mirja Dahlmann
Gesamtherstellung: Wonka Druck, Deutschland

ISBN 978-3-96815-068-0

Inhalt

Danksagung

An dieser Stelle möchte ich mich bei allen Menschen bedanken, die mir bei den Vorarbeiten und der Erstellung dieses Buches geholfen haben. Namentlich

Prof. Dr. Hans Georg Hüttel, der geduldig meine Magisterarbeit zu Schädelkulten betreute.

Prof. Dr. Klaus Schmidt, der mir durch seine persönlichen Nachrichten eine große Hilfe bei der Erstellung meiner Magisterarbeit war.

Prof. Dr. Gary Rollefson, dessen freundliche Mails mir bei diesem Buch eine nicht zu unterschätzende Hilfe war.

Dr. Andrea Zeeb-Lanz, die sich die Mühe machte, mir bei dem Kapitel über Herxheim zur Seite zu stehen.

Dr. Marc Hellstern, der mich bei meinen ersten Schädeluntersuchungen als medizinischer Berater begleitete.

Mirja Dahlmann M. A., ohne deren Lektorierung das Buch nicht lesbar gewesen wäre.

Conrad Fröhlich M. A., der mir bei den ethologischen Funden half.

Anna Plattner, die mir immer zur Seite stand und an mich glaubte.

Vorwort

Manchmal braucht es einen einzigen Schlüsselmoment, um das Leben, die Interessen oder auch die gesamte Zukunft zu verändern. Meistens sind es diese neuen Lebensabschnitte wie das Kennenlernen eines neuen Partners, die Geburt eines Kindes, die Ergreifung einer anderen beruflichen Tätigkeit, einer Erkrankung oder auch den Verlust eines geliebten Menschen. Manchmal reicht aber auch ein einfacher Museumsbesuch.

2004 begann ich mein Studium der Christlichen Archäologie an der Universität Bonn. In den Nebenfächern belegte ich Vor- und Frühgeschichtliche Archäologie und Mittelalterliche Geschichte. Mein Ziel war es, „irgendwas" mit Mittelalter zu machen. Konkrete Pläne hatte ich nicht, aber da das Christentum mit dem Mittelalter stark verbunden war, empfand ich diese Fächerkombination damals als passend, was sich später jedoch als absoluter Blödsinn entpuppte. Man lernt halt nie aus.

Während meines zweiten Semesters besuchte ich die Ausstellung „Tutanchamun – Das goldene Jenseits" der Kunst- und Ausstellungshalle in Bonn. Ich war begeistert von den ausgestellten Stücken und war insgesamt dreimal dort. Bei meinem letzten Besuch liefen gleichzeitig zwei weitere Ausstellungen. Eine von ihnen war „Krone und Schleier – Kunst aus mittelalterlichen Frauenklöstern". Da mich das Thema Mittelalter brennend interessierte, hatte ich hohe Erwartungen und kaufte mir auch sofort den Ausstellungskatalog. Damit war mein Bücherbudget für diesen Monat auch erschöpft.

In dem Museum gab es dann noch eine weitere Ausstellung mit dem Titel „10000 Jahre Kunst und Kultur aus Jordanien – Gesichter des Orients". Auf einem Plakat sah ich die Köpfe einiger Statuen, was mich aber nicht ansprach. Ich empfand es damals als langweilig und haderte mit mir, ob ich mir das wirklich anschauen sollte. Ich beschloss, dann doch schnell durch die Ausstellung zu gehen. Schließlich war diese in dem Ticketpreis inbegriffen und ich hatte noch etwas Zeit, bis mein Zug kam. Ich schritt die Treppen hoch und mich begrüßten eben jene Statuen, die auf dem Plakat zu sehen waren. Ich überflog den Text, der bei den Statuen angeschrieben war. „'Ain Ghazal, einige tausend Jahre vor Christus". Ok, das war nicht mein Ding, aber ich ging dann dennoch sehr schnell durch die anderen Räume.

Ich weiß nicht mehr genau, wo es war, aber recht weit am Ende der Ausstellung sah ich eine Vitrine. Sie stand mitten im Raum, nichts unterschied sie von den anderen. Ich ging zu ihr und sah den Kopf einer Statue, die mit wenig Kunstfertigkeit modelliert war. Sogar die Statuen am Anfang fand ich da hübscher, aber ich schaute mir den Kopf trotzdem flüchtig an und las schnell den Begleittext. Dort sprang mir das Wort *Schädel* ins Auge. Ich war überrascht. „Mit Ton übermodellierter, menschlicher Schädel" las ich dort und ich schaute mir das Objekt dann sehr genau an. So etwas hatte ich noch nie gesehen, auch hatte ich noch nie von etwas ähnlichem gehört. Da sah ich auf einmal den blanken Knochen des Schädels und erkannte die Tonschicht, die auf ihm modelliert worden war. Ich war perplex. Mehrere Minuten schaute ich mir das Objekt an, länger als alle anderen Objekte im gesamten Museum und ich dachte nur „Wow" und mein Schlüsselmoment war da: Dieser eine Moment, der mein Interessengebiet und damit auch meinen weiteren Werdegang radikal veränderte. Leider hatte ich kein Geld mehr für den Katalog, auch kam mein Zug bald. Somit verlies ich das Museum ohne weitere Informationen, aber ich dachte noch lange über diesen Schädel nach. Warum haben die Menschen des Neolithikums das getan? Wer war dieser Mensch, dessen Schädel tausende Jahre später in einem

Museum ausgestellt wurde? Dies waren die ersten Fragen, die mir durch den Kopf schossen.

Ich wechselte kurze Zeit später mein Hauptfach. Vor- und Frühgeschichtliche Archäologie wurde nun mein Schwerpunkt. Zwar beschäftige ich mich weiter mit dem Mittelalter, aber es war nicht mehr so bedeutsam. Ich las viel über Religionsentwicklung, suchte mir Referatsthemen aus, in denen ich auch das Thema Religionsarchäologie oder auch Bestattungssitten bearbeiten konnte, wie zum Beispiel über die Goldblechkegel oder über Elbgermanische Körpergräber. Ich besuchte auch öffentliche Vorlesung der theologischen Fakultät und lauschte den wissenschaftlichen Erkenntnissen über das Alte Testament. In den Jahren beschäftigte ich mich auch immer wieder mit dem Thema Schädelkulte, ein Begriff, den ich mir nach der Ausstellung aus diversen Lexika erschlossen hatte. In diesem Zusammenhang beschäftige ich mich in meiner Zwischenprüfung mit den Themen Deponierungssitten und Beinhäuser. Auch das Neolithikum rückte immer weiter in den Fokus. Ich belegte Vorlesungen zu dem Thema und las alles dazu, was ich in die Finger bekam. In meiner Magisterarbeit wählte ich schließlich das Thema Schädeldeponierungen und arbeitete in den Jahren danach mit übermodellierten oder verzierten Schädeln aus ethnologischen Kontexten, untersuchte Beinhäuser und Grüfte oder hielt Vorträge zu diesen Themen. Meine zentrale Frage blieb immer bestehen:

> Warum machten die Menschen mit den Schädeln der Verstorbenen das, was sie machten?

Sicherlich kann man sagen, dass es sich bei dieser Sonderbehandlung der Schädel um eine besondere Form des Ahnenkultes handelte. Die Ahnen wurden damit erhöht und blieben ein Teil der Gesellschaft.

Sie gehörten für viele Jahrhunderte zum alltäglichen Leben der Menschen des Neolithikums und im Laufe der Zeit wurde die Person, die hinter dem Schädel stand, sicherlich vergessen. Wir können sehen, dass in den späteren Phasen der Schädelkulte des Nahen Ostens die Schädel teilweise auf kopflose Statuen gestellt wurden. Als diese menschlichen Schädelpodeste verschwanden, wurden diese durch Statuen ersetzt. Diese stellen sehr wahrscheinlich Gottheiten dar. Es scheint, dass aus dem Ahnenkult eine Religion, möglicherweise der erste als Religion zu bezeichnende Glaube entstanden ist. Die menschlichen Ahnen wurden anscheinend vergöttlicht und ein polytheistisches Pantheon von verschiedenen Göttern entstand. Belege dafür, dass aus Ahnengeistern Götter werden, finden sich bei mehreren Religionen. In Europa kann man zum Beispiel die römischen Manen nennen, auf die am Ende des Buches noch näher eingegangen wird.

Im Fokus dieses Buches werden die neolithischen Schädeldeponierungen des Vorderen Orients stehen. Dabei schauen wir uns an, wo und in welchem Umfang diese gefunden wurden. Das erfolgt im Rahmen eines Kataloges, der eine schnelle Übersicht gewährleistet. Gleichzeitig beleuchten wir die Funde, die im weitesten Sinne mit dem Thema Religion zu tun haben wie zum Beispiel megalithische Steinsetzungen, Heiligtümer oder Grabsitten. Das kann natürlich nur grob erfolgen, da eine detaillierte Auflistung zum einen zu umfangreich und zum anderen auf Dauer auch zu trocken wäre. Später schauen wir uns kurz prähistorische Schädelkulte aus anderen Gebieten, sowie Beispiele aus neuzeitlichen, ethnologischen Kontexten an. Zum Schluss werde ich versuchen, die Religion der Jungsteinzeit zu skizzieren, wobei dies sehr vorsichtig geschieht und natürlich keinen Anspruch auf Korrektheit erhebt. An einigen Stellen kommen kleinere Einschübe vor, die einige Themen näher erläutern sollen.

Diese „Exkurse“ gehen immer auf einen bestimmten Punkt ein, der in dem entsprechenden Kapitel besprochen wurde. Dabei sprenge ich auch den definierten Rahmen und werde teilweise auf religiöse Funde eingehen, die in späteren Perioden, wie der Bronzezeit gefunden wurden. Dadurch soll eine allgemeine Übersicht der Religion und der Religionsentwicklung der Vorgeschichte ermöglicht werden.

1. Einleitung

Religionsarchäologie – Ein Thema mit vielen Problemen

Die meisten Gegenstände, die unsere Vorfahren benutzten, werden nie entdeckt. Organische Materialien wie zum Beispiel Holz, Stoffe, Leder finden Archäologen nur in den seltensten Fällen. In den schriftlosen Zeiten sind sie jedoch die einzigen Quellen, auf die wir zurückgreifen können. Schätzungen besagen, dass Archäologen gerade mal circa 4 – 5 Prozent aller Gegenstände finden, die die Menschen wirklich benutzt haben. Wenn man dann noch bedenkt, dass wir nur einen Bruchteil der Siedlungen, Depots und Gräber unserer Vorfahren ausgegraben haben, sieht man die Problematik, auf die wir stoßen.

Ich möchte dieses an einem Beispiel erläutern:

Sehen wir uns das moderne Köln an. Zentral am Rhein gelegen steht alles überragend der berühmte Dom. Erhaben, auf einer Plattform ist er das Erste, was ein Besucher sieht, wenn er aus dem benachbarten Hauptbahnhof kommt. An ihm vorbei führt eine Straße, gegenüber finden wir die Messe, Fernsehstudios, eine Fußgängerzone, Museen, Konzerthallen, einen Musicaldome, Bushaltestellen, die Innenstadt und viele weitere Kirchen. Verbunden werden die beiden Rheinufer durch diverse Brücken. Direkt bei dem Dom ist die Hohenzollernbrücke, die durch die angehangenen Liebesschlösser überregionale Berühmtheit erlangte. Liebende treffen sich dort, um ein Schloss, das den Namen des Pärchens trägt, an dem Zaun der Brücke anzubringen. Den Schlüssel werfen die Liebenden dann gemeinsam in den Rhein, damit sich das Schloss nicht mehr öffnen lässt. Um den Kölner Dom befindet sich ein Zentrum des modernen Lebens mit allen Geschichten, die es bietet.

In der Vergangenheit war Köln auch sehr wichtig. Die Römer gründeten die Siedlung, die heute als Köln bekannt ist. Eine Vielzahl an Gräbern und Mauerresten um den Dom herum zeugen noch von der reichhaltigen Geschichte der Stadt.

Nehmen wir jetzt an, dass es zu einer großen Katastrophe kommt, wie beispielsweise einem Atombombenangriff. Köln wird plötzlich zerstört, die Häuser werden auf ihre Grundmauern heruntergerissen, Bücher, organische Materialien Akten und vieles andere verbrennen und sind für immer verloren. Die Jahrhunderte vergehen, der Rhein verlässt sein heutiges Flussbett. Die Trümmer Kölns werden langsam, aber stetig von Staub und Erde bedeckt, bis schließlich nur noch eine hügelige Landschaft das Bild bestimmt. Köln ist vollständig begraben und die Menschen vergessen die einstmals blühende Metropole.

Irgendwann kommt eine neue Gesellschaft, eine neue Zivilisation, die sich fragt

> Woher kommen wir? Wie haben unsere Vorfahren gelebt?

Sie entwickeln die Wissenschaft der Archäologie neu und begeben sich auf die Suche nach den Überresten der untergegangenen Kulturen.

Dabei graben sie einen Hügel, einen *Tell* aus, der eine alte Siedlung beherbergt, die längst vergessen ist. Sie finden die Überreste unseres Kölns. Den Dom graben sie aus, auch die nebenliegenden Gebäude. Sie erkennen sofort, dass sie es hier mit einer Region zu tun haben, die eine lange Geschichte aufweist. Der Dom muss ein besonderes Gebäude sein. Einige Reste von steinernen Figuren zeugen von der Kunstfertigkeit und der Wichtigkeit des Gebäudes. In seinem Inneren finden sie Gräber, Gold und Inschriften, die keiner mehr lesen kann.

Die Archäologen folgern, dass es sich bei dem Dom um ein kultisches Gebäude handelte. Es lag im Kern einer *Mega-City*, die eine Zentralfunktion gehabt haben muss. Sie war ein Handels- und Verkehrsknotenpunkt. Es folgen Datierungen, Nachgrabungen und Spekulationen.

Irgendwann wollen die Menschen auch mehr über die Religion wissen, die die Menschen damals gehabt haben. Was liegt näher, als sich die Funde aus der *Kultstätte* und seiner Umgebung anzusehen? Was würden sie finden: Überreste von Kreuzen, auf denen ein Mensch genagelt zu sein scheint, Statuen, die oftmals mit einigen Gegenstände oder Symbolen verziert sind. Viele Statuen der Apostelfürsten Petrus und Paulus werden gefunden. Sie tragen meistens einen Schlüssel (Petrus, der den Schlüssel zum Himmelreich trägt) und ein Schwert bei sich (die Waffe, mit der Paulus starb). Die Symbole wiederholen sich: Sie gehören anscheinend zu einer Symbolsprache, die früher verstanden wurde. Man untersucht die Ausrichtung der Gräber, des Doms und der anderen Kultbauten und findet da erstaunliche Gemeinsamkeiten. Neben dem Dom lag ein Fluss. Man findet die Reste von Fischgräten, Booten und Schlüsseln. Vielen Schlüsseln! Was macht nun der Archäologe? Er deutet die Funde und kommt zu folgendem Schluss:

> Bei der ausgegrabenen Siedlung gibt es massive Indizien, die es als ein langlebiges Kultzentrum identifizieren. In dem großen Kultgebäude fanden sich die Überreste von Statuen. Sehr auffällig war der Fund einiger Statuen, die immer wieder einen Schlüssel tragen. In dem Flussbett fanden sich tausende davon. Das es da einen Zusammenhang geben muss, ist nicht abzustreiten. Erwähnenswert ist, dass in dem Gebäude oftmals das Symbol eines Fisches zu sehen ist. Da sich die Schlüssel alle in einem Flussbett fanden, der einstmals viele Fische führte, kann man davon ausgehen, dass die Schlüssel

eine Art Opfer waren. Wahrscheinlich opferten die Menschen Schlüssel an einen Flussgott, um für einen guten Fang zu bitten. Im Inneren des Gebäudes, aber auch in angrenzenden Bauwerken fanden sich immer wieder Kreuzsymbole, teilweise mit einem Mann, der daran hing. Die Person ist offensichtlich verstorben und scheint eine große Wichtigkeit innerhalb der Kultgemeinschaft gehabt zu haben. Sehr wahrscheinlich sehen wir hier Merkmale, die auf ein Menschenopfer hinweisen. Zwar gibt es noch keine Belege, die dies beweisen würden, aber diese Theorie darf man nicht außer Acht lassen. Dass es sich bei der Religion um einen Todeskult gehandelt haben muss, gilt als unbestritten. Der Fund von Skeletten, menschlichen Schädeln und Grabsteinen innerhalb der Kultgebäude, lässt keinen anderen Schluss zu. Wahrscheinlich haben wir es hier mit einem Götterpantheon zu tun, in dem ein Flussgott und ein Todesgott als zentrales Götterpaar herrschten. Ihnen wurden die Gebäude errichtet und verschiedene Opfer gebracht. Ähnliche Funde aus zeitgleichen Siedlungen unterstützen diese Theorie.

So oder so ähnliche dürfte man das Christentum in einer postapokalyptischen Zukunft betrachten. Viele der Aussagen kommen der Wahrheit sehr nahe (Kultzentrum, Symbolsprache, Einordnung von wichtigen Funden, Reliquienkult als Todeskult, Jesus war ein Opfer, dass für unsere Sünden starb), aber vieles ist auch komplett falsch. Es fehlt der Kontext, der alles erklärt. Wenn wir uns nun mit der Religion der Jungsteinzeit beschäftigen, dann sollten wir immer im Hinterkopf behalten, dass wir uns immer im Bereich von Möglichkeiten bewegen, die aufgrund unserer Funde als wahrscheinlich gelten. In einigen Punkten werden wir uns der Wahrheit nähern, in anderen werden wir uns vollkommen vergaloppieren. Wichtig bei der Interpretation ist es, dass wir diese immer an den Funden orientieren. Was können uns die Funde sagen? Ist der Kontext wirklich vollkommen zu verstehen? Die Menschen des Neolithikums lebten in einer vollkommen anderen Lebensrealität als wir. Sie lebten anders, dachten anders, hatten andere Sorgen und Nöte. Es fällt uns schon schwer uns in die Menschen des Mittelalters hineinzuversetzen, bei einer Zeitspanne von mehr als 9000 Jahren ist es für uns fast unmöglich. Seien wir vorsichtig bei unseren Aussagen, denn absolute Sicherheit werden wir nie erlangen.

Der Schädel im Zentrum von kultischen Handlungen

Eine der ältesten religiösen Handlungen der Welt ist die Entnahme von Schädeln aus den Gräbern der Ahnen. Diese Form des Schädelkultes wurde schon seit dem Paläolithikum praktiziert und man findet sie auch heute noch in einigen Kulturen Asiens. Zwar gibt es zwischen diesen ersten Funden und den neuzeitlichen eine sowohl große räumliche als auch zeitliche Distanz, auch findet diese Sitte nicht ohne teilweise sehr große Unterbrechungen statt, jedoch scheint eine Sonderbehandlung des Schädels innerhalb des Grabbrauchs ein durchaus normales Phänomen zu sein. Der möglicherweise früheste Beleg für eine besondere Bedeutung des Schädels im Rahmen einer religiösen Handlung tritt schon circa 60.000 Jahre vor Christus auf. Dabei handelt es sich um die Bestattung eines *Neandertalers* in der Höhle von Kebara in Palästina[1]. Bei dieser Bestattung fehlte, abgesehen von einem Backenzahn des Oberkiefers, das komplette *Kranium*[2], jedoch waren die *Mandibula*[3] und sogar das Zungenbein an

[1] Wahl 2011 Seite 47f

[2] Damit ist der Schädel ohne seinen Unterkiefer gemeint. Den kompletten Schädel nennt man Kalvarium.

[3] Dies ist der Fachausdruck für einen Unterkiefer

der anatomisch korrekten Position vorhanden. Ob es sich dabei wirklich um eine rituelle Sonderbehandlung eines Schädels handelte, ist derzeit noch unklar, aber isolierte Schädelfunde sind bei *Neandertalern* keine Seltenheit[4].

Viele Schädel von Neandertalern wurden anscheinend nach dem Tode entfleischt. So finden sich zum Beispiel bei dem Exemplar aus der Kleinen Feldhofer Grotte Hinweise auf postmortale Schnitte[5]. Teilweise wurde gemutmaßt, was als Zeichen von Kannibalismus zu werten ist. Dieses ist jedoch unwahrscheinlich[6].

Dass die Entnahme des Schädels bei Gräbern der *Neandertaler* eine religiöse Absicht gehabt haben könnte, ist sehr wahrscheinlich, da sie eine Religion gekannt haben dürften[7].

Im *Mesolithikum*, der Mittelsteinzeit, findet sich zum ersten Mal eine relativ gesicherte Sonderbehandlung von Schädeln in der Ofnethöhle im bayerischen Nördlingen (Abbildung 1). Dort wurden Anfang des 20. Jahrhunderts zwei *Schädelnester*[8] mit insgesamt 34 Schädeln entdeckt, die in eine Zeit um circa 7700 vor Christus datieren[9]. Davon waren zehn von Frauen, vier von Männern und 19 von Kindern. Mindestens sechs Individuen starben eines gewaltsamen

[4] Wunn 2005 Seite 96ff und Orschiedt

[5] Schulz 2006 Seite 126

[6] Wahl 2011 Seite 46 und 49

[7] Wunn 2005 Seite 109f und Wunn 2000 Seite 18f

[8] Der Begriff Schädelnest bezeichnet eine Grube, in der mehrere Schädel eng aneinander gelegt wurde. Diese wirken dann wie die Eier in einem Vogelnest.

[9] In einigen älteren Publikationen werden 33 Schädel genannt. Kuckenberg und andere Forscher sprechen inzwischen von insgesamt 34 Schädeln, nämlich einem zusätzlichen männlichen Individuum. Vgl dazu Kuckenberg

Abbildung 1

Todes, wie unverheilte Verletzungen zeigten. Diese wurden anscheinend von einem Steinbeil verursacht. Die Schläge erfolgten dabei auf den Hinterkopf. Die Schädel wurden nach dem Tod gewaltsam vom Körper abgetrennt, was der Fund der in anatomisch korrektem Verband liegenden Halswirbel belegt, und in rötlich gefärbten Nestern nach Westen ausgerichtet aufgestellt[10]. Als Beigaben fanden sich 200 durchbohrte Eckzähne von Hirschen, so genannte Grandeln und circa 4000 Schneckenhäuser, die teilweise aus mediterranen Regionen stammten. Als Motiv wird hier entweder ein Ahnenkult oder eine Kopfjagd vermutet, wobei eine *Kopfjagd* aufgrund der

---

2007 Seite 14, Wahl 2011 Seite 50, Wunn 2000 Seite 23 und Orschiedt 1998 Seite 147ff

[10] Vergleiche dazu Kuckenburg 2007 Seite 14ff und Röcher 2002Seite 1ff

sorgfältigen Deponierung und den Beigaben nicht sehr wahrscheinlich scheint. Köpfe oder Schädel, die von Feinden erbeutet wurden, erfuhren nach ihrer Verwendung nicht die Würdigung, die verstorbene Stammes- oder Familienmitglieder bekamen. Die Schädeldeponierungen in der Ofnethöhle ähneln den Funden von isolierten Schädeln im Nahen Osten auf außergewöhnliche Weise[11].

Ein ähnliches Bild fand sich auch im Eingangsbereich des Hohenstein-Stadls, einer Höhle, die einige Funde aus dem Aurignacien (circa 38.000 vor Christus) aufweist. Dort fanden sich in mit Steinen ausgekleideten Gruben drei Schädel[12]. Diese stammten von einem Mann, einer Frau und einem circa zweijährigen Kind. Auch hier konnte anhand der gefundenen Halswirbel festgestellt werden, dass der Kopf nach dem Tode gewaltsam abgetrennt wurde. Auf der linken Schläfe fanden sich bei allen Schädeln Spuren von Hiebverletzungen. Die Schädel waren hier ebenfalls mit einer roten Ockerschicht bedeckt. Der Ausgräber des Hohenstein-Stadls Robert Wetzel schloss aus dem Befund auf eine „kultische Opferung". Bekannt geworden ist die Höhle durch den so genannten *Löwenmenschen*, einer kleinen Figur, die eine aufrecht stehende Person mit einem Löwenkopf darstellt[13].

Erwähnenswert sind auch die vermeintlichen *Schädelbecher*[14], die bei einigen Grabungen entdeckt wurden. Bei einigen Kalotten wurden eindeutige Bearbeitungsspuren festgestellt, wie zum Beispiel bei einem Kinderschädel aus Bouri Herto in Äthiopien oder auch der

---

[11] Fansa 2000 S. 23

[12] Kuckenburg Seite 13f

[13] Holdermann 2001 Seite 47ff

[14] In vielen Kulturen wurden und werden aus den Schädeldecken Verstorbener Trinkschalen gemacht. Bis heute ist diese Sitte in Indien und anderen Ländern bekannt.

Trinkschale aus Le Placard in Frankreich (Abbildung 2). Bei einem Fund aus Gough´s Cave in England, der 14700 vor Christus datiert wird, konnten sogar die einzelnen Arbeitsschritte rekonstruiert werden, die zur Herstellung der Trinkschale durchgeführt wurden[15]. Ob aus diesen *Kalotten*[16] wirklich getrunken wurde oder ob sie einem anderen Zweck dienten, ist nicht mehr zu ermitteln.

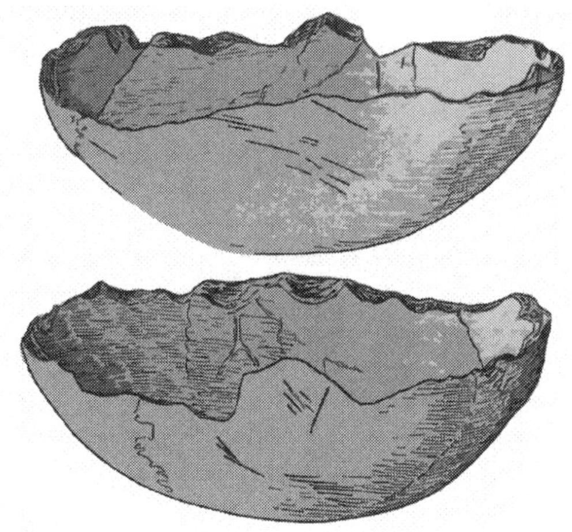

Abbildung 2

Eine besondere Art einer möglichen *Schädelmanipulation* wurde in Mas d´Azil in Frankreich entdeckt, einer Höhle, die einen prähistorischen Fundplatz enthielt, der in die Zeit zwischen 18000 und 12000 vor Christus datiert. Dort fand sich der Schädel eines 15-jährigen Mädchens, der offensichtlich gewaltsam abgetrennt wurde. In seinen

[15] Wahl 2011 Seite 50

[16] Als Kalotten bezeichnet man den oberen Teil des Schädels, die Schädeldecke.

Orbitalhöhlen[17] wurden Plättchen aus Rentierknochen eingesetzt[18]. Dieser Fund wäre der erste, der eine solche Manipulation zeigt. Die Sitte, die Augen aus Knochen zu ersetzen, erinnert unwillkürlich an die übermodellierten Schädel des Neolithikums Jedoch wird heute bezweifelt, dass es sich um eine bewusste Manipulation handelte. Der Schädel lag wohl in einer ganzen Knochenpackung und es könnte sein, dass die Knochenplättchen zufällig in die Orbitalhöhlen gelangt sind[19].

Einen ersten Höhepunkt erlebte die Sitte im Vorderen Orient. Ab der Zeit des Natufien finden sich in vielen Siedlungen Hinweise auf einen ausgeprägten Schädelkult, der ab dem sogenannten Präkeramischen Neolithikums[20], welches in den Zeitraum zwischen circa 9500 – 6400 vor Christus liegt, besonders stark ausgeprägt zu sein scheint. In dem Bereich des Nahen Ostens und einiger angrenzenden Territorien fällt eine nicht zu übersehende Sonderbehandlung von Schädeln auf. Diese Sonderbehandlung reicht von der einfachen Entnahme und späterer Deponierung der Schädel der Verstorbenen bis hin zu aufwendigen Übermodellierungen und einer Zurschaustellung der Schädel.

Auch aus anderen Zeitstellungen und Regionen sind solche Schädelkulte bekannt. Im neolithischen Kontext finden sie sich in einer Kultur mit einer sehr vielfältigen Bestattungskultur wieder. Innerhalb der Siedlungen gibt es eine Vielzahl an Bestattungsvarianten, die sehr unterschiedlichen Merkmale aufweisen, sei es im *Grabbau*, der Orientierung oder der Art der Niederlegung der Toten. Auch die Entnahme

---

[17] Dies ist der Fachbegriff für die Augenhöhlen eines Schädels.

[18] Wahl 2011 Seite 50

[19] Kegler 2007 Seite28

[20] Zukünftig mit der Abkürzung des englischen Terminus Pre-Pottery Neolithic, PPN, bezeichnet

von Schädeln ist nicht in jeder Siedlung festgestellt worden. Auch wenn eine solche Entnahme innerhalb einer Siedlung vorkommt, ist sie da aber in der Regel auch nicht bei jedem Grab zu beobachten.

Abbildung 3

Neben der Siedlungsbestattung muss es aber noch eine weitere Bestattungsform gegeben haben, die sich bisher aber noch nicht nachweisen ließ[21]. Dabei muss es sich entweder um ein Begräbnis innerhalb von Gräberfeldern, die jedoch noch nirgendwo entdeckt wurden oder um eine andere Bestattungsform handeln, die sich nicht mit archäologischen Methoden nachzuweisen ist, wie zum Beispiel eine Verbrennung und anschließende Verstreuung der Asche innerhalb eines Gewässers.

---

[21] Zu der Schwierigkeit bei den Einwohnerzahlen der Siedlungen und den gefundenen Bestattungen siehe zum Beispiel Veit 1996 Seite 343

Einen möglichen Hinweis auf eine bislang unbekannte Bestattungsform kann dabei das so genannte und oft publizierte *Geierheiligtum*[22] der Siedlung Catal Höyük aufzeigen. Dort wird auf einem Wandgemälde eine Szene gezeigt, bei der Geier um kopflose, wahrscheinlich tote Menschen kreisen[23]. Diese so genannten Himmelsbestattungen finden sich noch heute in einigen Kulturen des Himalayas wieder (Abbildung 3)[24]. Dabei werden die Toten auf einem offenen Gelände platziert, Teile des Körpers werden aufgeschnitten und eine Gruppe von Geiern und anderen Aasfressern fressen die Leiche auf. Darauf, dass es diese Praktik gab, könnte ein Fund aus der jordanischen Siedlung Basta hinweisen[25]. Zurück bleiben nur einige zerstörte Knochen. Auf dem Bild des Geierheiligtums spielt der fehlende Kopf der abgebildeten Personen eine besondere Rolle, was in dem späteren Kapitel noch näher beschrieben wird.

Die meisten Menschen müssen auf diese Art bestattet worden sein, da man nur relativ wenige Tote in den Siedlungen findet. Man

---

[22] Melaart 1963 Seite 64f

[23] Es könnte auch sein, dass es andere Gründe für eine kopflose Darstellung gibt. Aus der Antike und dem Mittelalter kennt man die so genannten Acephales. Das sind Monster, die keine Köpfe hatten. Zu ihnen gehören zum Beispiel die Blemmyae, oder die Epiphagie. Auch andere Mythen, oder eine Ikonographie, die wir nicht mehr kennen, oder entziffern können, wäre denkbar. In der hier vorliegenden Bilderkombination, kann aber eine Interpretation als „tote Menschen“ als nahezu sicher gelten. Vergleiche dazu Simek 2015 S. 199

[24] Auf der Seite https://www.erlebnisreisentibet.com/bestattungsgewohnheiten/ findet sich ein Reisebericht, der eine solche Bestattung anschaulich beschreibt.

[25] Dieses wird in dem entsprechenden Kapitel noch näher beschrieben.

kann also vermuten, dass es ein Auswahlkriterium gegeben hat, wer innerhalb der Siedlung bestattet wird und wer nicht[26].

Auch nach dem Neolithikum behält der Schädel des Verstorbenen im rituellen Kontext oftmals eine hervorgehobene Stellung. So gibt es in der so genannten Yamnaya und der Katakombengrabkultur der Bronzezeit Funde mit eindeutigen Indizien für eine besondere Bedeutung des Schädels in der Glaubenswelt[27]. So kommen in Gräbern, aus denen der Schädel entnommen wurde, separierte Schädeldeponierungen, Schädelbemalungen und Masken vor, die aus menschlichen Schädeln hergestellt wurden vor. In der Regel wird dabei nur das Kranium, also nur der Schädel ohne die Mandibula entnommen. In einigen Fällen befinden sich die Schädel zwar im Grab des Verstorbenen, jedoch entweder an einer entfernten Stelle, dann jedoch stets mit dem Gesicht nach unten oder nahe beim Skelett. Bearbeitungsspuren, die auf ein Abtrennen des Kopfes hindeuten, sind nicht zu finden. In den meisten Fällen handelt es sich bei den Gräbern, in denen die Schädel eine Sonderbehandlung erhielten, um Männergräber, jedoch sind auch vereinzelt weibliche Bestattungen betroffen.

In der Eisenzeit findet man ein ähnliches Phänomen. Seit dem 3. Jahrtausend vor Christus wurden in Sibirien die Schädel der im Winter verstorbenen abgetrennt, damit sie im Sommer bestattet werden konnten[28]. Im späteren ersten Jahrhundert nach Christus kommen dann auch übermodellierte Schädel und Masken mit aufwendigen Bemalungen mit rotem Ocker vor, mit denen die Gesichter der Toten bedeckt wurden.

---

[26] Vergleiche dazu Veit 1996 Seite 20ff

[27] Shishlina 2006 Seite 59ff

[28] Vadetskaia 2006 Seite 67ff

Auch in neuerer Zeit gab es Kulturen, in denen der Schädel der Verstorbenen einer aufwendigen Prozedur unterzogen wurde. So wurden noch Anfang des 20. Jahrhunderts in Papua Neuguinea Schädel bemalt, mit Ausschmückungen versehen und gesondert aufgestellt[29]. Es kommen Gräber mit Bestattungen vor, die mehr als nur einen Schädel enthalten und auch Beinhäuser, also spezielle nur für die Aufbewahrung von Knochen gebaute Häuschen, sogenannte *Ossarien*[30]. Einige Schädel wiesen Bohrungen auf, die die Mitführung der Schädel an Schnüren ermöglichte. Auch Schmuckstücke aus menschlichen Schädeln sind weit verbreitet. Viele Schädel waren mit rotem Ocker bemalt. Schnittspuren deuten auf ein Abtrennen des Kopfes hin.

Der Kopf hatte für die Menschen dort eine herausragende Bedeutung. In dem Dorf Telefolip auf Papua Neuguinea hatte beispielsweise jedes Haus einen oder mehrere Ahnenschädel, so genannte Menamen, die in magischen Ritualen eine große Rolle spielten[31]. Einige Schädel wurden in überlebensgroßen Statuen eingesetzt, ein Phänomen, welches auch im neolithischen Nahen Osten anzutreffen ist[32].

Dies sind nur einige wenige Beispiele, die zeigen, dass der Schädel eines Verstorbenen im Bestattungsritual weltweit und in vielen Kulturen eine gesonderte Rolle gespielt hat. Schon auf diesen ersten, sehr kurzen Blick sieht man trotz der vielen Unterschiede einige Gemeinsamkeiten. Diese Arbeit soll nun versuchen einen kurzen, aber doch möglichst umfassenden Blick auf diese faszinierende Sitte zu

---

[29] Stodder 2006 Seite 77ff

[30] Ossarium ist ein anderes Wort für Beinhaus. Manchmal werden sie auch als Karner bezeichnet.

[31] Ebd. 2006 Seite 77 – 78

[32] Vergleiche dazu die Beschreibung Tell Ramads

werfen, aber auch Fragen zur Religion der Vorzeit und der allgemeinen Religionsentwicklung zu stellen und zu versuchen, eine mögliche Antwort zu geben. Die Funde des Neolithikums des Nahen Ostens werden dabei im Zentrum der Betrachtung liegen, auch wenn es immer wieder Querverweise auf andere Kulturen, die in anderen Zeiten existierten, geben wird.

Das Neolithikum des Vorderen Orients

Auch wenn es heute nicht im Bewusstsein der Menschen verankert ist, ist das *Neolithikum* und die mit ihm verbundene *neolithische Revolution* das vielleicht wichtigste Ereignis der menschlichen Geschichte. Vor etwas mehr als 12750 Jahren kam es zu einer Veränderung des Klimas. Der Agassizsee (Abbildung 4), ein gewaltiger Gletschersee, ergoss sich durch den Bruch eines Eisgletschers in den Atlantik[33]. Diese Flut unterbrach den Golfstrom und führte zu einem Kälteeinbruch, der circa 1000 Jahre andauerte. Zu weiteren klimatischen Schwankungen kam es bei einem weiteren Abfluss des Sees vor circa 8400 Jahren, als er in die Hudson Bay floss. Diese so genannte *Misox-Schwankung* ist noch mehr als hundert Jahre in der Vegetation Europas nachweisbar und wird als *Jüngere Dryas* bezeichnet. Diese klimatischen Veränderungen hatten natürlich auch Auswirkungen auf die Population. Vor diesem Einbruch lebten die Menschen innerhalb des *Fruchtbaren Halbmondes*, der sich grob gesagt in die Gebieten des heutigen Israels, über die Türkei bis zum Irak erstreckte, in einem *Klimaoptimum*, das nur durch die beiden Kälteeinbrüche unterbrochen wurde. Dies sorgte dafür, dass dort die Jäger und Sammler Gemeinschaften sammelten und prosperierten. Das Klima in der Region unterschied sich in prähistorischer Zeit deutlich

[33] https://www.nature.com/news/2010/100331/full/464657a.html

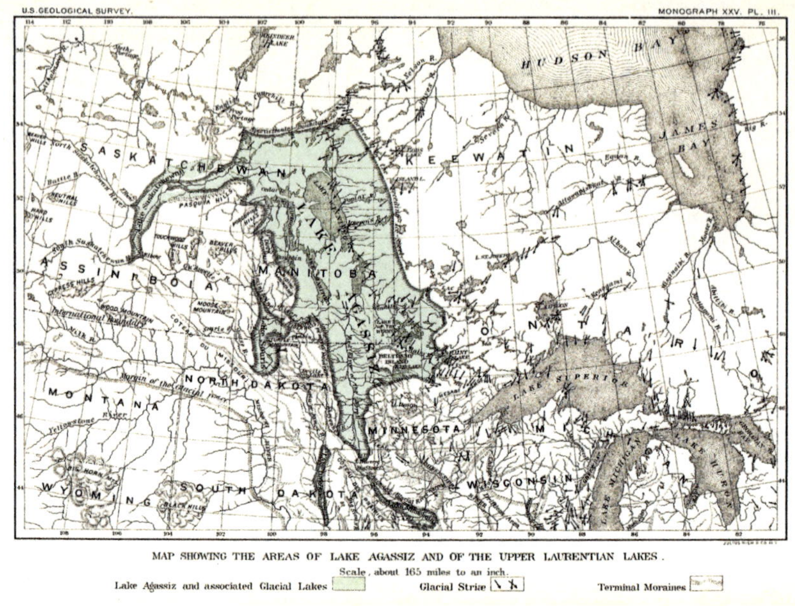

Abbildung 4

von dem heutigen. Im *Natufien* war das Klima feuchter als heute. Untersuchungen der natufienzeitlichen Phasen der Siedlung Beidha belegten einen jährlichen Niederschlag von circa 400mm. Auch die Funde von Auerochsen und Bären legen ein feuchteres Klima nahe[34]. Die Vegetation bestand wohl primär aus lichten Wäldern aus Pistazienbäumen, Eichen und Zedern.

Die beiden Kälteeinbrüche sorgten für ausgeprägte Dürren, die die Menschen kompensieren mussten. Sehr wahrscheinlich fingen einzelne Gruppen an, Wildgetreide gezielt anzubauen, was zu einer zwanghaften Sesshaftigkeit führte. Das Waldland, das zumindest in Palästina, in Westsyrien, im Libanon und in Teilen Südanatoliens

[34] Bienert 2000 Seite 88

auch die vorherige Kälteperiode gut überstand, breitete sich aus[35]. Dadurch wurde es möglich, dass die Grundlagen der im *Natufien* entwickelten neolithischen Lebensweise nach Norden, in die *epipaläolithischen* Regionen wie die Südosttürkei vordringen konnten[36]. Diese neue soziale und kulturelle Form wird im Allgemeinen als *Neolithisches Paket* bezeichnet. Auch wenn es regionale Unterschiede gibt, gibt es immer wieder grundsätzliche Aspekte, die dieses Paket ausmachen. Dazu gehören:

- Haustierhaltung
- Kulturpflanzenanbau
- sesshafte Lebensweise
- Produktion von Keramik
- Steinschliff[37]

Natürlich sind nicht alle Faktoren von Anfang an vorhanden. So treten im Vorderen Orient die Keramikproduktion erst nach vielen Jahrtausenden in den neolithischen Kulturen auf, jedoch stellen sie auch hier ein Merkmal einer Gesellschaft am Ende des Neolithikums dar.

Dieses hatte gewaltige Veränderungen zur Folge, sowohl in gesellschaftlicher als auch in kultureller Hinsicht. Knochenfunde belegen, dass sich der Gesundheitszustand der Menschen stark verschlechterte. Die Menschen wohnten nun in den immer größer werdenden Siedlungen in großen Gruppen zusammen, was Epidemien begünstigte und auch für Konflikte sorgte. Das enge Zusammenleben mit Tieren sorgte für Zoonosen, was für vollkommen neue Krankheiten mit sich brachte, für die die damalige Bevölkerung noch keine Abwehrkräfte

---

[35] Watkins 2007 Seite 39ff

[36] Hauptmann & Özdogan 2007 Seite 28

[37] Scharl 2015 Seite 44

entwickelt hatten. Vor dem Neolithikum verbrachten die Menschen nur wenige Stunden damit, ihren Lebensunterhalt zu sichern. Nun mussten sie sich einen großen Teil des Tages um das Vieh kümmern und die Felder bestellen. Arbeit und Alltag wurden mühevoller und verlangten den Zeitgenossen mehr ab. Ein solches Leben erfordert ein komplettes Umdenken der Gesellschaft. Man entwickelte ein hierarchisches System, Spezialisten bildeten sich heraus und man benötigte eine komplett andere Lebensform.

Dieses machte sich ebenfalls in den religiösen Handlungen bemerkbar. Die Religion der Jäger und Sammler kann praktisch nur aus den ethnologischen Vergleichen erschlossen werden. Man kann eine *schamanistische / animistische* Religion annehmen. Im Animismus wird angenommen, dass in allen Dingen eine Seele wohnt. Geister sind allgegenwärtig und beeinflussen ihre Umgebung. Berge, Erde, heilige Plätze, auch ein Masken sind von Geistern beseelt, die den Menschen gut oder böse gesonnen sein können. Ein Schamane dient als Mittler zwischen diesen Wesen und den diesseitigen Bewohnern. Sie erweisen den Geistern Respekt, aber vertreiben auch die, die der Gesellschaft schaden[38]. Eng verbunden schamanistischen und animistischen Vorstellungen ist der *Totemismus*, der mit den beiden anderen Vorstellungen koexistieren kann. Hierbei wird eine Naturerscheinung, wie ein Tier, ein Berg oder auch ein Fluss zu einem Symbol der Identitätsfindung. So kann es zum Beispiel sein, dass ein Mensch sich zu einem Tier besonders verbunden fühlt und dieses als sein Totem erwählt. Dieses Tier ist dann mit ihm verbunden und wird zu einem Verwandten, teilweise auch zu einem mythischen Vorfahren. In ethologischen Gruppen findet sich teilweise auch ein

---

[38] Vergleiche dazu Schenk 2006 S. 197ff wo das Leben und der Glaube einer Schamanin im Altai biographisch skizziert werden.

clanspezifischer Totemismus, bei dem sich eine ganze Gruppe einem Tier zugehörig fühlt. In diesem Fall wird die Gruppe zu einer Familie, bei der die eigentliche Blutsverwandtschaft nur noch eine untergeordnete Rolle spielt. Funde, die Aufschlüsse darüber geben gibt es jedoch nur wenige. Möglicherweise bieten die neuesten Erkenntnisse in Catal Höyük einen Einblick in eine solche, clantotemistische Gesellschaft, da die Bestattungen und Wohngemeinschaften dort keine blutsverwandtschaftlichen Gründe gehabt zu haben scheinen. Auch der Schädelkult allgemein könnte auch eine totemistische Struktur hinweisen. Darauf wird an späterer Stelle noch näher eingenagen.

Mit der Sesshaftwerdung kommen nun religiöse Zentren zum Vorschein. Teilweise sind es gewaltige Anlagen, wie zum Beispiel der Göbekli Tepe mit seinen *megalithischen T-Pfeilern* oder auch kleinere Heiligtümer, die innerhalb eines Siedlungsareals gefunden wurden. Die gefundenen Schädel dürften zu einem Ahnenkult gerechnet werden, der auch *Legitimationsgründe* zu haben scheint. Die Kulturen der Vergangenheit definierten sich des Öfteren über die Ahnen. Der Ort, an dem die Ahnen lebten und starben, war die Heimat. Es wird angenommen, dass die megalithischen Gräber und Grabhügel weit sichtbare Zeichen sein sollten, dass ein bestimmter Stamm in der Region heimisch war. Auch in historischen Zeiten war die Zerstörung von Gräbern ein gängiges Mittel um die Identität und Geschichte eines Volkes zu löschen. In diesem Sinne kann man die Ahnenschädel möglicherweise verstehen.

Um diese Religion soll es in dieser Arbeit gehen.

Erwähnenswert ist, dass sich diese massiven Veränderungen der Lebensumwelt des Menschen auch in den heutigen Religionen belegen lassen. Im Alten Testament, genauer gesagt dem Buch Genesis, wird die Hinwendung der Lebensweise als Jäger und Sammler hin zum sesshaften Menschen als Vertreibung aus dem Paradies beschrieben. Die Nachwirkungen waren so fundamental, dass sich das Neolithikum mit dieser Geschichte in das kollektive Gedächtnis der Menschheit einbrannte. Die Archäologie bezeichnet die Neolithische Revolution auch manchmal als eine Urkatastrophe. Nicht nur die schon genannten sozialen Konflikte oder Krankheiten veränderten die Gesellschaft. Boden und Ressourcen bekamen einen Wert und die Grundlage für Kriege wurde damit geschaffen.

Chronologie des Neolithikums im Nahen Osten

Das Neolithikum hat sich nicht in allen Teilen der Welt zur gleichen Zeit ausgebreitet, weshalb man eigentlich nicht von *dem Neolithikum im Allgemeinen* sprechen kann.

Seinen Anfang nahm es circa 12000 vor Christus in der Levante, genauer dem *Fruchtbaren Halbmond*. Dort entstanden die ersten *Protoneolithischen* Siedlungen, die aus Rundhäusern bestanden.

Von da aus breitete es sich ab circa 6600 vor Christus nach Griechenland und Südwesteuropa aus. Ab 6000 vor Christus war es im südlichen Europa und spätestens ab 5500 vor Christus mit den *Linienbandkeramikern* auch in Mitteleuropa vertreten. Bis diese Lebensweise dann nach Nordeuropa vorgedrungen ist, dauerte es nochmals weit über 1000 Jahre. Ab 4100 vor Christus tauchte dort mit der *Trichterbecherkultur* in Norddeutschland die erste neolithische Kultur auf.

In der Levante kann man verschiedene Kulturstufen unterscheiden. Um 12000 vor Christus kam mit dem Epipaläolithikum eine Zeit, in der die ersten Siedlungen entstanden, die schon eine längere, kontinuierliche Bevölkerung aufwiesen. Zu dieser Stufe gehören die Unterstufen Kebarien, Natufien und Khiamien. Typisch für diese Zeit waren fünf – zwanzig Quadratmeter große Rundhütten mit gestampften Lehmböden, ungeschliffenen Steinwerkzeugen und Mörsern. Die Böden wurden in einigen Fällen mehrfach renoviert, was auf eine längere Nutzungsdauer schließen lässt. In einigen Siedlungen wurden auch Gruben mit Getreidekörnern, Hülsenfrüchten und Fruchtsamen gefunden, was darauf hindeutet, dass diese Gruben der Vorratshaltung dienten. Insgesamt kann man feststellen, dass die damaligen Jäger- und Sammlergemeinschaften erste Ortsanbindungen entwickelten. Die Schweifgebiete der einzelnen Gruppen wurden kleiner und es traten erste Spezialisten auf.

Bestattungen aus der Zeit gibt es nur wenige. Eine der ersten gefundenen Bestattungen stammte aus der Siedlung Ohalo am See Genezareth. Dort wurde neben den sechs Rundhäusern die Leiche eines offenbar schwer erkrankten Mannes gefunden, der über längere Zeit versorgt werden musste. Die Leiche wurde mit dem Kopf nach Norden und östlicher Blickrichtung in Hockerstellung bestattet. Eine weitere Bestattung fand sich ebenfalls am See Genezareth in dem Kibbuz Ein Gev. Dort wurde unter dem Boden einer Hütte in der *kebaranzeitlichen* Siedlung *Ein Gev I* die Leiche einer Frau gefunden, die in ähnlicher Weise bestattet wurde wie der Mann aus Ohala, jedoch mit Blickrichtung nach Westen. Hier haben wir einen ersten Nachweis für eine Bestattung unter dem Boden eines Hauses[39].

Nach dem *Epipaläolithikum* folgt circa 9500 vor Christus die Stufe des Präkeramischen Neolithikums (*PPN* nach der englischen Bezeichnung *Pre-Pottery-Neolithic*). Diese unterteilt sich nochmals in mehrere Unterstufen von denen die wichtigsten die Stufen A – C sind.

In der ersten Stufe A (PPNA) finden wir immer noch die typischen Rundhäuser des *Natufiens*. Es handelt sich um eine Übergangsphase, in der ortstreue Jäger- und

Sammlergesellschaften neben kleineren Dorfgemeinschaften koexistierten. In dieser Phase finden sich die ersten Nachweise von

[39] Arensburg 1973 Seite 202

gezieltem Pflanzenanbau und es bildeten sich einzelne Siedlungen wie zum Beispiel Jericho, die über einen sehr langen Zeitraum eine Besiedlungskontinuität hatten.

In der darauffolgenden Stufe PPNB, die circa um 8800 vor Christus einsetzt, fanden massive Veränderungen statt. Es zeigten sich die ersten Domestikationsmerkmale bei Tieren und Pflanzen. Die Siedlungen waren größtenteils noch sehr klein, jedoch erreichten Orte wie Jericho eine recht große Ausdehnung. In den Siedlungen bildeten Kernfamilien die größte Gruppe, jedoch entwickelten sich anerkannte Führungsspitzen heraus, die den Status eines Häuptlings gehabt haben könnten.

Die Häuser wurden im Laufe der Zeit rechteckig oder quadratisch. Es deutet vieles darauf hin, dass die Häuser von Spezialisten gebaut worden waren. Sie standen in vielen Siedlungen eng beieinander und teilweise sind die Grundrisse der Häuser nicht voneinander zu trennen. Der Einstieg erfolgte über Leitern vom Dach aus, was teilweise zu Unfällen führte. Normalerweise wurden um einen zentralen, großen Raum mehrere kleinere Räume gebaut, in denen spezialisierte Arbeiten verrichtet wurden. Diese wurden bei Bedarf erweitert oder auch teilweise mit benachbarten Häusern kombiniert, was auf Verschmelzungen von Familien deuten könnte[40]. Die ersten zweistöckigen Bauwerke entstanden wie zum Beispiel in Ba´ja.

Die Bestattungen fanden unter den Häusern statt und Schädeldeponierungen traten vermehrt auf. Effizientere Mahlsteine ersetzten die Mörser und die Böden in den Häusern wurden nun aus gebranntem Kalk gefertigt, während die Vorratsräume in die Häuser verlegt wurden, was zum ersten Mal Besitzverhältnisse und den Aufbau einer Hierarchie demonstrierte.

---

[40] Gebel 2004 Seite 50ff

Am Ende dieser Phase wuchs die Bevölkerung in den Siedlungen stetig. Aus dem Gebiet Palästinas zogen große Bevölkerungsgruppen nach Osten, um dort sich dort anzusiedeln. Mehrere tausend Menschen hatten in ihnen Platz und man kann nun praktisch schon von „Städten" oder *Mega-Sites* sprechen. Jericho dürfte als eine Art Brückenkopf fungiert haben[41]. Es ist wahrscheinlich, dass diese Entwicklung zu Ressourcenknappheit geführt hatte. Es muss eine soziale und religiöse Hierarchisierung entstanden sein, die in den Mega-Sites auch Unterhierarchisierungen ermöglichten. Überregionaler Handel entwickelte sich und es gab erste Anzeichen von Stress und Aggressionen in den komplexer werdenden Ortschaften. Am Anfang des PPNB lebten noch mehrere Gruppen in PPNA-ähnlichen Verhältnissen, am Ende lebten die Jäger- und Sammlergesellschaften wahrscheinlich nur noch in den Wüstenregionen.

Viele der Siedlungen wurden am Ende des PPNB relativ zeitgleich verlassen. Neue, kleinere Siedlungen entstanden und einige Einwohner vollzogen den Wechsel zu einer nomadischen Lebensweise. Dies führte dazu, dass große Schafherden unter der Aufsicht der Hirten durch die Lande zogen. Die entstandenen Groß- oder Kernfamilien begünstigten wohl diese Entwicklung. Diese Phase wird in einigen Chronologien auch als PPNC bezeichnet (Vergleiche dazu Tabelle 1).

Für das vorliegende Thema ist die Phase des PPNB die entscheidendste. Dort fanden sich die meisten Gräber mit entnommenem Schädel, es kommen *Schädelnester* und übermodellierte Schädel vor.

In dem darauffolgenden *Keramischen Neolithikum* herrschten gespaltene Gesellschaftsstrukturen, die aus bäuerlichen Ansiedlungen und wandernden Stammesverbänden bestehen. Die Sitte der

---

[41] Ebd. Seite 47

Schädeldeponierungen verschwindet aus dem religiösen Brauchtum, wird jedoch in einigen Randregionen während der *Halaf-Periode* in einigen Teilen weitergeführt[42].

Das Neolithikum außerhalb des Nahen Ostens

Auch wenn das Neolithikum des Nahen Ostens im Zentrum dieser Arbeit stehen soll, muss man an einigen Stellen auf andere Gebiete blicken, um ein aussagekräftiges Gesamtbild zu bekommen.

Eine Expansion der neolithischen Idee nach Europa erfolgte ab circa 6600 vor Christus. Genanalysen zeigten, dass über den Bosporus Ströme von Neolithikern aus dem Nahen Osten nach Griechenland einwanderten[43]. Von dort aus teilten sich die Einwanderer in mindestens zwei Gruppen, wobei sich eine über Südeuropa, die andere über Mittel- und Nordeuropa ausbreitete. Erst um 5000 vor Christus trafen sich diese beiden Gruppen wieder im Pariser Becken. In dieser Zeit war das Klima in Europa wärmer und feuchter als heute. Die Wälder waren sehr dicht und überzogen praktisch den ganzen Kontinent.

Die Menschen, die nach Europa kamen, hatten schwarze Haare, eine recht helle Haut, blaue Augen und hatten einen muskulösen Körperbau. Ihre Lebensform dürfte patrilokal gewesen sein. Dies bedeutet, dass die Söhne von den Vätern erbten und die Ehefrauen

---

[42] In den halafzeitlichen Siedlungen wie Domuztepe, Tell Arpachiyah, und so weiter wurden Belege für eine Sonderbehandlung von Schädeln entdeckt, die nicht konkret denen entsprechen, die wir während des PPNB in der Levante finden. Jedoch werden einige von diesen Funden trotzdem hier behandelt, da sie einen besonderen Einblick in die Sitte der Schädeldeponierungen bieten, der im PPNB so nicht existiert.

[43] Spinney 2021 S. 14

in die neuen Gesellschaften zogen. Belegen kann man dieses durch Strontiumisotopenanalysen. Der Gehalt dieser Isotope wird durch die Nahrungsaufnahme bestimmt und ist in jeder Region der Erde unterschiedlich. In den Zähnen werden diese gespeichert und sobald das Gebiss vollständig entwickelt ist, verändert sich der Wert in den Zähnen nicht mehr. Dadurch kann man Migrationsbewegungen archäologisch belegen[44].

Die Reaktionen der lokalen Jäger und Sammler Populationen dürfte recht unterschiedlich ausgefallen sein. Es gibt Nachweise über Vermischungen der mesolithischen Jäger- und Sammler mit den Neolithikern, aber auch weniger friedvolle Kontakte scheinen in späterer Zeit vorgekommen zu sein. In einigen Siedlungen fanden sich Nachweise von Opferungen und Versklavungen der einheimischen Bevölkerung. Zumindest deuten Funde aus osteuropäischen Siedlungen dieser Zeit darauf hin, dass die Jäger- und Sammler nicht als gleichwertige Menschen behandelt wurden. Möglicherweise haben wir hier erste Belege für eine soziale Differenzierung. Auch Massenmorde sind in dieser Zeit bekannt. In Talheim bei Heilbronn kam es circa 5070 vor Christus zu einem Massaker, bei dem 34 Menschen im Alter von zwei bis 60 Jahren getötet und in einem Massengrab entsorgt wurden[45]. Im hessischen Kilianstädten gab es um 5000 vor Christus ein ähnliches Massaker. Die Neolithisierung war offensichtlich nicht friedlich.

Um 5500 vor Christus erreichte der nördliche Zuwanderungsstrom das Karpatenbecken. Diese Gruppe wird ab diesem Zeitpunkt als *Linienbandkeramiker (LBK)* bezeichnet. Diese wanderten recht schnell nach Westen und erreichten um 5300 vor Christus den

---

[44] Knipper 2004 S. 589ff

[45] Kindel 2019 S. 96ff

Rhein. Auf diese Gruppe wird in dem Exkurs über Herxheim noch näher eingegangen. Dieser Kultur folgte die so genannte *Michelsberger Kultur*. Spätestens hier haben wir eine klar differenzierte Gesellschaft mit verschiedenen Klassen.

Der menschliche Schädel

Menschliche Schädel haben immer eine Signalwirkung. Sie sind Warnhinweise oder auch Symbole der Popkultur. Jeder versteht das Symbol, ohne dass er über größere Kenntnisse verfügen muss. Gefahr und Tod werden sofort damit assoziiert. Wir müssen davon ausgehen, dass dies im Neolithikum anders war. Das Verhältnis zum Tod war definitiv ein anderes. Die Verstorbenen waren immer noch in den Häusern vertreten, wenn auch nicht alle. Ihre Schädel müssen zumindest teilweise in den Häusern aufgestellt worden sein. In der schottischen Siedlung *Cladh Hallan* wurden sogar die mumifizierten Leichen der Vorfahren in den Hütten aufgestellt. Auf diese Funde wird noch an anderer Stelle näher eingegangen. Ähnliche Praktiken können wir immer noch bei einigen indigenen Völkern sehen. Auf beides wird noch im Laufe des Buches eingegangen.

Medizinische betrachtet besteht der Schädel aus mehreren Teilen (Abbildung 5). Die größten Teile sind das *Kranium*, das den Schädel ohne seinen Unterkiefer, die *Mandibula* bezeichnet. Der Schädel selbst ist für Archäologen und Anthropologen ein überaus interessanter Fund, denn mittels des Schädels lassen sich sehr oft Alter und Geschlecht bestimmen. Auch über gewisse Krankheiten gibt er Aufschluss. Sind die Zähne noch vorhanden, kann man durch sie Rückschlüsse auf die Ernährung ziehen. Durch moderne, naturwissenschaftliche Untersuchungen sind auch der Todeszeitpunkt und eventuell auch die Geburtsregion bestimmbar. Innerhalb des Schädels lassen sich manchmal auch Insekten und Puppen finden,

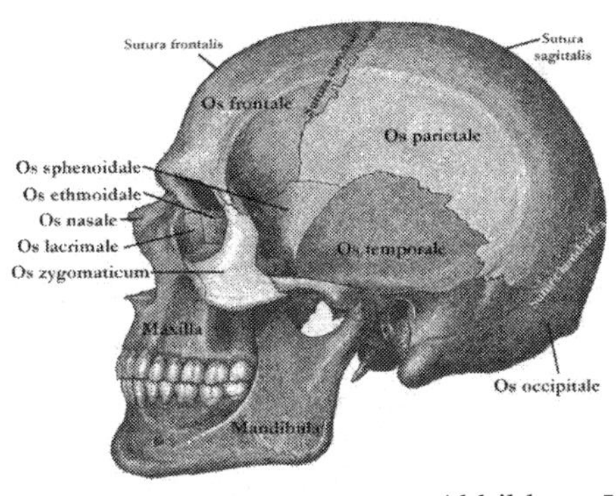

Abbildung 5

die, wenn sie mit destilliertem Wasser aus den Öffnungen gespült werden, Aussagen über die Jahreszeit des Todeszeitpunktes und die Umweltverhältnisse der damaligen Zeit geben können. Leider wird diese Möglichkeit in der Praxis noch zu selten genutzt, was auch in den einzelnen Grabungspublikationen deutlich zu erkennen ist. Den archäologischen Schädelfunden wurde oftmals nur eine größere Aufmerksamkeit geschenkt, wenn eine artifizielle Veränderung an diesen vorgenommen wurde. Dies macht sich auch in dem folgenden Kapitel, dem Katalogteil, bemerkbar. In einigen Siedlungen hat man eine Vielzahl an Informationen zu isolierten Schädelfunden und auch gute anthropologische Auswertungen, während bei anderen Grabungen weiterführende Informationen Mangelware sind. Trotzdem soll versucht werden, eine möglichst gute Übersicht über die vorhandenen Grabungsergebnisse zu präsentieren.

2. Katalog der Siedlungen mit Merkmalen eines Schädelkultes

In dem nun folgenden Katalog sind die neolithischen Siedlungen des Vorderen Orients beschrieben, in denen Hinweise auf eine Religionsausübung festgestellt wurden. Natürlich ist dieses nur eine Auswahl, da eine Beschreibung aller bisherigen Funde und Befunde den Rahmen eines Buches sprengen würde. In den einzelnen Kapiteln beschreibe ich kurz die aktuellen Forschungsstände, allgemeine Informationen zu den Siedlungen, sowie Hinweise auf religiöses Handeln, die dort entdeckt wurden. Die Funde, die mit einem Schädelkult in Zusammenhang stehen könnten, werden dabei fokussiert behandelt, soweit sie publiziert und nachvollziehbar sind. Leider sind viele Grabungen nur in kleineren Artikeln publiziert, was eine Gesamtdarstellung erschwert.

Gegliedert sind die Siedlungen nach Regionen. Der Vordere Orient wird in der neolithischen Epoche allgemein in vier Regionen unterteilt (Abbildung 6):

- Die südliche Levante: Hierbei handelt es sich um Region Israels und seiner benachbarten Länder. Hier ist der Forschungsstand vergleichsweise gut. Es wurden sehr viele Siedlungen gegraben und es gibt eine recht gute Publikationslage. Zu den meisten Siedlungen gibt es umfangreiche Artikel, die teilweise auch in Ausstellungskatalogen veröffentlicht wurden. Auch in aktuellen Werken über das Neolithikum finden sich immer wieder neueste wissenschaftliche Erkenntnisse über diese Region.
- Die nördliche Levante: Diese umfasst einen großen Teil der südlichen Türkei sowie den Norden Syriens. Hier gibt es

leider weniger entdeckte Siedlungen, jedoch sind auch hier einige sehr umfangreich publiziert.

- Zentral Anatolien: Der Name der Region gibt hier schon die genaue Lokalisierung. Trotz der recht großen Fläche, die diese Region umfasste, sind hier leider nur wenige neolithische Siedlungen bekannt und publiziert. Das ist umso bedauerlicher, da sich hier mit Catal Höyük um eine überaus spannende, aber in der Wissenschaft auch sehr kontrovers diskutierte Siedlung handelt.
- Oberer Tigris: Hier liegen die Siedlungen der südöstlichen Türkei und des Nordiraks. Hier ist der Forschungsstand noch relativ dünn. Neuere Forschungen legen nahe, dass man diese Region möglicherweise weiter nach Süden verlagern muss. In der circa 100km nördlich von Bagdad gelegenen Siedlung Tell Es-Sawwan wurden Funde entdeckt, die direkt auf die Levante des 7. Jahrtausends vor Christus verweisen[46].

[46] Helwing 2015 Seite 130ff. In Tell Es-Sawwan wurde ein größerer Friedhof unter den Häusern entdeckt. Die Gräber waren teilweise mit vielen Beigaben versehen und in „Bitumen Matten“ eingewickelt. Die Blickrichtung der Leichen zeigte primär nach Westen, zum Fluss hin. Die Gräber wurden teilweise mit rotem Ocker bespritzt. Über 77% der Gräber waren Kinderbestattungen. Hinweise auf eine Entnahme des Schädels fanden sich hier jedoch nicht, auch Schädelnester, oder ähnliches wurden nicht entdeckt. Einige Figurinen zeigen mögliche Verbindungen zu den Statuen vom Göbekli Tepe, Nevali Cori, und dem so genannten „Urfa Mann“. Ein Haus erinnert an die „Special Buildngs“ aus Cayönü. Datiert wird der Ort vom PPNB bis zum PN.

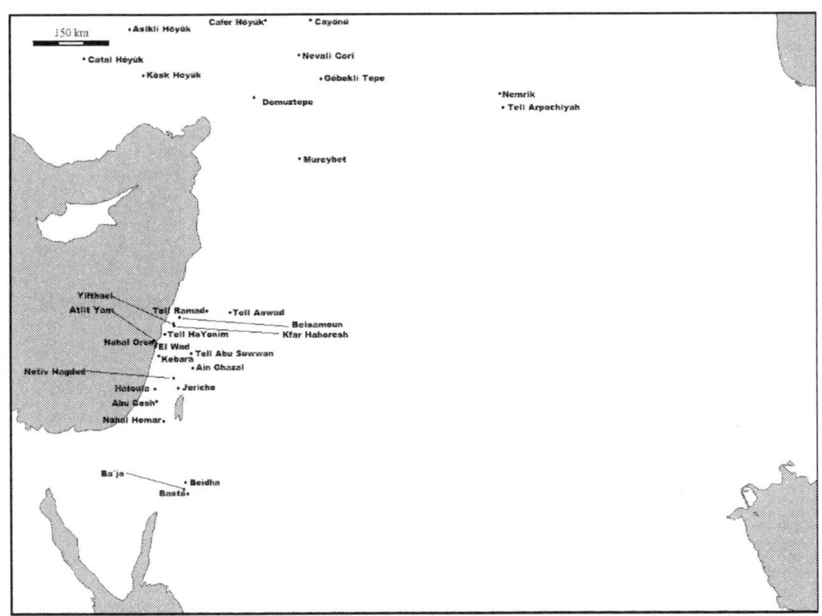

Abbildung 6

Aufgrund des Forschungsstandes ist es derzeit nicht möglich, ein zusammenhängendes Bild zu konstruieren. Zukünftige Grabungen werden sowohl die regionale Einteilung als auch die Interpretationen verändern.

Im Anhang finden sich noch kurze Auflistungen von Siedlungen, in denen ebenfalls Hinweise auf religiöse Handlungen oder Schädelkulten entdeckt wurden. Bei diesen Siedlungen ist die Publikationslage jedoch nicht ausreichend, um sie hier genauer vorzustellen. Natürlich ist diese Liste nicht vollständig, aber sie soll einen kleinen Überblick bieten.

2.1 Die Funde in der südlichen Levante

2.1.1 'Ain Ghazal – Ein Kultzentrum der Levante

Während des Baues einer Autobahn in Jordanien wurde im Jahre 1974 die am Westufer des Wadi Zarqa gelegene präkeramische Siedlung ´Ain Ghazal entdeckt. Sie liegt in unmittelbarer Nähe der Quelle des Flusses Nahr ez Zarqua (Jabbok) im Nordosten der Stadt Amman. Dieser Fluss taucht auch mehrfach in biblischen Erzählungen auf und ist einer der Flüsse, die das Land Gilead durchqueren sollen[47].

Die untersuchten Knochenfunde datieren in die Zeiten zwischen dem mPPNB, dem Yamoukian, was einer Unterstufe des PPNC entspricht und dem PN[48], jedoch gibt es seit dem Mittelpaläolithikum Hinweise auf menschliche Aktivitäten[49]. Absolute Daten streuen zwischen circa 8400 und 5130 vor Christus.

Das wahrscheinlich älteste Areal ist das so genannte zentrale Feld, das durch kalibrierte C^{14} Daten auf 8205 +- 115 Jahre vor Christus datiert werden kann. Das Süd-Feld konnte auf einen ähnlichen Zeitraum um 7961 +- 437 Jahren vor Christus bestimmt werden. Das Ost-Feld scheint etwas jünger zu sein. Die absoluten Daten beginnen hier mit einer Zeit um 7630 +- 180 Jahren vor Christus. Mit einer Datierung um 7188 +-129 Jahren vor Christus ist das Süd-Feld das jüngste[50]. Natürlich repräsentieren die Daten nur einen Ausschnitt

---

[47] Gilead ist ein Land, das nach einem Ahnherrn benannt wurde. Es taucht in mehreren Geschichten des Alten Testamentes auf.

[48] Bienert 2000 Seite59

[49] Ebd. Seite 59

[50] Rollefson 1998 Seite 8f und https://www.exoriente.org/associated_projects/ppnd_site.php?s=10

der komplexen Besiedlungszeit ʹAin Ghazals. Die Daten zeigen nicht die genaue Entstehung der einzelnen Areale, sondern lediglich den *Terminus ante quem*, also den Zeitraum, ab dem sie spätestens existierten.

Die Siedlung wird auf eine Größe von circa fünf Hektar geschätzt und beherbergte wahrscheinlich circa 2500 Menschen. Die Häuser standen sehr eng beieinander, wahrscheinlich konnten die Menschen sogar über die Dächer gehen und sich so auch in einigen Fällen von Haus zu Haus bewegen. Ähnliches kann man bei anderen *Mega-Citys* des Neolithikums beobachten. Die Häuser des PPNB hatten eine durchschnittliche Größe von 15 Quadratmetern und bestanden aus lediglich einem Raum. In diesem lebte wohl eine Kernfamilie, bestehend aus den Eltern und deren unverheirateten Kindern. Einige Häuser, die so genannten *Corridor Buildings*, scheinen nur saisonal genutzt worden zu sein. Möglichweise waren diese von Hirten bewohnt, die in den Sommermonaten mit ihren Schaf- und Ziegenherden auf Wanderschaft waren.

Neben den normalen Wohnhäusern gab es noch einige Gebäude, die anscheinend einem rituellen Zweck dienten. Diese Gebäude waren kleiner als die normalen Wohnhäuser und verfügten über eine Apsis, also einem halbkreisförmigen Raumteil, der direkt an den Hauptraum anschließt. Noch heute kennt man solche Apsiden aus christlichen Basiliken. Auch in anderen orientalischen Religionen kommen solche halbrunden Raumnischen vor. Sie dienen oftmals zur Aufbewahrung von religiösen Gegenständen oder zum Gebet.

Eines dieser Gebäude fand sich im Ost-Feld, eines im zentralen Feld und zwei im Nord-Feld. Die im Norden gelegenen *Apsis*-Gebäude waren nochmals kleiner als die in den anderen Feldern. Jedes war gerade einmal fünf Quadratmeter groß, während die anderen circa siebeneinhalb Quadratmeter maßen. Die Funktion der Gebäude ist nicht klar. In der Literatur werden sie als „Schreine“ definiert. Im Ost-Feld fanden sich noch zwei Gebäude, die als *Tempel* gedeutet werden. In diesen fanden sich jeweils drei *standing Stones*, die als mögliche Altäre gedeutet werden. Datiert werden sie auf 7015 +- 131 vor Christus

Insgesamt 120 Bestattungen konnten derzeit nachgewiesen werden von denen die meisten aus dem mPPNB stammen (Tafel I, Abbildung 1 und 2). Bei 81 Bestattungen des PPNB fehlte der Schädel, ab dem PPNC kommen keine akephalen, also kopflosen Bestattungen mehr vor. Das Spektrum der Bestattungen ist recht vielfältig. Insgesamt kann man fünf verschiedene Kategorien an Bestattungen nachweisen:

1. Schädellose Hockerbestattungen unter dem Boden eines Hauses
2. Schädellose Hockerbestattungen außerhalb eines Hauses
3. Gestreckte Bestattungen mit Schädeln außerhalb eines Hauses
4. so genannte „Kinderopfer“
5. isolierte Schädelbestattungen[51]

Die Ausgräber Rollefson und Simmons nehmen an, dass die Gräber der Kategorie eins und zwei typologisch eng zusammenhängen und der *normalen* Form der Bestattung von *Respektspersonen*[52] entsprechen. Ihre Schlussfolgerung beruht darauf, dass diese Bestattungsform am

[51] Bienert 2000 Seite 67. Zu erwähnen ist, dass diese fünfte Kategorie von Bienert entwickelt wurde. Der Ausgräber der Siedlung nimmt nur vier verschiedene Bestattungsarten an, jedoch hat auch dieser diese fünfte Kategorie übernommen, weshalb sie auch hier benutzt werden soll. Vergleiche dazu http://menic.utexas.edu/ghazal/ChapV/index.html

[52] Rollefson & Simmons 1985 Seite 47

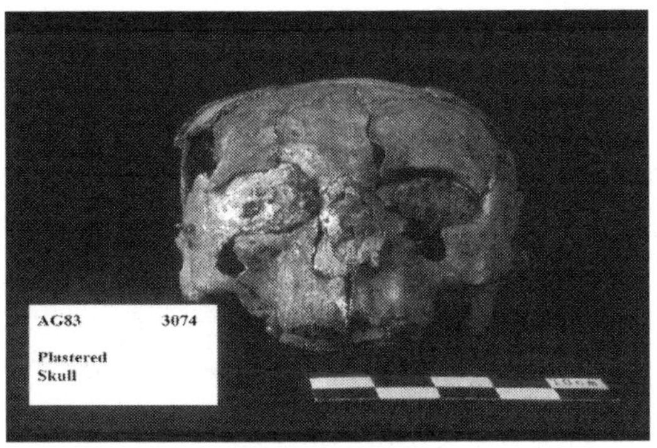

Tafel 1, Abbildung 1 (oben): Übermodellierter Schädel mit gefüllten Augenhöhlen.
Tafel 1, Abbildung 2 (rechts): Schädelnest in originaler Fundlage (In situ)

häufigsten innerhalb der Siedlung vorkommt. Jedoch weisen sie auch darauf hin, dass es aufgrund des oftmals schlechten Erhaltungszustandes nicht immer sicher festgestellt werden konnte, ob der Schädel bewusst entnommen wurde oder ob es sich dabei um eine Störung des Befundes handelte[53]. Die Grabgruben waren mit Ton ausgekleidet, wodurch eine spätere Öffnung erleichtert werden sollte.

Aufgrund des *in situ* Auffindens, also dem Auffinden in der unveränderten Lage der *Mandibulas* und der Halswirbel in den Gräbern der Gruppen eins und zwei, kann davon ausgegangen werden, dass der Leichnam vollständig bestattet wurden und später, als dieser verwest war, das Grab geöffnet und der Schädel entnommen wurde.

Die Bestattungen der Kategorie drei betrachtet die Forschung als eine Bestattungsform, die für Personen vorgenommen wurde, die zu Lebzeiten nur wenig Beachtung fanden[54]. Die Bestatteten wurden

---

[53] http://menic.utexas.edu/ghazal/ChapV/index.html

[54] Rollefson & Simmons 1985 Seite 47

nach ihrer Aussage lediglich in die Grabgrube geworfen, die vorher als *Müllgruben* dienten[55]. Viele Leichname dieser Bestattungsart waren Kinder.

Die vierte Klasse machen Rollefson und Simmons anhand einer Doppelbestattung, die 1983 gefunden wurde, deutlich[56]. Dabei wurden innerhalb eines Hofes im zentralen Feld zwei Neugeborene mit vollständigem Schädel gefunden. Diese lagen über einem Schädelnest, welches insgesamt aus vier stark fragmentierten Schädeln bestand[57].

Die von Bienert definierte Kategorie fünf stellt, mit bisher 15 bekannten Schädeldeponierungen[58], den niedrigsten Wert dar[59]. Dabei sollte man betonen, dass es viel mehr schädellose Gräber als Funde isolierter Schädel gibt. Dies kann man auch in den anderen Siedlungen im Nahen Osten während des Neolithikums feststellen.

In dem bereits oben erwähnten Schädelnest (Abbildung 7), welches unter den beiden Neugeborenen lag, wurden vier deponierte Schädel entdeckt[60]. Sie waren jeweils in zwei Gruppen zu je zwei Schädeln mit dem Gesicht nach Südwesten aufgereiht, wobei die Mandibula in allen Fällen fehlte. Alle Schädel waren von Männern und erhielten bei der anthropologischen Untersuchung die Bezeichnungen AG 84 3074 A – D. Bei den Schädeln C und D konnten im Gegensatz zu den beiden anderen Exemplaren Reste einer

---

55 Rollefson & Simmons 1985 Seite 47, Vergleiche dazu auch http://menic.utexas.edu/ghazal/intro/int.html

56 Ebd. 1984 Seite 25

57 Ebd. 1984 Seite 25, 390

58 http://menic.utexas.edu/ghazal/ChapV/index.html

59 Rollefson & Simmons 1988 Seite 410

60 Bienert 2000 Seite 69

Abbildung 7

Übermodellierung festgestellt werden. Bei C waren dies lediglich einige Reste innerhalb einer *Zahnalveole* der *Maxilla*[61]. Vom Schädel D, der zu einem Mann im Alter von circa 30 Jahren gehörte[62], waren jedoch größere Reste erhalten geblieben. Bei diesem konnten große Mengen einer Modelliermasse in der rechten Orbitalhöhle, im Gaumen, in der Nasenhöhle und in einigen Zahnalveolen der Maxilla nachgewiesen werden. Anscheinend waren nur die Augen und die Nase modelliert worden, der Rest des Schädels blieb frei[63].

---

[61] Eine Zahnalveole ist eine Vertiefung innerhalb des Kiefers, die zur Aufnahme des Zahnes dient. Einfach gesagt handelt es sich dabei um ein „Zahnloch". Die Maxilla ist die anthropologische Bezeichnung des Oberkiefers.

[62] http://menic.utexas.edu/ghazal/ChapV/skull/

[63] http://menic.utexas.edu/ghazal/ChapV/index.html

Reste einer einstigen Bemalung konnten bei der Füllung der Orbitalhöhle nachgewiesen werden. Carol Roetzel Butler, die die Schädel näher untersuchte, deutet diese als eine ursprüngliche Darstellung der Iris und der Pupille oder eines geschlossenen Augenlides[64]. Des Weiteren konnten Reste einer rosaroten Bemalung erkannt werden[65]. Diese ist nur noch bei einem weiteren Schädel in ´Ain Ghazal nachgewiesen[66].

Einige Zähne scheinen noch während der Übermodellierung vorhanden gewesen und *post mortem* ausgefallen oder entfernt worden zu sein. Dies kann man daraus schließen, dass die Alveole noch vorhanden war. Bei einem prämortalem Zahnausfall wächst das Loch im Kiefer langsam zu, was hier nicht geschah. Innerhalb der Grube wurden keinerlei Fragmente einer Übermodellierung gefunden. Sie muss also an anderer Stelle abgefallen sein[67]. Daraus ist zu schließen, dass der Fundort des Schädels nicht mit dem ursprünglichen Aufbewahrungsort übereinstimmen muss[68].

Eine Besonderheit wies Schädel D auf. In seinem Inneren fand man zwei kleinere Objekte, die aus einer Gipsmasse hergestellt wurden. Das erste, dreieckige Objekt hatte eine gelbliche – ockerfarbene Oberfläche, das zweite war gräulich – weiß und hatte mehrere, anscheinend willkürlich angebrachte Löcher. Es ist sehr wahrscheinlich, dass die Objekte zur Reparatur des Schädels dienten und das fehlende Os temporale ersetzen sollten[69]. Dies könnte bedeuten, dass

---

[64] Butler 1989 Seite 144

[65] http://menic.utexas.edu/ghazal/ChapV/index.html

[66] Auf diesen Schädel wird noch eingegangen werden.

[67] Rollefson & Simmons 1984 Seite 25 und Rollefson 1983 Seite29

[68] Butler 1989 Seite 144ff

[69] Ebd. Seite 144

die Schädel längere Zeit eine Verwendung hatten und nicht nur im Rahmen eines kurzen Totenritus verwendet wurden. Datiert wurden die Exemplare C und D auf 6700 +- 200 BC[70].

Exkurs: Cladh Hallan

Solche Reparaturen von Leichen oder Leichenteilen kommen auch in anderen Kulturen vor. Exemplarisch seinen hier die sogenannten *Combo-* oder *Puzzlemumien* von Cladh Hallan genannt. Cladh Hallan ist eine prähistorische Siedlung auf den Äußeren Hybriden in Schottland. Im Jahre 2001 wurden innerhalb der Rundhäuser der Siedlung zwei Skelette, das eines Mannes und das einer Frau entdeckt, die 1600 und 1300 vor Christus unter den Schlafplätzen der Häuser bestattet wurden und einige auffällige Besonderheiten aufwiesen. Eine nähere Untersuchung ergab, dass die Skelette ursprünglich Moorleichen waren, die anscheinend bewusst mumifiziert wurden. Die Verstorbenen wurden verschnürt und dann für eine gewisse Zeit in einem Moor versenkt, um sie dann wieder zu bergen. Sie wurden dann erst ungefähr 300 – 600 Jahre nach ihrem Tod wieder bestattet, dieses Mal innerhalb der Häuser. Anscheinend haben die Leichen im Laufe der Zeit einige Schäden erlitten, die dann repariert wurden. Anders als bei den Schädeln von Ain Ghazal wurden hier jedoch komplette Knochen von anderen Personen genommen und als „Ersatzteil" in die Mumie eingesetzt[71]. Bei der männlichen Moorleiche wurde der komplette Schädel ersetzt. Dieser stammt von insgesamt zwei Individuen. Wahrscheinlich wurden die Moorleichen innerhalb der Häuser oder in unmittelbarer, jedoch geschützter Umgebung aufgestellt.

---

[70] Bonogofsky 2001 Seite 143

[71] https://www.spektrum.de/news/zwei-skelette-aus-sechs-koerpern/1156743

Als die Leichen keinen Zweck mehr hatten, wurden sie dann unter den Schlafplätzen der Bewohner bestattet.

Auch wenn Cladh Hallan und der neolithische Orient sowohl räumlich als auch zeitlich sehr weit auseinanderliegen, kann man hier jedoch erstaunliche Parallelen zu einigen neolithischen Befunden des Nahen Ostens sehen. Die längere Benutzung von Leichenteilen und eine Bestattung unter den Schlafplätzen begegnen uns auch in einigen Siedlungen des Vorderen Orients.

Kommen wir wieder zu den Schädeln in 'Ain Ghazal zurück. Ein weiterer Schädelfund wurde auf dem Boden eines abgebrannten Hauses im zentralen Feld liegend gemacht, das stratigraphisch auf 7050 +- 90 BC datiert wurde[72]. Dabei handelte es sich um die spärlichen Reste eines mit Ocker bemalten Schädels, der diverse Schnittspuren aufwies[73]. Solche Schnittspuren, die sich durch Kratzer auf dem Knochen bemerkbar machen, deuten darauf hin, dass sie vom Entfernen der Kopfhaut mit einem scharfen Gegenstand stammen, was jedoch von einigen Forschern angezweifelt wird[74]. Die Bemalungen sind nur auf einigen Teilen des Kraniums zu erkennen[75]. Außerdem konnten an drei Stellen des Schädels Reste von Bitumen entdeckt werden[76].

Diese Form der Bemalung findet sich auch bei den 1983 in ´Ain Ghazal gefundenen Statuen, was belegt, dass die kombinierte Benutzung von Ton und Ocker nicht nur bei Schädeln Verwendung fand.

---

[72] Bonogofsky 2001 Seite 141ff

[73] Rollefson & Simmons 1984 Seite 25

[74] Bogofsky 2001 Seite 142

[75] Rollefson, Schmandt-Besserat & Rose 1998 Seite 101

[76] http://menic.utexas.edu/ghazal/ChapV/index.html

Die Statuen wurden in einer Grube innerhalb eines Hauses im zentralen Feld, Square 3076 entdeckt. Das Haus lag im Zentrum einer Gruppe anderer Häuser und war wohl zum Zeitpunkt der Deponierung der Statuen aufgegeben[77]. Die Plastiken können in zwei Gruppen eingeteilt werden. Zum einen wurden Ganzkörperplastiken und zum anderen Büsten entdeckt. Neben Ocker wurde zur Bemalung auch Kohle benutzt[78]. Einige der Statuen hatten zwei Köpfe. Interessant ist eine Büste, auf die zwei Köpfe aufgesteckt werden konnten. Dies könnte eine Verbindung zu den in Tell Ramad gefundenen, übermodellierten Schädeln mit aufmodelliertem Hals sein. Zweiköpfige Figuren kommen auch an weiteren Fundstellen vor, wie zum Beispiel in Catal Höyük. Zur Bedeutung der Statuen im Zusammenhang mit den übermodellierten Schädeln und der Religion des Neolithikums wird in einem späteren Kapitel noch näher eingegangen.

Im Jahre 1984 wurden die Überreste eines weiteren Schädels entdeckt.

Er wurde zunächst als der Schädel eines sieben oder acht Jahre alten Kindes bezeichnet[79], aber er wurde bei einer weiteren Untersuchung einer jungen Frau im Alter zwischen 15 und 30 Jahren zugeordnet[80]. Datiert wird der Fund mittels C^{14} Daten zwischen 7250 +- 110 BC und 7100 +-80 BC. Damit ist dieser Schädel der älteste, der eine Bemalung aufweist[81]. Die komplette Gesichtspartie und die

---

[77] Vergleiche Bienert 2000 Seite 71f, Vieweger 2003 Seite 100 und Rollefson 1983 Seite 30ff

[78] Bienert 2000 Seite 71

[79] Rollefson & Simmons 1986 Seite 153

[80] Rollefson, Schmandt-Besserat & Rose 1998 Seite 100 und Bonogofsky 2001 Seite 143

[81] http://menic.utexas.edu/ghazal/ChapV/index.html

Mandibula fehlten beim Auffinden. Auf dem Hinterkopf, dem Ox occipitale, konnten die Reste einer schwarzen Substanz, wahrscheinlich Bitumen entdeckt werden, die möglicherweise eine Haartracht darstellen sollten[82]. Diese hat eine gewisse Ähnlichkeit mit einem der bemalten Schädel von Nahal Hemar[83]. Möglicherweise deutet die Verwendung von Bitumen auch auf eine ehemalige Übermodellierung hin, die heute verloren ist. Außerdem konnten minimale Reste einer roten Farbe, sowie Kratzspuren nachgewiesen werden[84]. Auch bei diesen Kratzern wurde eine Entfleischung des Knochens vermutet, jedoch befinden sich die Kratzspuren nicht an Stellen, an denen die Muskeln mit dem Knochen verbunden sind, was eine Entfernung der fleischlichen Überreste nicht sehr wahrscheinlich macht[85]. Bei der Diskussion, ob es eine postmortale Fleischentfernung des Schädels gegeben hat oder nicht, wird meines Erachtens nach ein Faktor übersehen, der nicht unbedeutend ist: Die Zeit, die ein Körper braucht, um vollständig zu verwesen. Unter normalen Bedingungen[86] braucht ein in ein Erdgrab gelegter Körper unter Umständen mehrere Jahrzehnte, um vollständig von seinen Weichteilen befreit zu sein. „Normal" bedeutet in diesem Fall mitteleuropäische Temperaturen, witterungsdurchsetzt und ein neutraler bis alkalischer, kalkhaltiger Boden. In dem Bereich, mit dem sich diese Arbeit auseinandersetzt, sind solche Bedingungen teilweise stark abweichend, was eine niedrigere Verwesungsgeschwindigkeit zur Folge haben kann. Teilweise kann man hier von einer Liegezeit von mehreren Jahren

---

[82] Rollefson & Simmons 1986 Seite 153

[83] Rollefson, Schmandt-Besserat & Rose 1998 Seite 101

[84] Bonogofsky 2001 Seite 141

[85] Ebd. 2001 Seite 142ff

[86] Madea, Preuss und Musshoff 2007 Seite 13f

ausgehen, bis sämtliches Fleisch verwest und nur noch der skelettierte Teil des Körpers vorhanden ist[87]. Somit sind eventuell nach Beendigung der von der rituellen Praxis bestimmten Transformationszeit und der damit verbundenen sekundären Behandlung des Körpers[88] noch Weichteilreste vorhanden, die dann entfernt werden mussten. Dabei kann es sich eher um eine Art „abschaben" der teilweise verflüssigten Weichteile gehandelt haben, was erklären könnte, dass sich die Kratzspuren nicht unbedingt an den Ansatzpunkten der Muskeln befanden. Möglichweise sind diese Kratzer aber auch durch eine längere Nutzungsdauer zu erklären.

Der Schädel gehört zu einer von zwölf Bestattungen, die unterhalb des Fußbodens des Hauses Square 3083 bis 3283 des zentralen Feldes entdeckt wurden.

Im gleichen Gebäude wurde ebenfalls ein Schädelnest entdeckt. Die drei Schädel waren in einem im Osten gelegenen Raum an der südöstlichen Wand in einer Reihe aufgestellt. Die Gesichter waren dabei zur Wand ausgerichtet. Möglicherweise ist diese Ausrichtung ein Hinweis auf den Sonnenaufgang. Südöstliche Ausrichtungen von Gräbern sind seit steinzeitlichen Kulturen keine Seltenheit und diese werden normalerweise mit einem *Sonnenkult* verbunden. Zwei der Schädel waren männlich, einer gehörte zu einem über 60-jährigen, der andere zu einem zwischen 20 und 30 Jahre alten Mann. Der dritte Schädel stammte von einem Kind, welches älter als elf war, dem jedoch keinem Geschlecht zugeordnet werden konnte. Die Schädel wiesen keinerlei Anzeichen für eine sekundäre Behandlung auf.

---

[87] Ebd. Seite 13f

[88] Veit 1996 Seite 20f

Exkurs: Sonnenkulte

In der Zeit des Neolithikums findet mit an Sicherheit grenzender Wahrscheinlichkeit eine Hinwendung von einem *Mondkult* zu einem *Sonnenkult* statt. Die Jäger und Sammler der vorneolithischen Zeit orientierten sich wohl an den Mondphasen, um eine Zeit näher zu bestimmen. Die Sonne ist für wandernde Völker nur sekundär von Interesse, wenn es um die Bestimmung der fortschreitenden Jahreszeiten geht. Der Mond ist leichter zu sehen und seine Phasen besser zu bestimmen. In einer stationären Ackerbaugesellschaft rücken die Gestirne und die Sonne in den Fokus. Auch sind die Sonne und das allgemeine Wetter entscheidend für eine gelungene Ernte, was die Bedeutung dieses Himmelskörpers nochmal verstärkt. Hinweise darauf finden sich in den neolithischen Grabbauten und in der späteren Bronzezeit, in der sich die Hinweise auf eine Fokussierung der Sonne häufen. Auch in späteren Zeiten gibt es vielfache Hinweise darauf, dass die Sonne eine der wichtigsten Positionen innerhalb des Pantheons einnimmt. Bei den Babyloniern war der Gott Marduk der wichtigste Gott und zugleich der Stadtgott von Babel. Er wird auch als „Jungrind der Sonne" bezeichnet[89]. Bei den Ägyptern waren Re und Aton wichtige Sonnengottheiten. Aton ist besonders hervorzuheben, da er wahrscheinlich der erste monotheistische Gott der Geschichte war. Bei den Griechen haben wir Helios, der überregional verehrt wurde. Das Oberhaupt des griechischen Pantheons war Zeus, der die Eigenschaften einer Wettergottheit hatte. Hier haben wir die Kombination von väterlichem Wettergott und einem mit ihm verbundenen Sonnengott, wie wir es in sehr vielen Religionen haben.

---

89 Auf die Rolle von Rindern, beziehungsweise Stieren wird noch an anderer Stelle eingegangen. Die Kombination dieser beiden überaus wichtigen Göttersymbole in einem Gott darf nicht übersehen werden.

Dies dürfte ein klarer Überrest aus der neolithischen Periode sein. Bei den Römern war es ähnlich. Jupiter fungierte als Wettergott und Sol symbolisierte die Sonne. Es finden sich Bildnisse der *Sol invictus*, also der „*unbesiegbaren Sonne*". Dabei sieht man die Gottheit, die einen Strahlenkranz um den Kopf trägt und die rechte Hand erhoben hat. Teilweise wird Jupiter in dieser dargestellt, aber auch andere Gottheiten wie Mithras zeigen oftmals diesen Gestus. In der Zeit des frühen Christentums kommen auch Bilder von Jesus Christus vor, der als unbesiegbare Sonne dargestellt wird. So gibt es spätantike Bildnisse, die sich *Traditio legis* nennen. In diesen Bildern sieht man Christus im Zentrum stehend, teilweise als *Panthokrator*, also als Weltenherrscher mit Erdenkugel. Ihm zur Seite stehen die beiden Apostelfürsten Petrus und Paulus, die eine Gesetzesrolle empfangen (Abbildung 8). Bemerkenswert hierbei ist, dass der jüdisch-christliche Gott JHWH Merkmale einer Wettergottheit aufweist. Derzeitige Forschungen

Abbildung 8

bestätigen, dass JHWH aus mehreren Göttern zu einer fusioniert ist. Hier sind auch kanaanitische Wettergottheiten beteiligt, die die Geschichten des Alten Testamentes maßgeblich prägen. In diesem Fall haben wir demnach auch die Kombination einer väterlichen Wettergottheit und einer mit ihm verbundenen Sonnenverkörperung.

Man sieht also, dass die Sonne in der Religion eine extrem wichtige Position Innehat. Die Ursprünge dazu lagen, wie schon betont, im Neolithikum und fanden in der Bronzezeit einen ersten Höhepunkt.

Einige bronzezeitliche Beispiele möchte ich dabei an dieser Stelle nennen, wobei die so genannten Goldblechkegel im Zentrum der Beschreibungen stehen sollen. Diese stammen vermutlich aus der mittleren Bronzezeit und haben sehr wahrscheinlich einen ikonographischen Ursprung im Nahen Osten. Damit haben zumindest ansatzweise mit unserem Thema zu tun.

Seit dem ersten Fund im Jahre 1835 gab es immer wieder Versuche, den Verwendungszweck dieser seltsam anmutenden Geräte zu ermitteln. Im Laufe der Forschungsgeschichte gab es grundverschiedene Theorien, wofür diese Objekte gebraucht wurden. Der Archäologe Gustaf Kossina versuchte zum Beispiel in der Zeit kurz vor dem ersten Weltkrieg zu beweisen, dass die Kegel Kronen eines hochentwickelten germanischen Sonnenkultes waren[90]. Um dieses zu belegen, zog er diverse nordische Goldfunde wie Sonnenscheiben und andere Objekte heran. In diversen Kampfschriften lieferte er sich wahre Schlachten mit anderen Wissenschaftlern wie Alfred Schlitz und Carl Schuchhart, die für eine Herkunft der Kegel aus

---

[90] Kossina war ein Vertreter einer völkisch geprägten Lehre. Er versuchte, mit Hilfe der Archäologie Völker zu erkennen und zu definieren. Viele seiner Theorien gelten heute als rassistisch und hatten teilweise große Wirkung auf die Zeit des Nationalsozialismus.

dem ägäischen Raum plädierten. Der Streit wurde erst beigelegt, als Kaiser Wilhelm II. Schuchhart mit der offiziellen Publikation der Funde betraute.

Jedoch kamen auch in Zukunft mehrere Theorien auf, die zu erklären versuchten, um was es sich bei den Kegeln eigentlich handelt. So wurden sie als Hüte, Schildbuckel, Pfeilköcher, Vasen, Urnen, Tempelgefäße, Opfergefäße, Räuchergefässe, Pfahlbekrönungen, Abbilder von Kultsäulen oder als Hut des Paris von Troja bezeichnet.

Bislang wurden vier beziehungsweise fünf Kegel gefunden, nämlich die Goldblechkegel von Schifferstadt, Avanton, Ezelsdorf, Berlin und Lanrivoare. Dazu kommen noch einige Fragmente, die eventuell ebenfalls Goldblechkegel waren.

Die Kegel haben alle einen ähnlichen Aufbau. Sie bestehen aus purem Gold und haben mehrere Zierbänder, die Buckel-, Kreis- und Mandelaugenmustern, Wülsten und Punktbändern zeigen. Die Schäfte, die Kalotten und die Krempe haben jeweils ein anderes Verzierungsprinzip. Einige Exemplare, wie der von Schifferstadt, weisen Durchbohrungen an der Krempe auf, die möglicherweise für die Befestigung von Schnüren dienten. Mittels dieser Schnüre wäre eine Trageweise als Hut denkbar. Als Stabilisierung des Krempenrandes wurden Kupferdrähte verwendet.

Das Gold der Kegel ist sehr dünn. So wiegt der Schifferstädter Kegel nur 350 Gramm bei einer Höhe von 29,6 Zentimetern. Beim Auffinden sind die Kegel meistens von der Erdmasse zerdrückt und nur schwer als prähistorische Funde zu interpretieren. So wurde der Goldblechkegel von Ezelsdorf, der im Frühjahr 1953 beim Baumstumpfroden von dem Maurer Michael Dörner gefunden wurde, zuerst für eine Konservendose gehalten. Das Goldblech war von einer Wurzel zersprengt und plattgedrückt, sodass er den Fund nicht sofort erkannte. Als er sich die Reste jedoch genauer betrachtete nahm er

Abbildung 9

ihn mit nach Hause. Dort angekommen wurde seine Frau stutzig und brachte ihn zum örtlichen Zahnarzt, der ihn vollständig reinigte und nach einigen Tagen ins Germanische Nationalmuseum Nürnberg brachte, wo das Fundstück sofort als ein Goldkegel identifiziert wurde.

Der zuletzt gefundene Kegel (Abbildung 9) wurde 1996 vom Berliner Museum für Vor- und Frühgeschichte von einem Kunsthändler erworben. Er ist der Einzige, der keiner aufwendigen Restauration bedurfte. Angeblich stammte er aus der Schweiz, jedoch war der ehemalige Besitzer nicht bereit oder in der Lage weitere Angaben zu machen.

Allen Goldblechkegeln ist gemeinsam, dass sie soweit es nachvollziehbar ist, an archäologisch unauffälligen Plätzen deponiert wurden. Warum die Kegel vergraben wurden, lässt sich nicht genau sagen. Definitiv ist, dass sie nicht weggeworfen worden, da sie eine kultische Funktion hatten.

In der Archäologie werden solche Funde von bewusst vergrabenen Gegenständen als *Depots* oder H*orte* bezeichnet. In der Bronzezeit sind die ein typisches Phänomen, das jedoch auch in anderen Zeiten immer wieder auftaucht. So wurden zum Beispiel Münzen oder andere Wertgegenstände in unsicheren, kriegerischen Zeiten vergraben, um diese später wieder zu bergen. Die Tatsache, dass die Archäologen diese Horte entdecken zeigt, dass der Eigentümer nicht mehr dazu in der Lage war sich die Gegenstände wieder anzueignen. Auch rituelle Deponierungen waren nicht ungewöhnlich. Kultische Gegenstände wurden vergraben, um sie aus der diesseitigen Welt in die jenseitige zu entrücken.

Ob sie wegen einer kriegerischen Auseinandersetzung oder als Opfer- bzw. Weihefund zu interpretieren sind, ist jedoch nicht klar. Für die Möglichkeit des Opfers spricht eventuell die Deponierung auf der Brandplatte wie sie bei dem Kegel von Schifferstadt geschah. Die Funktion des Feuers bestand in der reinigenden Wirkung. Das Opfergruben vor der eigentlichen Opferung ausgebrannt wurden, wäre kein ungewöhnliches Phänomen, da es auch schon im Neolithikum geschah. Möglich wäre es jedoch auch, dass die Kegel periodisch immer wieder vergraben wurden, um sie zu bestimmten Zeiten wieder zu heben. Auch die zeitliche Frage der Deponierung ist nur schwer zu beantworten.

Nach der Herstellungszeit der Kegel kommt eine Zeit der Unruhen. Es gab womöglich einen großen Krieg oder andere tiefgreifende Ereignisse, die für religiöse und kulturelle Umbrüche sorgten. In dieser Zeit fällt eine Veränderung vieler Hochkulturen wie die der Hethiter, Assyrer und Ägypter. Einige gingen unter, andere stiegen auf, ansonsten gab es Machtverschiebungen und andere Umbrüche. In Ägypten sorgte Beispielsweise die Machtergreifung Echnatons für eine tiefgreifende Änderung in der Religionspraxis[91]. Er schaffte den Polytheismus ab und erklärte den Sonnengott Aton für den einzig relevanten Gott. Des Weiteren sorgten einige nicht näher zu definierende Seevölker als Piraten für weitreichende Unruhen im Mittelmeerraum.

All dieses hat auch die bronzezeitlichen Kulturen Europas stark beeinflusst. Die Umbrüche wurden durch die weitreichenden Handelskontakte zum Mittelmeerraum ausgelöst und hatten offensichtlich auch gewisse Auswirkungen.

Dass diese Handelskontakte vorhanden waren, bezeugen Funde aus dem minoisch-mykenischen Raum in Skandinavien und Bernsteinfunde in dem Grab Sethos II., die aus der Ostseeregion importiert wurden[92]. Dass es nicht nur beim Warentausch blieb, sondern dass auch Kultur- und Religionsgut ausgetauscht wurden, zeigen Funde von Doppelaxtamuletten in Nordeuropa, das Aufkommen der Himmelsbarke und einige anderen Symbole[93]. Ab dem 13. Jahrhundert vor Christus werden diese Umbrüche in fast ganz Europa greifbar. Es findet in einem großen Teil Europas eine Wandlung der Bestattungssitte hin zur Brandbestattung statt. Wahrscheinlich änderten sich die Jenseitsvorstellungen in dieser Zeit. Einige Wissenschaftler sprechen in diesem Zusammenhang von einer Art Mission aus dem Donauraum die auf Handelswegen nach Norden vordrang[94].

Mit Ausnahme des vermeintlichen Kegels von Lanrivoare, wurden sämtliche Kegel bislang in Mitteleuropa gefunden.

---

[91] Hornung 2003, S. 29ff

[92] Rüdiger Mai 2006, S. 26 – 28

[93] Meller 2004, S. 58ff

[94] Rüdiger Mai 2006, S. 164ff

Im Norden sind solche Goldblechkegel bislang unbekannt. Zwar fanden sich Massen an goldenen Kultgeräten in einer Vielzahl von Horten, jedoch keine Kegel.

Interessant daran ist, dass es in dem Hügelgrab von Kivik (Abbildung 10) in Skandinavien eine Darstellung eines Kegels gibt[95].

Abbildung 10

Das Grab hat einen Durchmesser von 75 Metern und bestand aus einigen Platten, die allesamt eine szenische Darstellung aufwiesen. Auf der inzwischen leider verschollenen Grabplatte eins gab es ein Bildnis mit einem Kegel. Leider gibt es nur noch Zeichnungen von diesem Bild, die jedoch allesamt voneinander abweichen. Jedoch ist im Zentrum des Bildes immer ein Kegel zu sehen, der von zwei Äxten und einem Schlittenschiff umgeben ist. Auf einigen Abbildungen sind zwei weitere Objekte zu sehen, die nicht näher gedeutet werden können.

Der Grabherr muss eine besondere Stellung und eine Beziehung zu dem gezeigtem gehabt haben. Die Szenen in dem Grab beziehen sich auf den Totenbrauch im nordischen Kreis, somit müssen die

---

[95] Meller 2004, S. 82ff

Darstellung von Äxten und Kegeln ebenfalls in diesem Bereich gehören, was jedoch nicht zu belegen ist, da diese Motive im Norden in dieser Form einmalig sind und daher leider nicht von anderen Bildnissen abgeleitet werden können.

Ansonsten findet man Kegeldarstellungen nur in Südeuropa und im Orient. So sind auf einigen Rollsiegeln Sonnengottheiten zu sehen, die einen spitzen Hut mit einer Krempe tragen. Dass dieser aus Gold war, kann man wahrscheinlich von ausgehen, da Gold das traditionelle Metall der Sonne in den vorderasiatischen Mythen und Götterdarstellungen war.

Auf einem Tonsiegel aus althethitischer Zeit ist ebenfalls ein Kegel zu sehen. Vor diesem steht eine Gestalt mit einem hohen Hut. In Nordsyrien wurden mehrere kleinere Tonkegel mit einer streifenförmigen Bemalung gefunden. Sie wurden vermutlich um 4000 vor Christus verborgen.

Im mykenischen Raum schließlich treten Kegeldarstellungen auf diversen Münzen auf.

Auch für die Ornamentik, die auf den Kegeln prangt, kann man diverse Parallelen finden. Das Augenmuster, das auf den Kegeln von Schifferstadt und Ezelsdorf zu finden ist, wurde oft entdeckt, so zum Beispiel auf das aus Wales stammende Cape von Mold, das in einer Steinkiste mit den Überresten eines Mannes Entdeckt gefunden wurde (Abbildung 11).

Als Vorbilder für die Augenmusterzier kann man diverse Symbole aus dem vorderen Orient heranziehen. Dort zählen Augenmuster zu den geläufigen Kultsymbolen. Aus der Nordmesopotamisch-syrisch-anatolisch und vor allem Akkad-zeitlichen und hethitischen Glyptik sind Augenmotive gut bekannt. Das Augenmotiv als Bildnis für den göttlichen Blick kann man in Mesopotamien bis ins vierte Jahrtausend vor Christus zurückverfolgen. Das Auge war ein Zeichen für

Abbildung 11

den Planeten Venus dem nach der Sonne und dem Mond hellste Gestirn. In Nordsyrien wurde über einer Uruk – Tempelschicht aus frühsumerischer Zeit ein weiterer Tempelbau mit mehreren 1000 Augenfiguren aus weißem und schwarzem Alabaster gefunden wurden. Viele der Figuren hatten hohe, spitze Kopfbedeckungen. Diese Hochkultur hatte eine große Strahlkraft wie unter anderem einige gefundene Rollsiegel und Tonwaren in Siebenbürgen beweisen, die aus dem Raum stammen. Interessant ist, dass es im Gebiet der heutigen Slowakei einige Grabfunde von Goldkegeln gibt, die zu dem Kopfschmuck von Frauen zählen. Sie dienten anscheinend als Zierelement an Kopftüchern und werden die mittlere Bronzezeit datiert[96].

Für Ringbuckelmuster gibt es ebenfalls einige Beispiele im mykenischen und anatolischen Raum. Auch in georgischen *Kurganen*, also Grabhügeln, sind diese zu finden.

---

[96] Lászlo 1994, S. 24 – 26

Die Radmuster des Ezelsdorfer Kegels gehen wahrscheinlich auf den ägäischen Raum zurück.

Auch die eigentliche Form, die des Kegels stammt wohl aus dem Mittelmeerraum. In Ägypten galten Obelisken als symbolisierte Sonnenstrahlen. Ab der 18. Dynastie wurden die pyramidenförmigen Spitzen mit Goldblech verkleidet. Solche Obelisken wurden in den Kulturen der vorderasiatischen Küstenzonen oftmals wie Symbole von Gottheiten verehrt. Die Kanaaniter und Phöniker kannten schon vor der Zeit der ägyptischen Hochkultur Steinkulte. Diese verehrten sogenannte *huwasi* – Steine zu denen sie regelmäßig pilgerten. Sie standen allesamt an besonderen Plätzen und wurden dort streng bewacht.

Erstaunlicherweise fehlen im mykenischen Raum Kultsäulen, obwohl sie auf Münzen überliefert sind. Jedoch gibt es sogenannte Apollon – Säulen wie es in einigen Quellen überliefert ist. Apollon war ein fremder Gott, der aus Kleinasien stammte und sogar als Feind der Griechen galt. Er baute die trojanische Mauer, brachte die Pest in das Lager der griechischen Soldaten und lenkte den Pfeil, den Paris auf Achill schoss. Vermutlich stammte er aus dem hethitischen Patheon, wo er als Apulanas bekannt war. Diese Gottheit hatte als heiliges Symbol einen spitzen Kegel.

Interessant ist eine Erzählung Herodots, der Pilgerströme der sogenannten *Hyperboreer* nach Griechenland beschreibt, die die Sitten und Riten des Apollon Kultes kannten. Das Wort *Hyperboreer* bedeutet so viel wie „Leute des Nordwindes“ oder „Leute jenseits der Berge“. Eine weitere Erzählung berichtet, dass Apollon einmal im Jahr mit einem Wagen, der von Schwänen gezogen wurde, zu den Hyperboreern reiste. Erstaunlich ist, dass gerade in der Urnenfelderzeit das Wasservogelsymbol zu einem der primär herrschenden Motive wird. Oft kommt es in Verbindung mit einem Wagen vor.

Im Westasiatischem Raum ist der Wasservogel als religiöses Motiv jedoch schon seit dem Neolithikum bekannt, wie die Funde von Göbekli Tepe und Catal Höyük belegen. Sie werden allgemein als Götterboten und Todessymbole interpretiert[97]. Wagendarstellungen sind in der Bronzezeit auch sehr häufig. Berühmt ist der *Sonnenwagen von Trundholm*, der den Zug der Sonne symbolisieren soll (Abbildung 12). Auch an der Kleidung trugen die Menschen das Symbol der Sonne. Man findet in vielen Gräbern so genannte *Radnadeln*. Dies sind Gewandnadeln, die ein großes Sonnenrad als Kopf haben.

Apollon galt als Gott der Jahreszeiten und er stand damit in direkter Verbindung zu den naturwissenschaftlichen Kenntnissen der Babylonier, die den Kalender mit der Religion weitergaben. Die Feste des Apollon fallen alle auf den 7. des Monats was auch bei den

Abbildung 12

[97] Schmidt 2006, S.190ff

Babyloniern ein üblicher Feiertag war. Der 7. des Monats – *Schabattu* – erscheint schon ab 2900 vor Christus seit der Dynastie von Ur und an ihm wurden unter Hamunrabi besondere Opfer dargebracht. Das Wort „Schabattu" ist eine Vorform des aus dem hebräischen stammenden „Sabbat" was auch die kulturellen Verbindungen und Assimilationen beweisen kann.

All dies zeigt die Kulturverbindungen, die schon in dieser Zeit herrschten. Griechen, Ägypter, Babylonier und schließlich die Kulturen der europäischen Urnenfelderzeit weisen in ihrem Symbolgut viele Parallelen auf, die einen Austausch von diesen nahelegen. Die Völker verstanden die Symbole der anderen, die sie auf den alten Handelsrouten, die nach Griechenland führten, kennen gelernt hatten.

Ein weiterer Aspekt ist das Auftauchen des liegenden Halbmondes auf dem Berliner Kegel. Diese sogenannten Lunulae sind ebenfalls im orientalischen Raum beheimatet. Sie werden entweder als Himmelsbarken oder als einfache Mondsymbole gedeutet.

Als Fazit kann man sagen, dass aus dem Orient religiöse und kulturelle Strömungen nach Griechenland kamen. Später breiteten sich die Ideen über Handelsrouten in andere Regionen aus, wo sie entweder teilweise oder ganz übernommen wurden. Daraufhin haben sich die Symbole mit einheimischen Bekannten Symbolen vermischt, wie zum Beispiel die nordischen Äxte auf der Grabplatte bei Kivik oder Ritzzeichnung mit einem Wagen und einem Kegel auf dem Tongefäß von Ödenburg zeigen.

Nun bleibt die Frage, wofür diese Kegel verwendet wurden? Die heutige Wissenschaft geht davon aus, dass es sehr wahrscheinlich Hüte waren. Aufgrund der Beziehung zur Sonne und zu Sonnenkulten wurden diese Objekte mathematisch untersucht, wobei es zu interessanten Erkenntnissen kam, die darauf hinweisen, dass diese

Hüte eine Art Kalender waren. Exemplarisch sollen diese Ergebnisse am Berliner Goldblechkegel erläutert werden.

Der Berliner Hut besteht aus insgesamt 1701 Kreissymbolen und 38 Sonderzeichen, also insgesamt 1739 Zeichen. Einige Zeichen kommen in mehreren Zonen vor. Jedes der Kreissymbole ist als ein Tag zu Sehen. Wenn man nun die Kreise aus den Zonen mit der gleichen Ornamentik aufaddiert. kommt man insgesamt immer auf die Summen von 354, 355, 365 und 366. Diese Zahlen entsprechen einem Mond- beziehungsweise einem Sonnenjahr. Man kann auch fast die korrekte Dauer eines solaren und synodischen Monats berechnen. Addiert man alle Zeichen inklusive einiger vorhandener Schaltzonen und teilt dieses durch die dreifache Anzahl der verwendeten Zonen (1739:(3*19)) kommt ein Wert von 30,508 heraus. Dieser Wert entspricht bis auf 0,0711 dem exakten Wert eines Sonnenmonats (30,4369). Lässt man eine Schaltzone bei dieser Rechnung heraus, erhält man bei der gleichen Rechnung einen Wert von 29,508. Dies entspricht einem Mondzyklus von 29,5305 Tagen. Diese Rechnung hat also nur eine Varianz von 0,0297.

Des Weiteren ermöglicht der Hut noch einiges mehr. Der Hut hat 19 Zierzonen und 19 Mondsymbole, dies entspricht die Anzahl der Jahre, die Sonne und Mond benötigen, damit ihre Daten wieder übereinstimmen. Dies entspricht 228 Sonnen- oder 235 Mondmonate zu je 6939,6882 Tagen. Nimmt man nun die Errechneten Tage des Sonnenmonats und multipliziert dies mit dem vierfachem von 57 (3*19), dann kommen dabei 6955,824 Tage heraus. Dies entspricht in etwa dem Zyklus der Sonnen- und Mondgleichheit.

Die Ungenauigkeiten bei den Rechenoperationen ergeben sich dabei wohl aus kleinen Ungenauigkeiten bei der Beobachtung der Natur und wegen der Verwendung eines anderen Rechensystems. Es wurde wohl nicht in Dezimalstellen gerechnet, sondern in Brüchen.

Erwähnenswert ist bei dieser Berechnung noch, dass die Zahl „3“ die bei der Rechnung eine entscheidende Rolle spielt, sich aus mathematischen Überlegungen heraus entwickelt hat, und nicht auf eine Herleitung eines Symbols auf den Hüten beruht. Diese Zahl ist somit nicht zu belegen. Sollte sie jedoch wirklich eine besondere Bedeutung haben, dann wäre dies im Zusammenhang der religiösen Bedeutung dieser Zahl, die bis in die christliche Zeit hineinreicht, durchaus bemerkenswert.

Dieses System funktioniert in dieser Form bei allen Goldhüten, wenn man teilweise auch andere Faktoren einsetzen muss. Bei den Stücken aus Ezelsdorf und Avanton muss man jedoch noch die fehlenden Teile ergänzen. Man kann davon ausgehen, dass es sich bei diesen Objekten ursprünglich wohl nur um einen lunaren Kalender gehandelt hat. Interessant ist, dass dieses System auch bei anderen Funden aus der Bronzezeit die eine Buckelverzierung besitzen zu funktionieren scheint. So wurde es auch bei der Amphora aus dem Kammergrab von Seddin übertragen, wo sich diese Methode reibungslos anwenden ließ. Bei dem Schild von Herzsprung 1 funktionierte es ebenfalls, jedoch musste anstatt der Zahl „3“ die „6“ genommen werden.

Man kann davon ausgehen, dass der Träger der Kegel eine priesterliche Funktion gehabt haben muss und als eine Art *Herr der Zeit* fungierte.

Dass die Menschen der Bronzezeit Europas große astronomische Kenntnisse hatten, beweisen unter anderem auch die Kreisgrabenanlagen wie z. B. die von Gosek und die Himmelsscheibe von Nebra, bei denen der astronomische Bezug deutlich zu erkennen sind und vielleicht auch noch Anlagen wie Stonehenge, wo ein astronomischer Bezug auch wahrscheinlich ist[98]. Dass diese Kenntnisse auch

[98] vgl. Maier 2005,S. 44ff, Meller 2004, S. 48 – 51 und Biel 2005. Näher es zu der Himmelsscheibe von Nebra findet sich unter http://tinyurl.com/yumvm2fn

sehr komplizierte Systeme erfassen konnten, belegen aktuelle Untersuchungen der Himmelsscheibe bei denen bewiesen werden konnte, dass sie augenscheinlich eine Schaltfunktion für Sonnen- und Mondkalendersysteme besaß. Die Platzierung der Sterne und des Mondes setzt auch sehr gute mathematische Berechnungen voraus, da die Bögen die sogenannten Mondwenden anzeigen.

Kommen wir zurück zu den Schädeldeponierungen. Auffällig ist die hohe Konzentration von Schädeldeponierungen und Bestattungen innerhalb dieses Gebäudes. In seinem Inneren fanden sich 10% aller Bestattungen ´Ain Ghazals. Auch wenn man nur den Zeitraum des PPNB betrachtet, zu dem insgesamt 86 Bestattungen zugeordnet werden können, machen die Bestattungen in dem Haus fast 14% aller gefunden Bestattungen des PPNB ´Ain Ghazals aus. Sowohl der fast schwarze Schädel des Kindes als auch das Nest mit den drei Schädeln fand sich im gleichen Gebäude[99]. Des Weiteren wurden fünf Bestattungen um eine Feuerstelle, eine Kinderbestattung unter einer Türschwelle und eine weitere Bestattung im gleichen Raum entdeckt. Auf dem Boden lagen darüber hinaus noch vier Kinderskelette im Abstand von jeweils einem Meter sowie die Deponierung zweier Tierfiguren. Das könnte für eine besondere Bedeutung des Raumes innerhalb des Totenkultes sprechen. Auf die Bestattungen unter der Türschwelle und die um die Feuerstelle wird an anderer Stelle noch näher eingegangen, da diese Orte eine tiefere Bedeutung zu haben scheinen.

1985 wurden drei ungewöhnliche Reste entdeckt, die einen neuen Einblick in die Übermodellierung von Schädeln geben[100]. Dabei

---

99 http://menic.utexas.edu/ghazal/ChapV/index.html

100 Bienert spricht in seiner Dissertation von einem weiteren Fund eines übermodellierten Schädels in diesem Gebäude. Dabei beschreibt er die

handelt es sich jedoch nicht um die eigentlichen Schädelreste, sondern nur um die Gesichter, die einst auf die Schädel modelliert wurden (Tafel II, Abbildung 1) [101]. Diese Objekte wurden zuerst für Statuen gehalten, was bei genaueren Untersuchungen widerlegt werden konnte.

Es sieht so aus, als sei die Modelliermasse von den Schädeln abgefallen. Eine andere Möglichkeit ist, dass sie entfernt wurde.

Anschließend wurden die Schädel unter dem Fußboden eines Hauses aus dem zentralen Feld deponiert. Diese Masken waren schon bei der Fundbergung zerbrochen. Nur etwa 60% von ihnen ist

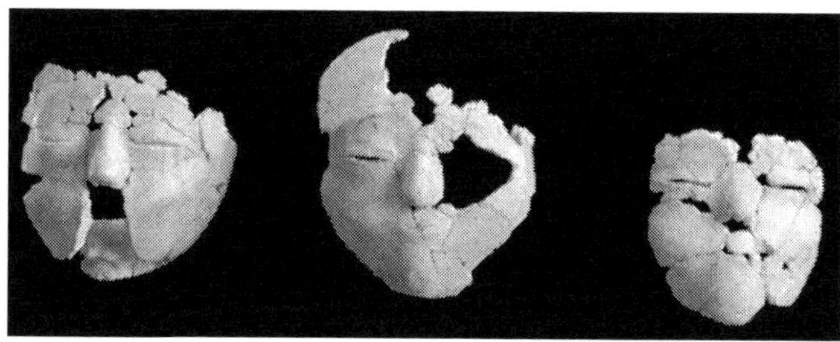

Tafel II, Abbildung 1

Überreste des Schädels eines sieben oder acht Jahre alten Kindes. Er wurde unter dem Fußboden in der SW Ecke eines östlichen Raumes entdeckt. Dieses stark fragmentierte Kranium wies die Überreste einer Bemalung mit Bitumen auf, die wahrscheinlich als Darstellung einer Haartracht waren. Reste einer Übermodellierung konnten nicht festgestellt werden. Ob es sich dabei um den gleichen Schädel handelt, der mit der Nr. AG 84 3083 107 benannt wurde lässt sich nicht klar sagen. In einer Fußnote betont er jedoch, dass Rollefson den Schädel in einigen Publikationen auch als „Adult" bezeichnet, daher wäre es möglich, dass es sich bei den von Bienert beschriebenen Exemplar um AG 84 3083 107 handelt.

[101] Griffin, Grissom & Rollefson 1998 Seite 59ff

erhalten geblieben. Dass die Knochen vollständig zersetzt wurden, ist bei den relativ vielen Knochenfunden und den Bodenverhältnissen auszuschließen.

Datiert wird der Fund mit kalibrierten C^{14} Daten auf 8041 +- 65. Die mit Ton überzogenen Teile des Schädels beschränkten sich auf die Gesichtspartie. Eine *Mandibula* scheint nicht vorhanden gewesen zu sein. Die Abdrücke von Zähnen konnten an einigen Stellen entdeckt werden. Der Ton besteht aus zwei Schichten, wobei die obere aus einem rosarotem und die untere aus weißem Ton besteht.

Allgemein deutet man diesen Fund als eine Art Bestattung, wie er dieses auch bei den 1983 gefundenen Statuen vermutet[102]. Dass Gegenstände eine Art der Bestattung erfuhren, kann in einigen Fällen beobachtet werden. Berühmt ist der Fund der bronzezeitlichen *Himmelsscheibe von Nebra*[103], die ebenfalls nicht einfach vergraben wurde, sondern auch Beigaben erhielt, wie es der damaligen Sitte entsprach. Möglicherweise hatten diese Gegenstände einen höheren, „heiligen" Status inne, wie es heute noch bei Reliquien oder ähnlichen Objekten der Fall ist.

Fakt ist, dass die Modellierung der Schädel die gleiche Behandlung erfuhr wie die eigentlichen Schädel selbst, was die Theorie einer Bestattung unterstützt.

1987 wurde ein weiterer Fund eines übermodellierten Schädels gemacht[104]. Dieser lag mit dem Gesicht nach oben, am nördlichen Ende eines Mörtelbodens. Das Haus, welches ebenfalls im zentralen Feld liegt, datiert stratigraphisch ins mPPNB-3[105]. Es konnten

---

[102] Ebd. Seite 61

[103] Siehe dazu auch den Kurs „Sonnenkulte".

[104] Boulton, Butler, Kafafi, Rollefson & Simmons 1990 Seite 107ff

[105] Bienert 2000 Seite 70 und Vergleiche dazu http://menic.utexas.edu/ghazal/ChapV/index.html

keinerlei weitere Reste einer Übermodellierung innerhalb der Grube gefunden werden, weshalb man annimmt, dass er schon in dem zerstörten Zustand deponiert wurde. Die Grube, in der der Schädel lag, schnitt eine vorher schon vorhandene Bestattung an. Einige Knochenfragmente des Grabes gelangten so in die Grube. Ob die Deponierung die Bestattung zufällig geschnitten hat oder ob sie bewusst beim beziehungsweise im Grab angelegt wurde, ist derzeit noch unklar[106]. Der Schädel gehörte einem circa 30 Jahre alten Mann. Die Mandibula fehlt. Es konnten vier Schnittspuren festgestellt werden[107]. Auch hier ist es nicht klar, ob der Schädel entfleischt wurde oder die Spuren auf andere Weise entstanden[108].

Die Übermodellierung ist ebenfalls nur fragmentarisch auf den Schädelresten erhalten, aber noch sehr gut zu erkennen. Spuren einer einstigen Bemalung konnten nicht festgestellt werden. Der Schädel hat eine offensichtliche Ähnlichkeit zu den in ´Ain Ghazal gefundenen Statuen[109].

Zusammenfassend kann man sagen, dass die deponierten Schädel trotz einiger Gemeinsamkeiten wie der Übermodellierung des Gesichtes oder dem Belassen der *Mandibula* im Grab, sehr unterschiedlich sind. Wir können die Sitte der Schädeldeponierung in ´Ain Ghazal in vier Gruppen einteilen:

---

[106] Simmons 1990 Seite 108

[107] Boulton, Butler, Kafafi, Rollefson & Simmons 1990 Seite 107ff,an derer Stelle spricht Rollefson von „ several Cutmarks“, Vergleiche dazu Bonogowsky 2001 Seite 144

[108] Bonogofsky 2001 Seite 144

[109] Ebd. 1990 Seite 108

- Gruppe A: Schädel ohne Anzeichen einer sekundären Behandlung
- Gruppe B: Schädel mit einer Bemalung ohne Übermodellierung
- Gruppe C: Schädel mit einer Übermodellierung ohne Reste einer Bemalung
- Gruppe D: Schädel mit einer Übermodellierung und Farbresten

Man kann bei den Funden in ′Ain Ghazal auch erkennen, dass sowohl Männer als auch Frauen diese Form der Sonderbehandlung erhielten. Auch das Alter scheint kein Auswahlkriterium gebildet zu haben, da sowohl die isolierten Schädel von Kindern als auch von älteren Männern gefunden wurden. Man kann aber feststellen, dass einige der übermodellierten Schädel von Männern kamen, die circa 30 Jahre alt waren. Auf den ersten Blick scheint dies zufällig, aber auch die in anderen Siedlungen gefundenen übermodellierten Schädel fielen sehr häufig in diese Altersstufe. Möglicherweise deutet dies auf eine bestimmte Stellung in der Gesellschaft hin, die Menschen in diesem Alter hatten.

Offensichtlich spielten weder das Geschlecht noch das Alter einer Person eine Rolle bei der Entscheidung, ob der Schädel aus dem Grab entfernt wurde oder in ihm verblieb. Auffallend ist der Ort der Deponierung. Das Gebäude in Square 3083 bis 3283 scheint bevorzugt worden zu sein. Außerdem fanden sich sämtliche Schädeldeponierungen im zentralen Feld. In den anderen Arealen fanden sich keinerlei Spuren einer Schädeldeponierung[110]. Dies könnte einen besonderen Status des zentralen Feldes belegen.

Mit Beginn des PPNC verschwindet die Sitte der Schädeldeponierungen vollständig genauso wie auch andere charakteristische

---

[110] http://menic.utexas.edu/ghazal/ChapV/skull/

Elemente des PPNB, was auf einen *radikalen Wandel* innerhalb der religiösen Praxis widerspiegelt[111].

Funde, die auf magische Praktiken hinweisen könnten, stellen die Deponierungen diverser Rinderfiguren dar, die mit Flint durchbohrt wurden. Die Flintstückchen sollen definitiv Pfeile oder Speere darstellen. Möglicherweise sollte hier Jagdglück oder ähnliches beschworen werden.

Abu Gosh – Ein Ort mit langer Geschichte

Ungefähr zwölf Kilometer westlich von Jerusalem, direkt an der Nationalstraße 1 in den judäischen Bergen befindet sich die kleine Stadt Abu Gosh[112]. Sie liegt circa 84 km von Ain Ghazal und circa 32 km von Jericho entfernt.

Diese Siedlung hat eine recht erstaunliche Geschichte, die vom Neolithikum bis in die Gegenwart reicht. Erstmals schriftlich erwähnt wird Abu Gosh unter dem Namen Kirjat-Jearim. Dies ist der Ort, an dem der Legende nach die Bundeslade aufbewahrt wurde. Die genaue Stätte soll heute circa 500 Meter unter dem Hügel Deir el-'Azar liegen. Im Mittelalter erfuhr der Ort nochmals eine große Aufmerksamkeit, als Richard Löwenherz während des dritten Kreuzzuges im Jahre 1192 von hier aus zum ersten Mal Jerusalem erblickte. Die Kreuzfahrer glaubten, dass es sich bei Abu Gosh um den biblischen Ort Emmaus handeln würde. In Emmaus wurde Kleopas, einer der Jünger Jesu, geboren. Dieser soll später den auferstandenen Jesus hier gesehen haben. Die Kreuzfahrer bauten daraufhin die Auferstehungskirche in Abu Gosh. Ob Abu Gosh wirklich Emmaus war, ist umstritten. Zwar stimmt die Entfernung zu Jerusalem recht genau,

---

[111] Bienert 2000 Seite 70

[112] Ebd. Seite 55ff

aber der Ort hatte zur Zeit Jesu einen anderen Namen und es gibt keine Beweise.

Neben den historischen Begebenheiten hat der Ort auch eine prähistorische Bedeutung, die bis ins PPNB zurückreicht. Mittels der C^{14} Analyse der Überreste eines Korbes konnte die früheste Phase der Siedlung zwischen 8820 und 7960 vor Christus datiert werden. Bereits ab 1923 wurden vereinzelte archäologische Grabungen in dieser Siedlung durchgeführt, die ab den 50er Jahren die für dieses Thema bedeutendsten Ergebnisse brachte. Auch in dieser Siedlung wurde neben mehreren Ganzkörperbestattungen eine Reihe von Schädeldeponierungen gefunden. Leider ist die Anzahl der gefundenen Schädel und Schädelnester unbekannt, nur die Gesamtzahl der Bestattungen wurde mit 30 angegeben[113]. Einzelne Schädel wurden jedoch genauer beschrieben.

Der Schädel mit der Bezeichnung *Homo 3* bestand aus dem nur fragmentarisch erhaltenen *Kranium* und der kompletten *Mandibula* eines ungefähr 35 Jahre alten Mannes. Er lag direkt außerhalb eines Gebäudes, neben einer Wand und wurde innerhalb eines Steinkranzes deponiert. Dieses wurde in ähnlicher Form auch in der jordanischen Siedlung Basta entdeckt.

Im gleichen Gebäude wurde auch eine Bestattung gefunden. Sie lag unter der im Südwesten gelegenen Außenmauer. Der Schädel fehlte vollständig. Lediglich kleinere Reste des Os paritale konnten noch entdeckt werden. Das Fehlen der Schädel innerhalb von Gräbern konnte bei meisten Bestattungen in Abu Gosh festgestellt werden[114].

Ebenfalls im gleichen Gebäude fanden die Ausgräber in einer im Westen gelegen Ecke eines Raumes die Überreste einer Bestattung

---

[113] Perscke 2013 Seite 101

[114] Vergleiche Bienert 2000 Seite 57

mit stark fragmentierter *Mandibula*. Das *Kalvarium* fehlte völlig. Der Archäologe Lechevallier vermutet, dass das *Kalvarium* auch durch Erosion zerstört worden sein könnte und dass es hierbei nicht zwingend zu einer Entnahme des Schädels gekommen sein muss[115].

Im Westen eines Gebäudes wurde eine weitere Bestattung mit vollständig fehlendem Schädel entdeckt.

Eine Besonderheit stellt eine Mehrfachbestattung dar, die im Osten des Gebäudes geborgen werden konnte. Dabei handelte es sich um fünf Bestattungen, die anscheinend nacheinander erfolgten. Dabei lag unter vier Körpern der Leichnam eines 35 – 45-jährigen Mannes mit der Bezeichnung *Homo 1*. Von drei der vier Bestatteten wurden die Schädel entfernt und am östlichen Rand der Grabgrube aufgereiht[116].

Atlit Yam – Eine Siedlung im Meer

1984 schwamm der Unterwasserarchäologen Ehud Galili vor der Küste Israels, um dort nach Schiffwracks zu suchen. Dabei entdeckte er unerwarteter Weise die Überreste einer circa 10 Hektar großen Siedlung, die sich ungefähr 300 Meter vor der Küste der Stadt Atlit und circa 400 Meter im Norden der Kreuzfahrerburg Château Pèlerin befindet. In einer Tiefe zwischen acht und zwölf Metern liegen dort die Überreste des ins Neolithikum datierenden Dorfes Atlit Yam[117]. Während des Holozäns lag der Meeresspiegel circa 15 – 20 Meter unter dem heuten Niveau, weshalb die Küstenlinie circa einen Kilometer weiter westlich begann, als dies heute der Fall ist. Möglicherweise war das Dorf Opfer einer Flutkatastrophe. Die Ausgräber fanden Fischvorräte, die definitiv zurückgelassen wurden.

---

[115] Lechevallier 1978 Seite 35ff

[116] Bienert 2000 Seite 58

[117] Ebd. Seite 77ff

Möglichweise fiel die Siedlung einem Tsunami zum Opfer, der durch den Ausbruch des Ätna entstand. Es kann jedoch auch sein, dass die Siedlung schon vor dem Ausbruch aufgrund der Versalzung der Brunnen aufgegeben wurde[118]. Heute liegt die Siedlung circa acht bis zwölf Meter unter dem Meeresspiegel.

Chronologisch gehört die Siedlung ins PPNB und des PPNC, kalibrierte C^{14} Daten liegen zwischen 9402 und 7424 vor Christus. Die zeitgleiche Siedlung Nahal Oren liegt gerade mal circa drei Kilometer von Atlit Yam entfernt[119].

Genau wie in anderen neolithischen Siedlungen dieser Region wurden auch hier sowohl primäre als auch sekundäre Haus- oder Siedlungsbestattungen vorgenommen. Insgesamt wurden 63 Bestattungen entdeckt, von denen 45 im Nordwesten waren. 23 von diesen Gräbern fanden sich neben einer rechteckigen Struktur, um die Herdstelle herum. Nördlich der Bestattungen fand sich ein Megalith, der eventuell mit den Gräbern in Verbindung stehen könnte. Sechs Gräber waren definitive Sekundärbestattungen. In 24 Gräbern war eine Person, in elf waren zwei Personen und in zwei waren drei Individuen bestattet. Sie waren in Hockerposition, mit gebeugtem Rücken ins Grab gelegt worden. Die meisten Gräber waren außerhalb der Häuser. Ob es auch innerhalb der Häuser Bestattungen gab, ist nicht gesichert, da zwar viele einzelne Knochen in den Häusern gefunden wurden, die jedoch auch vom Wasser bewegt sein könnten. 15 Bestattungen hatten Grabbeigaben wie Steinwerkzeuge oder Knochenartefakte. In Atlit Yam konnten mehrere Typen an Bestattungsformen bestimmt werden[120]:

---

[118] https://www.jpost.com/Local-Israel/Around-Israel/Israels-Atlantis

[119] Bailey 2020 Seite 451

[120] Hershkovitz & Galili 1990 Seite 326

1. Primäre Bestattungen mit Schädel
2. Isolierte Schädelbestattungen
3. Bestattungen der Langknochen
4. Bestattungen mit den Teilen der Extremitäten und dem Torso
5. Bestattungen ohne Schädel

Die vorhandenen Schädeldeponierungen werden mit vier Stück angegeben, jedoch ist es mehr als fraglich, ob es sich bei den gefundenen Schädelfragmenten wirklich um gezielte Schädeldeponierungen handelt. Wie schon betont, liegt die Siedlung unter Wasser und dieses hat im Laufe der Zeit die Funde sehr wahrscheinlich bewegt. Die Erosion des Bodens tut ein Übriges, um die Befundlage massiv zu beeinflussen. Daher können die Funde nur mit äußerster Vorsicht als Zeugnisse einer Sonderbehandlung von Schädeln gewertet werden. Trotzdem sollen sie der Vollständigkeit halber kurz vorgestellt werden.

An einer Mauer wurden die Reste eines Schädels mitsamt seiner *Mandibula* entdeckt. Dieser Schädel gehörte zu einem sehr jungen Individuum unbestimmten Geschlechts.

Ein weiterer stark fragmentierter isolierter Schädel wurde in der Nähe eines Gebäudes[121] entdeckt. Gefunden wurden nur Reste der Maxilla, die in zwei Teile zerbrochen waren. Die Teile lagen mehrere Meter voneinander entfernt. Er gehörte ebenfalls zu einem jugendlichen Individuum.

Der Schädel eines als Homo VI bezeichneten Fundes gehörte zu einer circa 25-jährigen Frau. Gefunden wurde jedoch nur der rechte Teil des Schädels. Der Rest ist durch Erosion zerstört.

Ein weiterer Schädel wurde in der Nähe des gleichen Gebäudes entdeckt, wo auch schon Homo IV lag. Der Fund bestand aus dem

[121] Galili 1987 Seite 57ff und Bailey 2020 Seite 450ff

Os partiale und lag zwischen einigen Steinen, die anscheinend die Basis für einen Mörtelboden bildeten. Der Schädel gehörte wahrscheinlich mal einer jungen Frau. Um diese Gebäude wurden sehr viele vereinzelte Schädelfragmente und Zähne zusammen mit einer großen Zahl weiterer, kleinerer Tierknochen entdeckt, wie zum Beispiel einem Rinderwirbel[122].

Wie man sieht, sind die Funde nur schwerlich als definitive Schädeldeponierungen anzusprechen. Bei praktisch allen sind Zweifel angebracht. Sämtliche gefundenen Teile sind in einer Lehmschicht gefunden worden, die die Funde vor der Erosion besser schützen konnte als die umgebende Sandschicht. Die menschlichen Überreste die im Sand lagen, sind durch die Erosion vollständig vergangen[123]. Neben diesen einzelnen Funden von Schädelfragmenten wurden auch noch zehn weitere, teilweise vollständige Bestattungen gefunden. Die Leichen lagen in einer typischen Hockerstellung. Erwähnenswert ist der Fund einer Frau und eines Kindes, die anscheinend Tuberkulose hatten. Dieses ist der erste Nachweis dieser Krankheit.

Bei Homo IV kann man sehen, dass die Knochen teilweise weit durch das Wasser voneinander getrennt wurden. Daher kann man auch nur schwerlich sagen, ob es sich bei diesen Funden wirklich um eine gesonderte Schädeldeponierung oder eine durch Störungen verursachte sekundäre Verlagerung gehandelt hat[124]. Um das Gebäude 9 wurden sehr viele vereinzelte Schädelfragmente und Zähne

---

[122] Bienert 2000 Seite 78f

[123] Ebd. 2000 Seite 77ff und Tabelle AY-1

[124] Teilweise gibt es etwas abstrusere Meinungen zu dem Thema der Streuung der Knochenfunde. So zum Beispiel die Theorie, dass es sich bei den Funden nicht um Bestattungen handelt, sondern die Menschen durch einen Tsunami getötet wurden und so keine Bestattung erhielten. Dieser Theorie

zusammen mit einer großen Zahl kleinerer Tierknochen entdeckt, was auch hier die Bewegung durch das Wasser belegt[125].

Interessant ist der Fund eines megalithischen Steinkreises innerhalb der Siedlung. Dieser Kreis bestand aus sieben circa 450 – 600 Kilogramm schweren Steinen, die mit so genannten Cup-and-Ring-Marks versehen sind. Im Fall von Atlit Yam bestehen diese aus konkaven Vertiefungen in den Steinen, so genannten *Schälchen* oder *Näpfchen*.

Solche Schälchen sind in ganz Europa und in weiten Teilen Asiens bekannt. Sie finden sich von der Jungsteinzeit bis in die Eisenzeit. Einige skandinavische Näpfchensteine zeigen auch andere kultische Symbole wie Schiffe, die als Sonnenbarken interpretiert werden[126].

Im Zentrum der Steinsetzungen fand sich ein Frischwasserbrunnen. Dieser Fund lässt darauf schließen, dass es sich hierbei möglicherweise um eine Art *Wasserheiligtum* handeln könnte. Die Ausrichtung der Steine lässt möglicherweise darauf schließen, dass sie auf den Sonnenaufgang des längsten Tags des Jahres hin orientiert waren[127]. Zwei der Steine haben eine Ritzzeichnung, die ein menschliches Gesicht zu zeigen scheint. Damit hätten die Steine möglicherweise den Charakter einer Statue. Neben diesen möglichen Statuen wurden noch ein Spielstein, eine Figur eines weiblichen Gesäßes und ein Phallus aus Kalkstein gefunden. Auf die Bedeutung von Phallus- und Vaginendarstellungen wird später noch näher eingegangen.

---

widerspricht der Ausgräber Atlit Yam jedoch vehement. Vergleiche Dazu http://www.spiegel.de/wissenschaft/mensch/0,1518,568559,00.html

[125] Bienert 2000 Seite 78f

[126] Kuckenburg 2007 S. 53

[127] Bailey 2020 Seite 452ff

Exkurs: Megalithische Steinsetzungen

Sie sind spektakulär und unübersehbar. Riesige Steine, die in der Landschaft stehen, teilweise einzeln, teilweise in geometrischen Formen. Man findet sie in vielen Teilen der Welt. In Europa sind sie in fast allen Ländern zu finden. Berühmt sind die englischen Anlagen von Stonehenge und Avebury, aber auch die *Menhirreihen* von Carnac in Frankreich sind einer breiten Öffentlichkeit bekannt. Auch in anderen Teilen der Welt gibt es solche Anlagen wie zum Beispiel die Clava Cairns in Schottland, die megalithischen Tempel von Malta oder den Steinkreis von M´Zora in Marokko (Abbildung 13 und 14). Im deutschen Raum findet man die meisten Megalithanlagen in Norddeutschland, wie zum Beispiel das Langbett von Munkwollstrup oder der Dolmen von Hüsby (Abbildung 15 und 16).

Abbildung 13

Basta – Besondere Sekundärbestattungen?

Ungefähr 20 Kilimeter nordwestlich der jordanischen Stadt Ma´an fanden sich an der Nordseite eines Tals die Überreste einer ins PPNB datierten Siedlung, die als Basta bezeichnet wird[131]. Absolut Chronologisch wurde sie mittels kalibrierten C^{14} Daten zwischen 7510 und 7040 vor Christus datiert.

Viele der insgesamt 56 in Basta geborgenen Bestattungen wurden in verlassenen Häusern niedergelegt[132]. Eine ähnliche Praxis konnte man auch in der ungefähr 18 Kilometer entfernten Siedlung Beidha nachweisen[133]. Einige wurden auch innerhalb von Kanälen bestattet, die sich durch die Stadt zogen. Eine solche Bestattungsart wurde auch in der ebenfalls PPNB zeitlichen Siedlung Nevali Cori durchgeführt[134]. Anthropologische Untersuchungen zeigten, dass die Menschen an Krankheiten litten, die auf Mangelerscheinungen zurückzuführen sind. Skorbut, Anämie und Herz- und Kreislauferkrankungen waren recht häufig. Möglicherweise gab es auch Fälle von Lepra und Syphilis[135]. Schädelfrakturen und Zahnerkrankungen waren recht häufig. Das Leben in Basta war augenscheinlich sehr hart. Dieses bestätigen auch die Sterbealter der Individuen. 48% starben vor ihrem 20. Lebensjahr, 20% wurden noch nicht einmal vier Jahre alt. 20,8% starben zwischen dem 20. und dem 40., 26% zwischen ihrem 40. und 60. Lebensjahr. Nur 5,2%

---

[131] Bienert 2000 Seite 83

[132] Schultz 2004 Seite 76

[133] Bienert 2000 Seite 92

[134] Hauptmann 2007 Seite 86 und Lichter 2007 Seite 247ff

[135] Schultz 2004 Seite 59

wurden älter als 60[136]. Das Geschlecht konnte nur von sehr wenigen Personen bestimmt werden, was der hohen Zahl der Kinderbestattungen geschuldet ist. Es konnten nur fünf Männer und 13 Frauen eindeutig identifiziert werden.

Die in Basta gefundenen Schädeldeponierungen sind in einiger Hinsicht etwas Besonderes. In einem Abfallareal wurden Teile des kompletten Schädels eines acht bis neun Jahre alten Jungen entdeckt. Anthropologische Untersuchungen zeigten, dass das Kind einen gewaltsamen Tod erlitt. Teile des Schädels zeigen deutliche Spuren von Verwitterung, was auf eine längere Liegezeit im Freien spricht. Anscheinend wurde das Kind nach seinem Tod im Freien ausgelegt, um eine Mazerierung zu ermöglichen. Die Ausgräber der Siedlung vermuten, dass das Kind während eines Aufenthalts in der Wildnis gewaltsam starb. Anschließend wurde es zur Mazerierung ausgesetzt, um den skelettierten Schädel mit zurück in die Siedlung zu nehmen und ihn dort zu bestatten. Somit hätten wir hier eine definitive Schädelbestattung und nicht nur eine Deponierung vorliegen, die jedoch eine Besonderheit darstellt. Teilbestattungen selbst sind kein unübliches Phänomen. Einen Hinweis auf eine Teilbestattung findet sich in der Bibel, wo einige Männer die Körper von Saul und seinen Söhnen von der Mauer Bet-Sheans abnahmen und diese verbrannten.

> Als am nächsten Tag die Philister kamen, um die Erschlagenen auszuplündern, fanden sie Saul und seine drei Söhne, die auf dem Gebirge von Gilboa gefallen waren. Sie schlugen ihm den Kopf ab, zogen ihm die Rüstung aus und schickten beides im Land der

---

[136] Schultz 2004 Seite 59. Die Umrechnungen aus den angegebenen Werten wurden von mir vorgenommen.

Philister umher, um ihrem Götzentempel und dem Volk die Siegesnachricht zu übermitteln.
Die Rüstung Sauls legten sie im Astartetempel nieder; seinen Leichnam aber hefteten sie an die Mauer von Bet- Schean.
Als die Einwohner von Jabesch-Gilead hörten, was die Philister mit Saul gemacht hatten, brachen alle kriegstüchtigen Männer auf, marschierten die ganze Nacht hindurch und nahmen die Leiche Sauls und die Leichen seiner Söhne von der Mauer von Bet-Schean ab; sie brachten sie nach Jabesch und verbrannten sie dort.
Dann nahmen sie die Gebeine, begruben sie unter der Tamariske von Jabesch und fasteten sieben Tage lang. [137]

Die Verbrennung muss hier als die eigentliche Bestattung angesehen werden. Die übriggebliebenen Knochen wurden dann eingesammelt und dann sekundär in der Erde bestattet. Auch aus mittelalterlichen Quellen werden Teilbestattungen überliefert. Das hat einen bestimmten Grund. Manchmal stellte sich die Frage, wie ein Leichnam, der auf einer Reise starb, transportiert werden soll. Die Verwesungsprozesse machten den Transport einer kompletten Leiche unangenehm oder sogar unmöglich. So wurden Leichen teilweise gekocht, um sie vom Fleisch zu befreien. Die Knochen wurden weitertransportiert und zu an anderer Stelle bestattet. Es kam auch vor, dass die Eingeweide von meist adeligen Verstorbenen teilweise aus dem Körper entfernt wurden, um sie an mehreren Stellen zu bestatten. Ein berühmtes Beispiel wäre Friedrich I. Barbarossa, der auf dem dritten Kreuzzug starb. Sein Herz und seine Eingeweide wurden in Tarsos und sein Fleisch in Antiochia beigesetzt. Seine Knochen sollten wohl nach Jerusalem gebracht werden. Sie sind jedoch auf ihrer Reise

[137] 1. Sam 31, 8 – 31, 13

verschollen. In Basta hätten wir nun einen Beleg, dass diese Praxis auch im Neolithikum angewendet worden sein könnte und dass anscheinend nur der Schädel wichtig für die Bestattung war.

Auffällig ist jedoch, dass wilde Tiere keinerlei Spuren an dem Schädel hinterlassen haben, womit die Leiche in einem von Tierfraß geschützten Bereich gelegen haben muss[138]. Außerdem wird eine Liegezeit von einem Jahr angenommen, was ein sehr langer Zeitraum ist[139], jedoch damit erklärt werden könnte, dass das Kind vielleicht auf einer Route starb, die in regelmäßigen Abständen aufgesucht wurde, wie zum Beispiel bei Jagdgebieten.

Es wurden auch noch neun weitere Schädeldeponierungen entdeckt. Diese waren teilweise mit einem Steinkranz umgeben. Dies ist eine Praktik, die auch aus der Siedlung Abu Gosh bekannt ist. Die Schädel lagen in einem Fall in einer Zweier-, in einem anderen Fall in einer Dreiergruppe. Die Dreiergruppe lag auf einem Gipsfußboden.

Zwei weitere Schädel lagen jeweils isoliert innerhalb eines Raumes, in dem sich auch zwei Bestattungen fanden. Der eine Schädel lag an der Ostwand eines Korridors und der andere in der Mitte des gleichen Raumes. Der Ausgräber betonte, dass der Raum, in dem diese Schädel gefunden wurden, anscheinend keine architektonische Bedeutung gehabt hat, außer die Schädel und die beiden

---

138 Bienert 2000 Seite 85

139 Man muß bedenken, dass die Verwitterungsspuren die Zeit angeben, wie lange der Schädel skelettiert im Freien verbrachte. Bis zur vollständigen Skelettierung des Leichnams kann eine Liegezeit von unter einem Jahr angenommen werden, da die Verwesung auf der Erdoberfläche relativ schnell geschieht (Vergleiche dazu Madea, Preuss und Musshoff 2007 Seite 13f). Somit wäre mit einer Liegezeit des Leichnams im Freien von mindestens zwei Jahren zu rechnen.

Bestattungen zu beherbergen. Neben diesen Funden konnten in Basta ebenfalls noch mehrere Bestattungen entdeckt werden, bei denen der Schädel fehlte.

An insgesamt zwei Schädeln konnten Schnittspuren erkannt werden, die auf eine mögliche Entfleischung hindeuten könnten.

Neben diesen Funden wurde noch eine Maske entdeckt. Masken scheinen innerhalb des Schädelkultes möglicherweise eine Rolle gespielt zu haben, wie diverse andere Maskenfunde, wie zum Beispiel der in der israelischen Höhle Nahal Hemar zu belegen scheinen. Auf das Phänomen der Masken in rituellen Kontexten wird noch an späterer Stelle näher eingegangen.

In Basta wurde auch noch ein Grab der besonderen Art entdeckt. In diesem Grab fand man keinen Menschen, sondern den Leichnam einer trächtigen Kuh. Sie wurde augenscheinlich mit Fleischbeigaben bestattet. Dieser Fund könnte auf die besondere Beziehung zwischen dem neolithischen Menschen und ihren Rindern hinweisen. Augenscheinlich war das Tier für die Gemeinde von Bedeutung, sodass es diese Aufmerksamkeit erfuhr. Dass Stiere eine große Bedeutung für die neolithische Gesellschaft hatte, wurde auch schon bei den Bukranien wie sie zum Beispiel in Catal Höyük gefunden wurden, deutlich. Auf die zentrale Rolle von Rindern im religiösen Kontext, wird noch in einem speziellen Exkurs im Kapitel über Catal Höyük eingegangen.

Ba´ja – eine religiöse Festung?

Etwa 14 Kilometer nördlich des jordanischen Petra liegt die prähistorische Siedlung Ba´ja. Die Siedlung liegt in einem Talkessel in circa 1160 Metern Höhe. Zu erreichen ist sie allein durch eine Schlucht, die teilweise nur einen Meter breit ist und streckenweise nur kletternd bewältigt werden kann. Das Tal gab der Siedlung einen gewissen

Schutz, weshalb es möglich ist, dass der Standort bewusst wegen dieser versteckten Lage gewählt worden ist. Möglicherweise ist sie von der Außenwelt „entrückt“ worden, was Ba´ja in den Bereich eines kultischen Zentrums setzen würde. Eine Schutzfunktion gegen Feinde wäre jedoch auch denkbar. In direkter Nähe findet sich die ebenfalls PPNB zeitliche Siedlung Basta.

Die Größe Ba´jas kann mit circa 1,5 Hektar angenommen werden. Während der Zeit ihrer maximalen Ausdehnung dürften ungefähr 500 bis 1000 Menschen zeitgleich in dem Ort gewohnt haben[140].

Die Häuser waren rechteckig und verfügten in vielen Fällen wohl über ein zweites Stockwerk. Sie waren sehr eng aneinandergebaut, sodass es praktisch keine freien Flächen zwischen den Häusern gab. Diese so genannte *puebloähnliche* Architektur[141] findet man auch in anderen Siedlungen wie Catal Höyük. Zugang in die Häuser gab es durch Leitern, das Leben wird primär auf dem Dach stattgefunden haben. Einige der Häuser hatten Mauern, die 4,20 Meter dick waren. Auch Keller waren oftmals vorhanden[142].

In einem Raum wurde eine größere Menge Gebeine gefunden. Insgesamt zwölf Leichen wurden in diesem Raum entdeckt, wovon neun von Kindern waren. Die Skelette waren mit rotem Ocker bedeckt. Als Beigaben fanden sich Perlen, Pfeilspitzen, ein Silexdolch und ein Perlmuttring.

---

[140] Benz 2021 S. 39

[141] Gebel 1997 Seite 15. Die Pueblos Nord- und Mittelamerikas bauten ihre Häuser ebenfalls sehr eng beieinander und errichten teilweise gewaltige Wohnkomplexe.

[142] Gebel 2004 Seite 50f

Abbildung 16

Abbildung 17

Früher versuchte man, diese Bauten einer Kultur zuzuschreiben. Diese Megalithkultur soll sich im fünften Jahrtausend langsam von einem Zentrum aus ausgebreitet haben. Neuere Untersuchungen könnten eine Ausbreitung von Nordwestfrankreich belegen, aber dies ist noch in der Diskussion[128]. Die Megalithanlagen vom anatolischen Göbekli Tepe und die von Nevali Cori sind jedoch bedeutend älter.

Die vorkommenden Formen sind sehr vielfältig. Man kann grob folgende Typen unterscheiden:

- Menhire: Aufrecht stehende Steinpfeiler wie zum Beispiel der Menhir bei den Clava Cairns (Abbildung 18) oder einem Exemplar in Düsseldorf, das als ältestes Bodendenkmal in NRW gilt.
- Cromlechs / Henges: Arrangements von mehreren Menhiren oder Trilithen (wie in Stonehenge) zu einer Hufeisen oder Kreisform. Die Anlage von Atlit Yam gehört in diese Kategorie. Das Wort „Henge" stammt wahrscheinlich von dem Wort „hence", was man grob als „Galgen" übersetzen kann. In der Tat ähneln die Anlagen von Stonehenge einem mittelalterlichen Galgen[129].
- Alignements: Mehrere parallel gesetzte Steinreihen wie in Carnac.
- Lang- oder Rundhügel mit einer steinernen Grabkammer, wie zum Beispiel die Räuberhöhle von Idstedt.
- Cairns: Große, steinerne Grabanlagen wie die Clava Cairns (Abbildung 17).
- Dolmen: runde oder quadratische Gräber, die aus mehreren Trag- und Decksteinen bestehen, wie zum Beispiel der Dolmen von Hüsby. In der Regel waren sie mit einem Grabhügel überdeckt.

---

[128] https://www.spektrum.de/news/gibt-es-eine-gemeinsame-wurzel-der megalithkultur/1623910

[129] Maier 2005 Seite 9

- Hünenbetten: Riesige ovale oder rechteckige Umwallungen kleinerer Grabanlagen, wie das Hünenbett von Stralendorf.
- Hypogäen: Grabkammern, die in den felsigen Untergrund geschlagen wurden, wie zum Beispiel auf Malta.
- Steinkisten: Steinerne Knochenlager, die normalerweise keinen Zugang hatten. Sie ähneln teilweise sehr den Dolmen. Ein Beispiel wäre die Steinkiste von Lindern.
- Megalithtempel: Eine Kultanlage aus mehreren Megalithen. Die Anlagen auf Malta oder auch der Göbekli Tepe fallen darunter.

Abbildung 18

Warum diese Anlagen gebaut wurden, wird immer noch diskutiert. In der Vergangenheit gab es vielfältige Hypothesen wie Gigantengräber, germanische Gotteshäuser, druidische Kultstätten und viel mehr.[130]. Wahrscheinlich hatten sie unterschiedliche Funktionen. Zum einen dienten sie unzweifelhaft als Grabanlagen oder hatten einen Bezug zum Totenkult. Dolmen und ähnliche Gräber können als eventuell als Häuser der Toten interpretiert werden. Die bronzezeitlichen Totenhäuser werden als Nachfolger der Dolmen betrachtet. Darüber hinaus ist ein Bezug zu astronomischen Bezügen zu erkennen. Die Position der Sonne scheint dabei im Zentrum der Überlegungen zu stehen, wie zum Beispiel in Atlit Yam.

Eine repräsentative Funktion wäre für Grabmale auch denkbar. Gräber sind nicht nur die Heimstätten der Verstorbenen, sie haben auch eine identitätsstiftende Funktion. Durch die Anwesenheit der Ahnen zeigen Megalithgräber, dass das Land der eigenen Sippe gehört. Sie legitimieren eine Gemeinschaft, auf dem Areal zu wohnen, da es auch das Land ihrer Väter war.

Die Anlagen im Vorderen Orient sind jedoch wesentlich älter als die des restlichen Europas. Ob die Erbauer der des Henge von Atlit Yam oder die Bauherren des Göbekli Tepe ähnliche Motive hatten wie die Menschen der Megalithkultur wird wohl im Dunkeln bleiben. Es gibt zwar einige Gemeinsamkeiten, wie zum Beispiel die Ausrichtung auf astronomische Ereignisse oder den Bezug zum Totenkult, aber es gibt auch viele Unterschiede.

[130] Vergleiche dazu Korn 2005 Seite 21ff

Basta – Besondere Sekundärbestattungen?

Ungefähr 20 Kilimeter nordwestlich der jordanischen Stadt Ma´an fanden sich an der Nordseite eines Tals die Überreste einer ins PPNB datierten Siedlung, die als Basta bezeichnet wird[131]. Absolut Chronologisch wurde sie mittels kalibrierten C^{14} Daten zwischen 7510 und 7040 vor Christus datiert.

Viele der insgesamt 56 in Basta geborgenen Bestattungen wurden in verlassenen Häusern niedergelegt[132]. Eine ähnliche Praxis konnte man auch in der ungefähr 18 Kilometer entfernten Siedlung Beidha nachweisen[133]. Einige wurden auch innerhalb von Kanälen bestattet, die sich durch die Stadt zogen. Eine solche Bestattungsart wurde auch in der ebenfalls PPNB zeitlichen Siedlung Nevali Cori durchgeführt[134]. Anthropologische Untersuchungen zeigten, dass die Menschen an Krankheiten litten, die auf Mangelerscheinungen zurückzuführen sind. Skorbut, Anämie und Herz- und Kreislauferkrankungen waren recht häufig. Möglicherweise gab es auch Fälle von Lepra und Syphilis[135]. Schädelfrakturen und Zahnerkrankungen waren recht häufig. Das Leben in Basta war augenscheinlich sehr hart. Dieses bestätigen auch die Sterbealter der Individuen. 48% starben vor ihrem 20. Lebensjahr, 20% wurden noch nicht einmal vier Jahre alt. 20,8% starben zwischen dem 20. und dem 40., 26% zwischen ihrem 40. und 60. Lebensjahr. Nur 5,2%

---

[131] Bienert 2000 Seite 83

[132] Schultz 2004 Seite 76

[133] Bienert 2000 Seite 92

[134] Hauptmann 2007 Seite 86 und Lichter 2007 Seite 247ff

[135] Schultz 2004 Seite 59

wurden älter als 60[136]. Das Geschlecht konnte nur von sehr wenigen Personen bestimmt werden, was der hohen Zahl der Kinderbestattungen geschuldet ist. Es konnten nur fünf Männer und 13 Frauen eindeutig identifiziert werden.

Die in Basta gefundenen Schädeldeponierungen sind in einiger Hinsicht etwas Besonderes. In einem Abfallareal wurden Teile des kompletten Schädels eines acht bis neun Jahre alten Jungen entdeckt. Anthropologische Untersuchungen zeigten, dass das Kind einen gewaltsamen Tod erlitt. Teile des Schädels zeigen deutliche Spuren von Verwitterung, was auf eine längere Liegezeit im Freien spricht. Anscheinend wurde das Kind nach seinem Tod im Freien ausgelegt, um eine Mazerierung zu ermöglichen. Die Ausgräber der Siedlung vermuten, dass das Kind während eines Aufenthalts in der Wildnis gewaltsam starb. Anschließend wurde es zur Mazerierung ausgesetzt, um den skelettierten Schädel mit zurück in die Siedlung zu nehmen und ihn dort zu bestatten. Somit hätten wir hier eine definitive Schädelbestattung und nicht nur eine Deponierung vorliegen, die jedoch eine Besonderheit darstellt. Teilbestattungen selbst sind kein unübliches Phänomen. Einen Hinweis auf eine Teilbestattung findet sich in der Bibel, wo einige Männer die Körper von Saul und seinen Söhnen von der Mauer Bet-Sheans abnahmen und diese verbrannten.

> Als am nächsten Tag die Philister kamen, um die Erschlagenen auszuplündern, fanden sie Saul und seine drei Söhne, die auf dem Gebirge von Gilboa gefallen waren. Sie schlugen ihm den Kopf ab, zogen ihm die Rüstung aus und schickten beides im Land der

[136] Schultz 2004 Seite 59. Die Umrechnungen aus den angegebenen Werten wurden von mir vorgenommen.

> Philister umher, um ihrem Götzentempel und dem Volk die Siegesnachricht zu übermitteln.
> Die Rüstung Sauls legten sie im Astartetempel nieder; seinen Leichnam aber hefteten sie an die Mauer von Bet- Schean.
> Als die Einwohner von Jabesch-Gilead hörten, was die Philister mit Saul gemacht hatten, brachen alle kriegstüchtigen Männer auf, marschierten die ganze Nacht hindurch und nahmen die Leiche Sauls und die Leichen seiner Söhne von der Mauer von Bet-Schean ab; sie brachten sie nach Jabesch und verbrannten sie dort.
> Dann nahmen sie die Gebeine, begruben sie unter der Tamariske von Jabesch und fasteten sieben Tage lang. [137]

Die Verbrennung muss hier als die eigentliche Bestattung angesehen werden. Die übriggebliebenen Knochen wurden dann eingesammelt und dann sekundär in der Erde bestattet. Auch aus mittelalterlichen Quellen werden Teilbestattungen überliefert. Das hat einen bestimmten Grund. Manchmal stellte sich die Frage, wie ein Leichnam, der auf einer Reise starb, transportiert werden soll. Die Verwesungsprozesse machten den Transport einer kompletten Leiche unangenehm oder sogar unmöglich. So wurden Leichen teilweise gekocht, um sie vom Fleisch zu befreien. Die Knochen wurden weitertransportiert und zu an anderer Stelle bestattet. Es kam auch vor, dass die Eingeweide von meist adeligen Verstorbenen teilweise aus dem Körper entfernt wurden, um sie an mehreren Stellen zu bestatten. Ein berühmtes Beispiel wäre Friedrich I. Barbarossa, der auf dem dritten Kreuzzug starb. Sein Herz und seine Eingeweide wurden in Tarsos und sein Fleisch in Antiochia beigesetzt. Seine Knochen sollten wohl nach Jerusalem gebracht werden. Sie sind jedoch auf ihrer Reise

---

[137] 1. Sam 31, 8 – 31, 13

verschollen. In Basta hätten wir nun einen Beleg, dass diese Praxis auch im Neolithikum angewendet worden sein könnte und dass anscheinend nur der Schädel wichtig für die Bestattung war.

Auffällig ist jedoch, dass wilde Tiere keinerlei Spuren an dem Schädel hinterlassen haben, womit die Leiche in einem von Tierfraß geschützten Bereich gelegen haben muss[138]. Außerdem wird eine Liegezeit von einem Jahr angenommen, was ein sehr langer Zeitraum ist[139], jedoch damit erklärt werden könnte, dass das Kind vielleicht auf einer Route starb, die in regelmäßigen Abständen aufgesucht wurde, wie zum Beispiel bei Jagdgebieten.

Es wurden auch noch neun weitere Schädeldeponierungen entdeckt. Diese waren teilweise mit einem Steinkranz umgeben. Dies ist eine Praktik, die auch aus der Siedlung Abu Gosh bekannt ist. Die Schädel lagen in einem Fall in einer Zweier-, in einem anderen Fall in einer Dreiergruppe. Die Dreiergruppe lag auf einem Gipsfußboden.

Zwei weitere Schädel lagen jeweils isoliert innerhalb eines Raumes, in dem sich auch zwei Bestattungen fanden. Der eine Schädel lag an der Ostwand eines Korridors und der andere in der Mitte des gleichen Raumes. Der Ausgräber betonte, dass der Raum, in dem diese Schädel gefunden wurden, anscheinend keine architektonische Bedeutung gehabt hat, außer die Schädel und die beiden

---

[138] Bienert 2000 Seite 85

[139] Man muß bedenken, dass die Verwitterungsspuren die Zeit angeben, wie lange der Schädel skelettiert im Freien verbrachte. Bis zur vollständigen Skelettierung des Leichnams kann eine Liegezeit von unter einem Jahr angenommen werden, da die Verwesung auf der Erdoberfläche relativ schnell geschieht (Vergleiche dazu Madea, Preuss und Musshoff 2007 Seite 13f). Somit wäre mit einer Liegezeit des Leichnams im Freien von mindestens zwei Jahren zu rechnen.

Bestattungen zu beherbergen. Neben diesen Funden konnten in Basta ebenfalls noch mehrere Bestattungen entdeckt werden, bei denen der Schädel fehlte.

An insgesamt zwei Schädeln konnten Schnittspuren erkannt werden, die auf eine mögliche Entfleischung hindeuten könnten.

Neben diesen Funden wurde noch eine Maske entdeckt. Masken scheinen innerhalb des Schädelkultes möglicherweise eine Rolle gespielt zu haben, wie diverse andere Maskenfunde, wie zum Beispiel der in der israelischen Höhle Nahal Hemar zu belegen scheinen. Auf das Phänomen der Masken in rituellen Kontexten wird noch an späterer Stelle näher eingegangen.

In Basta wurde auch noch ein Grab der besonderen Art entdeckt. In diesem Grab fand man keinen Menschen, sondern den Leichnam einer trächtigen Kuh. Sie wurde augenscheinlich mit Fleischbeigaben bestattet. Dieser Fund könnte auf die besondere Beziehung zwischen dem neolithischen Menschen und ihren Rindern hinweisen. Augenscheinlich war das Tier für die Gemeinde von Bedeutung, sodass es diese Aufmerksamkeit erfuhr. Dass Stiere eine große Bedeutung für die neolithische Gesellschaft hatte, wurde auch schon bei den Bukranien wie sie zum Beispiel in Catal Höyük gefunden wurden, deutlich. Auf die zentrale Rolle von Rindern im religiösen Kontext, wird noch in einem speziellen Exkurs im Kapitel über Catal Höyük eingegangen.

Ba´ja – eine religiöse Festung?

Etwa 14 Kilometer nördlich des jordanischen Petra liegt die prähistorische Siedlung Ba´ja. Die Siedlung liegt in einem Talkessel in circa 1160 Metern Höhe. Zu erreichen ist sie allein durch eine Schlucht, die teilweise nur einen Meter breit ist und streckenweise nur kletternd bewältigt werden kann. Das Tal gab der Siedlung einen gewissen

Schutz, weshalb es möglich ist, dass der Standort bewusst wegen dieser versteckten Lage gewählt worden ist. Möglicherweise ist sie von der Außenwelt „entrückt" worden, was Ba´ja in den Bereich eines kultischen Zentrums setzen würde. Eine Schutzfunktion gegen Feinde wäre jedoch auch denkbar. In direkter Nähe findet sich die ebenfalls PPNB zeitliche Siedlung Basta.

Die Größe Ba´jas kann mit circa 1,5 Hektar angenommen werden. Während der Zeit ihrer maximalen Ausdehnung dürften ungefähr 500 bis 1000 Menschen zeitgleich in dem Ort gewohnt haben[140].

Die Häuser waren rechteckig und verfügten in vielen Fällen wohl über ein zweites Stockwerk. Sie waren sehr eng aneinandergebaut, sodass es praktisch keine freien Flächen zwischen den Häusern gab. Diese so genannte *puebloähnliche* Architektur[141] findet man auch in anderen Siedlungen wie Catal Höyük. Zugang in die Häuser gab es durch Leitern, das Leben wird primär auf dem Dach stattgefunden haben. Einige der Häuser hatten Mauern, die 4,20 Meter dick waren. Auch Keller waren oftmals vorhanden[142].

In einem Raum wurde eine größere Menge Gebeine gefunden. Insgesamt zwölf Leichen wurden in diesem Raum entdeckt, wovon neun von Kindern waren. Die Skelette waren mit rotem Ocker bedeckt. Als Beigaben fanden sich Perlen, Pfeilspitzen, ein Silexdolch und ein Perlmuttring.

---

[140] Benz 2021 S. 39

[141] Gebel 1997 Seite 15. Die Pueblos Nord- und Mittelamerikas bauten ihre Häuser ebenfalls sehr eng beieinander und errichten teilweise gewaltige Wohnkomplexe.

[142] Gebel 2004 Seite 50f

Es wurden zwei Massengräber entdeckt[143]. In einem kleinen Raum wurden in einer kleinen, nur 80*70 Zentimeter messenden Grube drei oder vier Erwachsene, ein Jugendlicher zwischen 18 und 20 Jahren sowie drei oder vier Kleinkinder bestattet. Bei dem Jugendlichen wurde das Kranium entnommen. Die Leichen wurden wie in einem Nest liegend angeordnet. Ins Grab wurden Pfeilspitzen, Perlen und ein Silexdolch beigegeben. In einem der Kinderschädel fand sich eine Haarspange aus Knochen.

Das andere Massengrab fand sich etwas weiter nördlich. Die Knochen waren nicht gut erhalten und einer harten Bodenschicht *verbacken*. Insgesamt konnten sieben Schädel mit anderen Skelettteilen geborgen werden. Die Schädel waren nicht in dem Verband mit den anderen Knochen. Einer der Schädel wurde in der nordöstlichen Ecke auf der Brust einer Leiche gestellt. In dem Grab lagen zwei Kinder zwischen 6 und 14 Jahren, eine Frau und drei Männer. Auf den menschlichen Überresten lagen mehrere Tierknochen. Der Befund wirkt so, als seien die Knochen von dem südlichen Teil der Grube in den nördlichen geschoben worden[144]. Bei beiden Massengräbern handelte es sich wohl um Familienbestattungen.

An der versteckten Wand fand sich ein abstraktes Fresko, das als ältestes seiner Art gelten kann. Bei diesem handelt es sich um ein abstraktes Gemälde, dass unförmige, abgerundete Objekte mit vielen Strichen zeigt. Die Bedeutung ist aktuell noch nicht entschlüsselt.

In den Wänden fanden sich Steinwerkzeuge, die Bestattungen von Babys oder auch Tierknochen, die anscheinend bewusst in den Mauern verborgen wurden[145]. Diese Deponierungen können als An-

---

[143] Gebel 2006 Seite 15ff

[144] Ebd. Seite 18

[145] Gebel 2002 Seite 126ff

zeichen von Schutzzaubern gedeutet werden, was in einem späteren Kapitel noch näher erläutert wird.

Andere Funde, die auf die religiöse Welt Ba´jas hinweisen könnten, sind Amulette. Bei diesen handelte es sich um Tier- oder Menschenköpfe die, je nach Trageweise, auch phallische Symboliken zeigen[146].

Vieles deutet darauf hin, dass Ba´ja eine tiefere religiöse Bedeutung hatte. Möglicherweise haben wir hier die Überreste eines sakralen Zentrums.

Beidha- Schädelkulte und ein Heiligtum

Ungefähr fünf Kilometer südlich von Ba´ja liegt die ins Neolithikum datierende Siedlung Beidha[147]. Die Anfänge der Siedlung reichen jedoch schon bis ins Natufien zurück. Aus dieser Zeit fanden sich Spuren einer unregelmäßigen Besiedlung. Wahrscheinlich diente der Ort als saisonale Unterkunft. Die erste Phase einer permanenten Besiedlung findet sich während des PPNB. Die kalibrierten absolut chronologischen C^{14} Werte schwanken zwischen 8330 und 5500 vor Christus.

Architektonisch ist die früheste Phase der Siedlung mit der PPNA zeitlichen Siedlungsschicht von Jericho identisch[148]. Sie besteht aus den typischen natufienzeitlichen Rundhütten. In späteren Phasen entstehen rechteckige Häuser, die eventuell auch mehr als nur ein Geschoss hatten. Die Siedlung wuchs im Laufe der Zeit stetig und in seiner größten Phase, wohnten schätzungsweise bis zu 235 Menschen in Beidha. Einige Importfunde zeigen, dass die Siedlung sehr weite Handelskontakte zu haben schien. So fanden sich zum Beispiel Obsidian aus dem anatolischen Raum und Perlmutt aus dem Roten

---

[146] Gebel 2004 Seite 55 und Benz 2021 S. 43

[147] Bienert 2000 Seite 88ff

[148] Ebd. 2000 Seite 90

Meer. Einige Meter vom Wohnareal entfernt wurden runde, steinerne Strukturen entdeckt, die als ein Heiligtum, beziehungsweise ein Altar interpretiert werden.

Insgesamt konnten 43 Bestattungen nachgewiesen werden. 33 davon gehörten zu Säuglingen, Kindern oder Jugendlichen. Nur zehn der Bestatteten waren Erwachsene. Die meisten Gräber wurden in bereits verlassenen Häusern niedergelegt, wie es so auch schon in Basta nachgewiesen wurde[149].

Bei den Gräbern der Jugendlichen und Erwachsenen fehlte häufig der Schädel im Grab, während bei kleinen Kindern und Säuglingen dieser fast immer vorhanden war. Die *Mandibula* war in diesen Gräbern immer vorhanden.

Interessant sind einige Besonderheiten bei den schädellosen Bestattungen. In einem Fall wurde in einem Doppelgrab eine erwachsene Frau mit ihrem Säugling bestattet. Dort fehlte der Schädel des Säuglings, während der der Frau in situ aufgefunden wurde[150].

An anderer Stelle wurde ein Fund gemacht, der auf eine Mazerierung des Toten hinweist. Neben dem Schädel fehlten in diesem Grab noch diverse andere Knochen. Auch scheint es so, dass an dem Schädel bei seiner Entnahme noch einige festere Fleischreste vorhanden waren[151]. Außer in einem Fall haben die Bestattungen der Toten eine große Sorgfalt erfahren[152]. An eigentlichen Schädeldeponierungen wurde nur ein einziger Fund gemacht, der jedoch keine genauere Beschreibung erfuhr[153].

---

[149] Ebd. 2000 Seite 92

[150] Ebd. 2000 Seite 92

[151] Kirkbride 1966 Seite 23f

[152] Bienert 2000 Seite 93

[153] Ebd. 2000 Seite 93

Beisamoun – Schädelkulte in einem Zentralort

Im Norden Israels liegt die prähistorische Fundstätte Beisamoun[154]. Sie hatte eine wichtige Rolle bei der Besiedlung der Levante inne. Das reichhaltige Ökosystem ermöglichte eine dauerhafte Ansiedlung und das Jordan Tal diente als Knotenpunkt und Durchgangsroute für Expansionen während des PPNB[155]. Absolut chronologische C^{14} Daten setzen Beisamoun zwischen 6500 und 6000 BC[156].

Die vorwiegende Bestattungsform war die Kollektivbestattung. Die meisten Bestattungen wurden in einem einzigen Gebäude entdeckt[157].

Die Entnahme des Schädels aus den Gräbern war auch hier eine übliche Praxis. Bei einer erwachsenen Frau in einem Doppelgrab, fehlte dem sehr gut erhaltenen Skelett das vollständige Kranium.

In einem Grab mit neun Bestatteten fehlten alle Kranien.

Die Individuen bildeten innerhalb des Grabes fünf Gruppen: drei davon lagen in der südlichen, Ost-West orientierten Grube, die anderen beiden in der kreisförmigen, kleineren nördlichen Grube. Sechs der Bestatteten waren männlich, zwei weiblich, einer von unbestimmbarem Geschlecht. Alle waren im Erwachsenenalter.

In dem Vorraum eines anderen Gebäudes konnte eine Grabgrube entdeckt werden, die aus vier Neugeborenen bestand. Drei dieser Säuglinge waren nur durch ihren Schädel vertreten[158]. Ob dies wirklich Schädeldeponierungen waren, ist jedoch unklar, da auch einige Langknochen gefunden wurden und die Schädel von Säuglingen normalerweise nicht separat bestattet wurden.

---

154 Lechevallier 1978 Seite 130ff

155 Bocquentin 2007 Seite 17

156 Bonogofsky 2006 Seite 19

157 Bienert 2000 Seite 95

158 Lechevallier 1978 Seite 150f

Ein Fund von übermodellierten Schädeln erfolgte in einem anderen Gebäude. Einer der zwei Schädel lag in einem Vorraum an dem Eingang zu dem Hauptraum des Gebäudes, der andere konnte auf der Rückseite eines Herdes innerhalb des Hauptraumes entdeckt werden. Die Fundlage in der Nähe eines Herdes ist durchaus interessant und konnte auch an anderen Orten beobachtet werden. Auf diese besondere Fundsituation wird noch an anderer Stelle näher eingegangen.

Die Schädel lagen unter einem rotgebranntem Fussboden[159] und wurden exakt auf der Hauptachse des Gebäudes deponiert[160]. Beide Schädel lagen mit dem Gesicht nach Osten, was eine Ausrichtung nach Sonnenaufgang vermuten lässt. Einer gehörte zu einer erwachsenen Person, wobei Alter und Geschlecht jedoch nicht ermittelt werden konnten. Der im Süden entdeckte Schädel konnte jedoch näher untersucht werden (Abbildung 19 und Tafel II Abb. I).

Wie auch bei den übermodellierten Schädeln anderer Fundorte wurde bei diesem Exemplar nur die Gesichtspartie, jedoch mit seiner Mandibula übermodelliert. Der Hinterkopf war jedoch eventuell von einer nicht mehr auffindbaren Masse überzogen[161].

Die Masse wurde sehr dick aufgetragen, an einigen Stellen bis zu einem Zentimeter. In den schlitzförmigen Augen wurden Linsen aus Gips eingelegt. Die Zähne wurden durch Einritzungen dargestellt und die Ohren als Höcker aufmodelliert.

Der Schädel gehörte wahrscheinlich einem weiblichen Individuum[162]. Die Person war erwachsen und wahrscheinlich über 65 Jahre alt. Die Zähne wurden anscheinend postmortem entfernt, was auch

---

[159] Bonogofsky 2006 Seite 19

[160] Bienert 2000 Seite 96

[161] Ebd. 2000 Seite 96

[162] Ferembach 1978 Seite 180ff

Abbildung 19

bei Schädeln an anderen Fundorten beobachtet werden konnte. Sie könnten jedoch auch einfach ausgefallen sein.

HaYonim – Eine Höhle mit Bestattungen

Höhlen wurden im Neolithikum des Öfteren als temporärer Unterschlupf für Jagden, seltener als längerfristige Siedlung genutzt. HaYonim ist eine im obergaliläischen Bergland gelegene Höhle, die ein reichhaltiges Fundspektrum bot, das vom Natufien bis ins PPN reicht. Ein etwa 10 Meter breiter Eingang führt in eine circa 25 Meter lange Kammer. Sowohl in der Kammer als auch in der vorgelagerten Terrasse wurden Überreste eines Siedlungsplatzes entdeckt. Die ersten archäologischen Untersuchungen begannen im Jahre 1965 und wurden in mehreren Kampagnen fortgeführt. Die Größe der Siedlungsfläche vor der Höhle wird mit circa 1000 Quadratmetern angegeben[163]. Es gibt mehrere Indizien dafür, dass weitreichende Handelsbeziehungen zu anderen Siedlungen unterhalten wurden. So wurde eine Molluske gefunden, die aus dem Roten Meer stammte[164]. Auch der Fund von einigen Basaltwerkzeugen lässt diesen Schluss zu[165].

Chronologisch weisen einige C^{14} Daten auf einen Siedlungszeitraum von 19050 bis 5910 vor Christus hin[166].

Bisher wurden 16 Gräber, mit 48 Bestattungen in der Höhle entdeckt. Einige verstreute Knochenfunde weisen auf weitere, jedoch zerstörte Gräber hin. Es gab sowohl Einzel- als auch Kollektivbestattungen. Die Kollektivgräber wurden sukzessive belegt. Beide können sowohl primäre als auch sekundäre Bestattungen enthalten. Einige Gräber waren von einem Steinkreis umgeben. Ob dieser zu einer Behausung oder ursprünglich zum Grab gehörte, ist umstritten[167]. Da auch vor der Höhle solche Strukturen gefunden wurden, die als Häuser gedeutet wurden, ist es wahrscheinlich, dass in den Phasen des frühen Natufiens die Gräber im hinteren Teil der Höhle lagen und der vordere Teil mit kleineren Wohneinheiten versehen war. Im späteren Natufien wurden die Gräber weiter nach vorne verlagert[168]. Teilweise waren die Gräber mit Steinplatten abgedeckt.

---

[163] Bar-Yoseh 1973 Seite 49

[164] Bienert 2000 Seite119

[165] Bar-Yoseh 1973 Seite 63

[166] Lieberman 1991 Seite 48f

[167] Bienert 2000 Seite 120

[168] Belfer-Cohen 1988 Seite 297

An Beigaben kamen Gürtel aus Fuchszähnen, Amulette aus Knochen sowie Stampf- und Mahlwerkzeuge vor. Die Einzelbestattungen gehören bis auf eine Ausnahme alle dem späteren Natufian an[169]. Es gab sowohl Hocker- als auch gestreckte Bestattungen. Letztere datieren ins frühe Natufian. Sämtliche Toten waren unterschiedlich orientiert. Man konnte weder eine Regelmäßigkeit noch eine Beziehung des Grabbaus oder der Orientierung zwischen Geschlecht oder Alter der Bestatteten feststellen[170].

Bei vielen der Gräber aus dem späten Natufien konnte ein Fehlen des Kraniums festgestellt werden. Bei denen aus dem frühen Natufien war dies seltener der Fall. In den Gräbern X, XI und XV wurden nur die Mandibula und die postkranialen Knochen entdeckt.

In Grab X lag ein erwachsenes männliches Individuum, in Grab XI lagen ein 17 – 18 Jahre alter Mann sowie ein möglicherweise weibliches Skelett im Alter von 19 – 21 Jahren und eine weitere Mandibula eines adulten Individuums. In Grab XV lag eine 45 – 50-jährige Frau[171]. Insgesamt wurde bei 17 Bestattungen ein Fehlen des Schädels festgestellt. Dies sind 35.4 % der Gesamtbestattungen[172]. Bei den Mandibulae fehlten Kratzspuren oder Zeichen von Tierfraß. Dies lässt darauf schließen, dass die Kranien erst nach einer längeren Zeit, als der Körper schon vollständig verwest war, aus dem Grab entnommen wurden.

Daneben gab es noch weitere Gräber aus Sekundärbestattungen, bei denen das Kranium fehlte. Diese waren neben dem Grab XI die Gräber III, V, VIII/IX, XII und XIV. Grab III bestand aus drei

[169] Ebd. 1988 Seite 219

[170] Belfer-Cohen 1988

[171] Ebd. Seite 299ff

[172] Bienert 2000 Seite 120

Bestattungen, bei denen bei zweien, einem Erwachsenen und einem Kind, das älter als ein Jahr alt war, der vollständige Schädel fehlte. In Grab V lagen die Mandibulae von drei erwachsenen Männern. Das Grab VIII/IX barg zehn Bestattungen. Bei zweien fehlte der komplette Schädel. Eine Beisetzung war die eines Kindes unter zwei Jahren und eine war wahrscheinlich die eines 18 – 20 Jahre alten Mannes. Bei den drei Bestattungen in Grab XII fehlten bei den zwei Leichen die kompletten Schädel. Grab XIV bestand aus vier Bestattungen. Drei von diesen waren erwachsene Individuen, bei denen nur die Mandibulae und einige postkraniale Knochen entdeckt wurden. Die vierte Leiche gehörte zu einem Kind unbestimmten Alters, von dem nur einige wenige postkraniale Knochen vorhanden waren.

Neben den Bestattungen in der Höhle wurden auch auf der davor liegenden Terrasse einige Bestattungen gefunden, bei denen man aufgrund starker Beschädigungen keine Sonderbehandlung von Schädeln feststellen konnte.

Die Geschlechterverteilung in HaYonim verdient eine nähere Betrachtung. Von den 48 Skeletten konnten nur fünf einer Frau zugeordnet werden, was 12,5% aller Bestattungen ausmacht. 41,7% der Bestatteten waren Männer, 29,2% Kinder, inklusive den gefundenen Föten. 16,7% konnten nicht bestimmt werden[173]. Die meisten Frauen starben sehr jung. Außer bei einer Toten aus Grab XV, die im Alter zwischen 45 und 50 Jahren verschied, starben die Frauen zwischen ihrem 16. und 30. Lebensjahr. Eine Frau aus Grab VII war offensichtlich schwanger. Reste eines Fötus wurden bei ihr entdeckt. Sie starb im Alter von 16 – 19 Jahren. Bei ihr lag die Leiche eines Mannes im Alter von 20 – 25 Jahren. Sie wurde ihm zugewandt mit einem um ihn geschlungenem Arm niedergelegt. Möglicherweise war er der

---

[173] Belfer-Cohen 1988 Seite 302

Vater des Kindes. Neben ihren Beinen lag die Leiche eines Kindes, dass 7 – 8 Jahre alt war. Wahrscheinlich war das Kind auch ein Familienmitglied, auch wenn es nicht das Kind der beiden Verstorbenen sein kann, da die Frau zu jung für ein Kind dieses Alters war. Dass die Bestatteten in HaYonim zumindest teilweise verwandt waren, legt eine Untersuchung aus dem Jahr 1973 nahe[174].

Auch in Grab VI lag eine Frau, die nicht älter als 17 Jahre alt war. Sie war ebenfalls schwanger und starb möglicherweise bei der Geburt.

Die große Anzahl an Kinderbestattungen weist auf die hohe Kindersterblichkeit der Zeit hin. Das niedrige Sterbealter der Frauen ist ebenfalls typisch. Viele starben bei der Geburt, so wie es auch hier zu sehen ist. Frauen starben in den früheren Zeiten in jüngeren Jahren als die Männer. Dieses kann man auch noch in historischen Zeiten in Aufzeichnungen in Kirchenbüchern feststellen.

Jericho Schädelkulte, Türme und Mauern

Die berühmte Siedlung Jericho liegt im Jordantal westlich des gleichnamigen Flusses im palästinensischen Autonomiegebiet. Die Stadt gilt als die tiefst gelegene Stadt der Welt mit einem Stadtzentrum, das 250 Meter unter dem Meeresspiegel zu verorten ist. Das antike Jericho ist heute ein circa vier Hektar großer und 21 Meter hoher Schutthügel[175].

Der Name „Jericho" leitet sich möglicherweise von dem Namen des kanaanäischen Mondgottes *Jarih* / Yariḫ ab. Dieser war der Gemahl der syrischen Mondgöttin Nikkal. Diese sind wohl mit den sumerischen Göttern Nanna und Ningal identisch.

---

[174] Smith 1973 Seite 70

[175] Kenyon 1976 Seite 43

Zu biblischen Zeiten hatten die großen Städte des Vorderen Orients immer einen Stadtgott, der in dieser Stadt primär verehrt wurde. In Jerusalem war dieses zum Beispiel *JHWH*, daher kann der Name Jerichos durchaus auf den ehemaligen Stadtgott hinweisen.

Die Stadt lag an einem strategisch wichtigen Punkt, der die Siedlung sowohl mit den an der Küste liegenden Handelspunkten als auch mit den in der östlichen Wüste befindlichen Niederlassungen verband. Des Weiteren verfügte Jericho über reiche natürliche Ressourcen wie Salz, Bitumen und Sulfur, was den Ort zu einem zentralen Ort mit vielen kulturellen Kontakten machte.

Die ältesten Siedlungsschichten datieren ins ältere Natufien. Absolut kann man mittels C14 Daten den Beginn der ersten Siedlungsphase ab circa 11150 vor Christus ansetzen.

Von da an kann man eine lange Siedlungskontinuität bestimmen, die auch lange über den in dieser Arbeit behandelten Zeitraum hinausgeht und trotz einiger Unterbrechungen noch heute besteht. Über die Bevölkerungszahl, die aufgrund der Größe der Siedlung geschätzt werden kann, herrscht in der Literatur Uneinigkeit. Die Ausgräberin Kathleen Kenyon schätzt die Zahl auf circa 2000 – 3000 Einwohner, wobei andere Archäologen diese Zahl anzweifeln[176]. Insgesamt wurden 491 Bestattungen innerhalb der Ortschaft nachgewiesen, von denen 200, also 40,73%, vollständig und ungestört gefunden werden konnten. Das Spektrum an Bestattungssitten ist, wie auch an anderen neolithischen Fundplätzen der Region, sehr vielseitig. 309 (62,94%)

[176] Die Annahme von Kenyon basiert darauf, dass in heutigen Siedlungen des Nahen Ostens eine Bevölkerungsdichte von 500 Personen auf einem Hectar anzunehmen ist. Vergleiche dazu Kemyon 1976 Seite 48. Der Archäologe Röhrer-Ertl sieht das als zu wenig an, während Bar-Yosef von einer Zahl von nur 400 – 900 gleichzeitig in Jericho lebenden Personen ausgeht

der entdeckten Gräber waren primäre Bestattungen. Bei 23 Individuen fehlte das Kalvarium, bei 86 das Kranium, was eine Schädelentnahme bei insgesamt 22,21% der Bestatteten ergibt.

Zu den 182 sekundären Bestattungen werden von Kenyon auch die isolierten Deponierungen von Schädeln gerechnet. Diese machen mit 85 Kalvarien und 17 Kranien insgesamt 56,05% der sekundären Bestattungen aus. Dazu kommen noch die Funde von 10 isolierten Mandibulae, die nochmal 5,5% ausmachen.

Damit bestehen 61,55% aller sekundären Lagerungen aus Schädeln oder Schädelteilen.

Die anderen sekundären Bestattungen bestehen aus:

- zwölf relativ vollständigen Skeletten
- einem Skelett, welches ohne Kalvarium bestattet wurde
- 57 Leichen, die ohne Kranium bestattet wurden.

Jedoch gibt es bei den sekundären Ganzkörperbestattungen ein Problem, welches nicht ignoriert werden kann. Sämtliche primären Bestattungen konnten in Bezug zu Häusern gesetzt werden. Bei allen sekundären Ganzkörperbestattungen war dies nicht möglich. Diese könnten eventuell auch bei Planierungsarbeiten verschoben worden sein.

Damit würde es, neben den Schädeldeponierungen, keine sekundären Bestattungen geben.

Von den 85 Schädeln waren 33 einzeln deponiert worden, die restlichen lagen in zwölf Schädelnestern. Sämtliche Schädeldeponierungen konnten in Bezug zu einem

Haus gesetzt werden. Sie wurden unter Fußböden, neben Wänden, im Fundament von Wänden, in kleinen Gruben und in verbrannten Schichten gefunden.

Einige Schädel wurden näher untersucht und konnten näher bestimmt werden (Tabelle 2 und 2a).

In den zwölf Schädelnestern konnten insgesamt 52 Schädel geborgen werden. Dabei stammen 33 Schädel, die in sechs Nestern lagen, aus dem PPNA, die Schädel aus den verbleibenden sechs Nestern aus dem PPNB. Diese standen ebenfalls immer in Bezug zu einem Haus.

Sämtliche Schädelnester fanden sich unter renovierten Fußböden. So wie es aussieht, wurden bei einer Fußbodenerneuerung die alten Schädel geborgen und zusammen in Gruppen neu deponiert.

Eine nicht näher belegte Vermutung des Archäologen Röhrer-Ertls besagt, dass die Schädel immer in einem bestimmten Abstand unter den Fußböden der Häuser lagen und auch bei Neubau eines Hauses die Schädel ausgegraben und an anderer Stelle wieder in passender Höhe neu niedergelegt wurden. Wie er zu dieser Vermutung kommt, schildert er jedoch nicht.

Möglicherweise sind Schädelnester keine ursprüngliche Form die Schädel zu deponieren, sondern ein Zeichen späterer Niederlegung.

Auffällig war ein Fund von fünf Kinderschädeln, die zusammen mit einer Ganzkörperbestattung eines weiteren Kindes gefunden wurden. Sie lagen in einem unter einigen großen Steinen in einem Gebäude, das einem Bassin ähnelte.

Tabelle 2: Anthropologisch untersuchte Schädel

PPNA		PPNB	
Geschlecht		**Geschlecht**	
Männlich	5	Männlich	10
Weiblich	9	Weiblich	6[177]
Unbestimmtes Geschlecht	19	Unbestimmtes Geschlecht	6
Altersbestimmung[178]		**Altersbestimmung**[179]	
Infans I	6	Infans I	0
Infans II	12	Infans II	0
Juvent	4	Juvent	14
Adult	11	Adult	6
Matur	0	Matur	2

177 Hier sind die Angaben je nach Autor uneinheitlich. In dieser Tabelle sind die übermodellierten Schädel enthalten. Die Angaben über deren Geschlecht schwanken, je nach Autor, zwischen männlich, weiblich und unbestimmt.

178 Die Altersbestimmung war nicht immer ganz klar. In zwei Fällen war die Unterscheidung zwischen Infans I und II nicht eindeutig, in der Tabelle sind diese als Infans I erfasst, in zwei weiteren Fällen war die Grenze zwischen Infans II und Juvent nicht erkennbar. In der Tabelle sind diese beiden Funde als Infans II bewertet.

179 Die Altersbestimmungen sind auch hier etwas ungenau. Bei insgesamt 14 Schädeln war eine klare Unterscheidung zwischen Juvent und Adult nicht möglich, in der Tabelle sind sie als Juvent erfasst. In einem Fall war eine klare Unterscheidung zwischen Adult und Matur nicht möglich. In der Tabelle steht er als Adult.

Schädelbehandlungen		**Schädelbehandlungen**	
Deformierungen	1	Deformierungen[180]	4
Übermodellierungen	0	Übermodellierungen	10[181]
Bemalungen	0	Bemalungen	6
Befund		**Befund**	
Kalvarien	30	Kalvarien	19
Kranien	3	Kranien	3
Gesamt	**33**	**Gesamt**	**22**

Bei den Schädeln wurden noch Reste von Halswirbeln entdeckt, was für eine Enthauptung sprechen könnte. Zwei der Schädel konnten näher untersucht werden. Sie gehörten beide Kindern der Altersstufe Infans II. Erhalten waren in beiden Fällen das vollständige Kranium, sowie in einem Fall fünf, im anderen Fall sechs Halswirbel. Datiert wurde dieser Fund ins PPNA.

Altersklasse	**Jahre**
Neonatus	0
Infans I	0 -6
Infans II	7 – 12
Juvenitas	13 – 20
Adult	21 – 40
Matur	41 – 60
Senil	61 – ω

[180] Es scheint eventuell auch noch weitere Deformationen gegeben zu haben. Vergleiche dazu Strouhal 1973, Seite 231f

[181] Möglicherweise gab es zwölf übermodellierte Schädel. Siehe unten.

Ein weiteres Schädelnest, das ebenfalls ins PPNA datiert, das in der Nähe einer Mauer gefunden wurde, bestand aus zehn Kalvarien, die in insgesamt drei Gruppen reihenförmig aufgestellt waren. Zwei der Gruppen bestanden aus jeweils drei Schädeln, die andere Gruppe aus vier Exemplaren. Orientiert waren die Schädel nach Westen. Ein weiteres Nest, welches aus sechs Kalvarien bestand, wurde im Osten eines Gebäudes geborgen. Sie waren kreisförmig angeordnet mit nach innen gerichtetem Blick. Alle Schädel gehörten wahrscheinlich zu Kindern. Auch dieser Fund wird ins PPNA datiert.

Ins PPNB fällt der Fund eines Nestes von zwei Kranien. Sie fanden sich unter dem Fußboden an der Westwand eines Gebäudes. Beide Kranien waren in einem schlechten Erhaltungszustand und gehörten entweder zu weiblichen oder jugendlichen Individuen. Möglichweise handelte es sich bei diesem Gebäude um ein Kultzentrum oder einen Tempel.

Ebenfalls in Nestern wurden die vielfach gezeigten und berühmt gewordenen übermodellierten Schädel geborgen. Insgesamt wurden zwölf übermodellierte Schädel in Jericho entdeckt, wobei die Ausgräberin lediglich von zehn Exemplaren spricht. Die übrigen beiden sind die Schädel mit den Nummern E20 und E21 sein. Diese wurden weder ausführlich beschrieben noch fotografiert. Anscheinend sind sie nach einer kurzen Erwähnung verschwunden. Dieses Schicksal widerfuhr auch einer Gruppe von drei teilweise bemalten Schädeln.

Die ersten Schädel dieser Art wurden im Jahre 1953 in einem Nest entdeckt. Dieses bestand aus sieben Schädeln. Sie lagen in einer Grube innerhalb eines Schutthaufens unter dem Fußboden eines Hauses, in dem auch noch weitere 30 Skelette gefunden wurden[182]. Bei allen diesen Skelettfunden fehlte der Schädel. Umgeben war die

[182] Kenyon 1976 Seite 53ff

kleine Grube mit einigen Steinen. Naturwissenschaftlich datiert wurden die Leichen auf 6600 vor Christus.

Die Geschlechtsbestimmung erwies sich als problematisch, so finden sich in der Literatur mehrere komplett verschiedene Angaben zum Geschlecht der Schädel. Erst eine DNA-Untersuchung brachte etwas Licht ins Dunkel.

Sechs der Schädel wurden durch die Analyse als männlich identifiziert. Drei der untersuchten Schädel waren unbestimmbaren Geschlechts. Ein Schädel stand für eine DNA-Untersuchung nicht zur Verfügung. Alle Schädel außer einem waren vollständige Schädel inklusive der Mandibula.

Die Augen der Schädel waren durch Muscheln dargestellt, lediglich einer hatte Kaurischnecken als Einlage, die als geschlossene Augen gedeutet werden können (Abbildung 20).

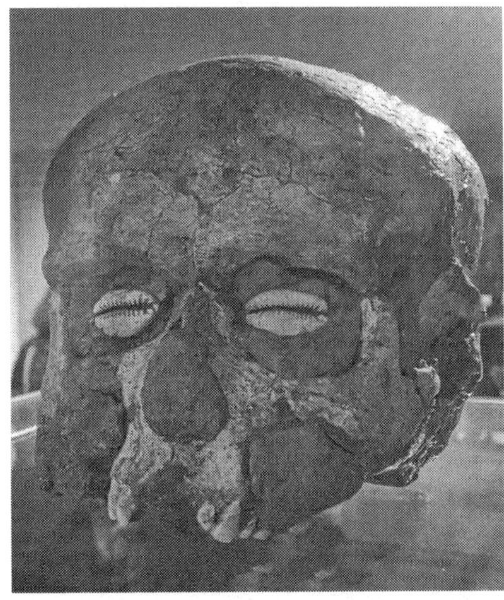

Abbildung 20

Einer hatte als weiteres Schmuckelement bräunlich – schwarze Linien, die von links nach rechts über den Schädel führten. Zwei Schädel waren deformiert, bei einem weiteren wäre eine Deformation möglich.

Ein Schädel wurde mit seiner Mandibula übermodelliert. Er ist sehr schwer, weshalb man davon ausgehen kann, dass er mit einer Tonmasse ausgefüllt wurde. Sichtbar ist diese jedoch nicht. Die Augen wurden aus in der Mitte zerbrochenen Muscheln gemacht, um die Pupille darzustellen (Abbildung 21). Die Nase ist im Gegensatz zu den meisten anderen Schädeln sehr gut proportioniert und ausgearbeitet. Lediglich die Kalotte und ein Teil der Mandibula sind sichtbar. Die Vorderzähne sind nicht mehr vorhanden. Das Alter des möglicherweise männlichen Individuums kann zwischen 30 und 40 Jahren gelegen haben.

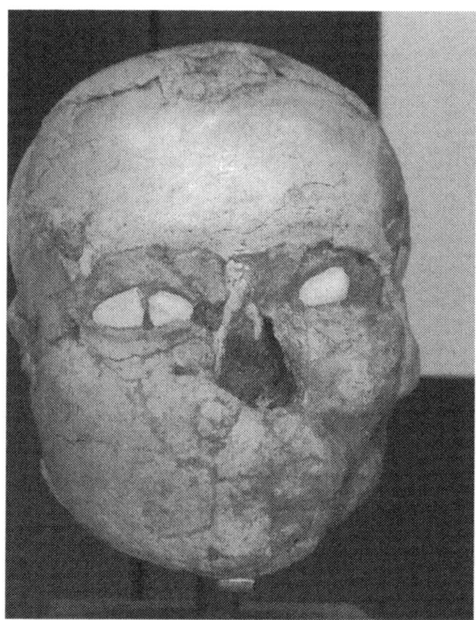

Abbildung 21

Bei einem Schädel sind die Gesichtspartie, die Schläfen und die Basis übermodelliert. Die Mandibula fehlt und er dürfte ebenfalls mit einer Masse gefüllt sein.

Die Maße des Schädels sind auffällig. Strouhal betont, dass er mit 142 Millimeter sehr lang, aber mit 94 Millimetern nicht sehr hoch ist. Seiner Meinung nach sollte das Gesicht sehr klein wirken. Die Augen werden durch in der Mitte zerbrochene Muscheln wiedergegeben. Der Spalt stellt auch hier dabei die Pupille dar.

Auf der Kalotte sind vier Linien mit schwarzer Farbe aufgetragen. Eventuell stellen diese Linien eine Haartracht dar. Diese Bemalung ergibt nur Sinn, wenn diese Stelle niemals übermodelliert war. Auch wenn die Bemalung eine andere Technik darstellt, ist eine ähnliche Intention wie bei dem Schädel einem schon besprochenen Schädel aus ´Ain Ghazal nicht abzustreiten. Die Alters- und Geschlechtsbestimmung ergab, dass es sich wahrscheinlich um einen Mann handelte, der 40 – 60 Jahre alt war.

Wie bei den meisten Exemplaren dieser Art wurden auch hier nur die Frontpartie sowie die Seiten des Kopfes nachmodelliert. Auffällig ist die Kinnpartie die als „Doppelkinn" gedeutet wird. Das Alter wird als Maturus angegeben und soll zwischen 40 – 60 Jahren gelegen haben. Strouhal beschreibt den Schädel als unzweifelhaft männlich. Er betont auch die seltsame Form der Hirnhöhle, was seiner Meinung nach auf eine *in vivo Deformierung*, also einer bewussten Deformation des Schädels, die schon als Kleinkind durchgeführt wurde, zurückzuführen ist. In vivo vorgenommene Schädeldeformationen kommen in Jericho in zwei Formen vor. Zum einen die tonnenförmige Verlängerung des Hinterhauptes. Eine andere Form ist die turmartige Erhöhung des Schädels. Deformationen dieser Art sind auch in anderen Siedlungen dieser Zeit und Region zu beobachten, wie zum Beispiel in Byblos, Seyh Höyük, Eridu und in Khirokitia auf Zypern[183].

Schädeldeformationen sind in der Geschichte nichts Ungewöhnliches. Normalerweise wird schon frühem Kindesalter der Kopf stramm mit einem Tuch umwickelt, in dem teilweise ein Brett eingewickelt wird. Dadurch wird der Kopf gezwungen in eine bestimmte Richtung zu wachsen (Abbildung 22). Schon Hippokrates beschrieb diesen Brauch in seinen Schriften:

> Ursprünglich war der Brauch hauptsächlich für die Länge des Kopfes verantwortlich, jetzt wird der Brauch von Natur aus verstärkt. Diejenigen, die die längsten Köpfe haben, betrachten sie als die edelsten, und ihre Gewohnheit ist wie folgt. Sobald ein Kind geboren wird, bauen sie seinen Kopf mit den Händen um, solange er noch weich und der Körper zart ist, und zwingen ihn, durch Anlegen von Bandagen und geeigneten Geräten an Länge zuzunehmen, wodurch die Rundheit des Kopfes beeinträchtigt und seine Länge erhöht wird . Der Brauch handelte ursprünglich so, dass durch Gewalt eine solche Natur entstand; aber im Laufe der Zeit wurde der Prozess natürlich, so dass der Brauch keinen Zwang mehr ausübte.[184]

Aus einem weiteren Nest wurden zwei weitere Schädel geborgen. Sie lagen im gleichen Haus wie das vorher besprochene Schädelnest, lediglich 6,75m von diesem entfernt.

Der erste Schädel gehörte zu einer juvenilen oder adulten Frau. Der andere war ungefähr gleich alt und gehörte zu einem Mann.

---

[183] Meiklejohn 1992 Seite 83 und Arensburg 1988 Seite 142ff

[184] https://www.chlt.org/hippocrates/HippocratesLoeb1/page.123.a.php

Abbildung 22: Kind mit Bandagen um seinen Kopf. Diese Methode führt dazu, dass der Schädel des Kindes verlängert wird und sich dadurch ein „Turmschädel“ entwickelt.

Unter seiner Nase fanden sich Reste einer dunkelbraunen Farbe, die als Reste einer Barttracht gedeutet werden.

Ein weiterer Schädel dieser Gattung wurde 1957 – 1958 gefunden. Es handelte sich dabei um den kompletten Schädel eines juvenilen bis adulten Mannes, mit einem geschätzten Alter von 20 – 30 Jahren. Er lag in den Schuttresten aus Ziegeln und verbranntem Holz. Der Schädel ist teilweise zerbrochen und deformiert, was wohl auf den Druck der Erde zurückzuführen ist. Der Schädel war sehr stark zerstört, jedoch wurde genug entdeckt, um eine Übermodellierung zu erkennen. Die Modelliermasse war innen rosafarben, während die Außenschicht eine feinere Struktur und eine eher schokoladenbraune Färbung hatte. Er wurde mit einer ockerfarbenen Modelliermasse gefüllt und an den Stellen wo Teile des Schädels fehlen mit einem grünen Lack übermalt. Die Augen wurden mit zwei Muscheln dargestellt.

Bei der anatomischen Untersuchung zeigte der Schädel eine Besonderheit. Zum einen hatte er eine runde Verletzung, die auf eine

Trepanation zurückzuführen ist[185]. Bei dieser medizinischen Technik wird ein Loch in den Kopf des Patienten gebohrt, um Krankheiten zu lindern. Der bislang älteste Fund für diese Behandlungsmethode fand sich in Marokko. Er wird auf eine Zeit von 12000 – 11000 vor Christus datiert. Der hier behandelte Schädel konnte auf eine Zeit zwischen 8350 und 6000 vor Christus datiert werden und stellt damit den frühesten Beleg für diesen chirurgischen Eingriff in der Levante dar.

Nach seinem Tod wurde diese Verletzung mit einer Modelliermasse verschlossen.

Ein weiterer übermodellierter Schädel wurde 1958 innerhalb eines abgebrannten Hauses entdeckt. Er wurde in einer Gruppe mit zwei weiteren undekorierten Exemplaren gefunden.

Alle Funde von übermodellierten Schädeln können in Jericho ins PPNB datiert werden.

Zusammenfassend kann man sagen, dass die übermodellierten Schädel alle eine ähnliche Konstruktionsweise haben. Zuerst wurde der Schädel mit einer groben Masse gefüllt. Danach wurde wahrscheinlich mit der gleichen Masse eine erste Schicht auf den Schädel aufgetragen, die die Proportionen des Kopfes festlegte. Darauf modellierte man eine feinere Masse die Details. Die Augen hier immer mit Muscheln oder Kaurischnecken dargestellt. Die Muscheln zerbrach man in zwei Teile, um die Pupillen darzustellen.

Bemalungen kommen vor, scheinen aber nicht die Regel gewesen zu sein.

Es kommen sowohl männliche als auch weibliche Schädel vor. Eine Dominanz eines bestimmten Geschlechts scheint es nicht gegeben zu haben. Das Alter der Individuen schwankte zwischen Juvenil und Matur. Ältere oder jüngere übermodellierte Schädel kommen

---

[185] Arensburg 1988 Seite 139ff

zumindest in Jericho anscheinend nicht vor. Einige Schädel waren deformiert, jedoch nicht alle. Daher scheint dies weder ein bei der allgemeinen Schädelentnahme noch bei der anschließenden Übermodellierung eine entscheidende Rolle gespielt zu haben.

Die Übermodellierungen spiegeln eine neue Sitte innerhalb der Behandlung der Schädel in Jericho wider. Sie treten erst ab dem PPNB auf und die Auswahl der Schädel, die eine solche Behandlung erfuhren, war augenscheinlich eingeschränkt. Einfachere Schädeldeponierungen existieren neben denen der übermodellierten Schädel weiterhin. Auffällig ist auch, dass die Schädel zu einem großen Teil innerhalb eines Gebäudes gefunden wurden. In diesem fanden sich zwar noch weitere, einfache Schädeldeponierungen, auch *akephalische* Ganzkörperbestattungen, aber die Konzentration der Deponierungen der übermodellierten Exemplare ist ~~schon~~ auffällig. Kenyon vermutete, dass die Gräber in dem Haus auf eine Katastrophe hinweisen könnten. Sie setzt die Gräber und das Auftauchen der übermodellierten Schädel in Verbindung mit der im PPNB gebauten Stadtmauer Jerichos. Kenyon vermutete, dass ein kriegerisches Ereignis die Lebensweise der Bevölkerung Jerichos massiv veränderte und sich die Mauer, das Grab und die neu aufgetauchte Sitte eine direkte Reaktion auf diese Ereignisse sind[186].

Kfar Hahoresh – Eine neolithische Nekropole?

Südwestlich von Nazareth befindet sich ein Kibbuz mit dem Namen Kfar HaChoresh. Auf seinem Gelände befinden sich die Überreste der prähistorischen Anlage Kfar Hahoresh[187]. Datiert wird sie ins

186 Kenyon 1976 Seite 55f

187 Vergleiche dazu http://faculty.smu.edu/jowillia/kfar_hahoresh/kfar_hahoresh.htm

mittlere PPNB, in absoluten Zahlen zwischen 8500 und 6800 vor Chr[188]. Die Siedlungszeit kann in drei Hauptphasen unterteil werden[189]. Zwar zeigt die Stratigraphie eine lange Siedlungsdauer, jedoch scheint es, dass der Ort nur phasenweise wirklich bewohnt wurde[190].

Die gefundenen Steinwerkzeuge haben eine große Ähnlichkeit mit den Funden aus Ain Ghazal, Beisamoun und dem benachbarten Yiftha´el, was eine Verbindung zwischen den Orten belegen könnte.

Innerhalb der Siedlung wurden diverse Skelettreste von insgesamt 70 Individuen entdeckt, von denen 54 sehr genau bestimmt werden konnten[191]. Die Bestattungen innerhalb Kfar Hahoreshs weisen viele Besonderheiten auf. Auffallend ist zum einen der ungewöhnlich hohe Anteil an männlichen Leichen. Von den 54 untersuchten Individuen waren 19 männlich und nur 5 weiblich. Die anderen waren nicht bestimmbar. Die Altersverteilung ist ebenfalls ungewöhnlich. Man fand kein Individuum, das älter als 49 war. Keine der Frauen wurde älter als 39. Die meisten der Bestatteten, egal ob männlich oder weiblich, wurden nicht älter als 29. Ein Todeszeitpunkt zwischen dem 20. und dem 29. Lebensjahr war hier am häufigsten belegt[192]. Diese Ergebnisse weichen stark von den anthropologischen Untersuchungen ab,

---

[188] Eshed 2008 Seite 93 und https://www.exoriente.org/associated_projects/ppnd_site.php?s=39

[189] Bienert 2000 Seite129 und Eshed 2008 Seite 93. Goring-Morris 2008 Seite 18 spricht von den Daten 8523+-154 Jahren als frühesten Zeitpunkt der Besiedlung.

[190] Eshed 2008 Seite 93f

[191] Ebd. Seite 93ff und http://antiquity.ac.uk/projgall/goringmorris/index.html

[192] Ebd. Seite 94ff

die in anderen Siedlungen des PPNB wie Atlim Yam oder ´Ain Ghazal gemacht wurden.

Es gibt sowohl primäre als auch sekundäre Bestattungen. Kollektivbestattungen waren ebenso vertreten wie Einzelgräber. In den Kollektivgräbern lagen bis zu 15 Individuen bestattet[193].

Unter den Bestattungen fanden sich auch einige isolierte Schädeldeponierungen. 1991 wurden einige übermodellierte Schädel entdeckt, von denen leider nur einer etwas umfangreicher publiziert wurde (Abbildung 23)[194]. Dieser Schädel mit der Fundnummer „Homo 1" lag unterhalb eines verputzten Fußbodens über einer ebenfalls verputzten Grube, in der auch das Skelett einer Gazelle gefunden wurde. Das Tier wurde geköpft, ansonsten aber vollständig im anatomischen Verband in die Grube gelegt. Der Schädel lag circa 15 – 20 Zentimeter über der Grube mit Blickrichtung nach Osten. Er war rot bemalt und wurde ohne Mandibula übermodelliert.

Abbildung 23

Der Schädel gehörte wohl zu einem adulten, circa 25 Jahre alten Mann. Für seine Übermodellierung wurden mehr als 500g Ton verwendet. Bei einer Untersuchung in einem CT wurden vier verschiedene Tonarten festgestellt. Sehr harter Ton wurde dabei für die Augen

193 Goring-Morris & Birkenfeld 2008 Seite 21ff

194 Bonogofsky 2006 Seite 20

und die untere Partie verwendet und sehr weicher Ton wurde für die Stirn verwendet. Die Nase und im Bereich des Oberkiefers wurde ein sehr körniger Ton verwendet, mit einem extrem feinem Ton wurden dann die äußeren Schichten geformt[195]. Ähnliches konnte auch bei den übermodellierten Schädeln aus Yiftha`el entdeckt werden, die in dem entsprechenden Kapitel behandelt werden.

Im Bereich des Kinns wurden Rückstände einer organischen Masse entdeckt, ebenso wie die Rückstände einer Bemalung mit rotem Ocker.

Kfar Hahoresh ist in vielen Bereichen eine Besonderheit. Die recht hohe Anzahl an Leichenfunden, in Kombination mit einer nur bedingt permanenten Bewohnung des Ortes ist auffällig. Dazu kommen die anthropologischen Ergebnisse, die eine komplette Abweichung zu den anderen Grabfunden in der Levante aufzeigen. Möglicherweise handelte es sich bei Kfar Hahoresh um einen Siedlungstypus, der bisher unbekannt war. Der Ort könnte eine Art Friedhof und Kultzentrum gewesen sein[196].

Die gefundenen Steinwerkzeuge weisen auf eine starke Verbindung zu anderen Orten der südlichen Levante hin. Auch der übermodellierte Schädel weist Merkmale auf, die auf eine Verbindung zu der nur acht Kilometer weit entfernten Siedlung Yiftha´el schließen lassen. Möglicherweise handelte es sich bei Kfar Hahoresh um eine Art Nekropole, in der die benachbarten Siedlungen wie Yiftah´el oder auch Ayanot Zippori einen Teil ihrer Verstorbenen bestattet haben[197]. Ähnliches wird auch für die Siedlung Nahal Yar-

---

[195] Hershkovitz 1995 Seite 784

[196] Eshed 2008 Seite 99ff und Goring-Morris 2008 Seite 18

[197] Goring-Morris 2008 Seite 18

muth 38 vermutet[198]. Wie schon betont, sind die Bestattungssitten des Neolithikums des Vorderen Orients sehr vielfältig und es scheinen viele unterschiedliche Bestattungssitten nebeneinander existiert zu haben.

Nahal Hemar – Besondere Schädel und Masken

Ungefähr elf Kilometer südlich der Ortschaft Arad, nordwestlich des Berges Sodom liegt die Höhle Nahal Hemar. An der Nordwand der Höhle konnte eine vierphasige ins PPNB datierende Stratigraphie nachgewiesen werden, deren kalibrierten C^{14} Daten zwischen 8210 und 6990 BC streuen[199].

In der Höhle fanden sich mehrere Kalvarien und einige Mandibulae. Von den restlichen postkranialen Skeletten wurden nur drei Halswirbel entdeckt. Die Funde wurden zuerst von Hobbyarchäologen entdeckt und leider unsachgemäß geborgen. Daher sind die genauen Befunde unklar, auch die genaue Anordnung der gefundenen Schädel.

Bis auf drei Ausnahmen stammen alle Schädelreste von Männern im Alter zwischen 25 und 50+ Jahren[200]. Die beiden übrigen stammen von Kindern. Weibliche Überreste konnten nicht entdeckt werden. Bei allen Schädeln fehlten die Zähne.

Bei sechs der Schädel konnten noch Rudimente eines Asphaltüberzugs entdeckt werden. Dabei handelte es sich um eine direkt auf dem Knochen gelegte Schicht, der eine weitere folgt die zumeist ein geometrischen Muster bildet. Diese Vorgehensweise kann auch bei den meisten mit Ton übermodellierten Schädeln wie zum Beispiel Jericho beobachtet werden.

---

198 Gopher 2019 Seite 5f und Goring-Morris 2020 Seite 10

199 Bienert 2000 Seite 137 und Bar-Yosef 2003 74ff

200 Bonogowfsky 2006 Seite 19

Bei der Verzierung des Asphalts sind zwei Typen vertreten. Zum einen parallel longitudinale Einritzungen, die wohl mittels eines Kamms oder eines scharfen Flintwerkzeuges angefertigt wurden. Sehr wahrscheinlich soll diese Verzierung die Haartracht des Verstorbenen symbolisieren. Das Kalvarium mit dieser Verzierung gehörte zu einem circa 45 jährigem Mann.

Insgesamt fielen sämtliche Schädel durch ungewöhnliche Maße auf. Arensburg & Hershkovitz beschreiben diese als brachykran, also sehr kurz und breit[201]. Sie vermuten, dass diese Schädel bewusst wegen dieser Anomalie selektiert wurden.

Die zweite Verzierungsart bestand aus einer netzartigen Struktur, die auf dem Schädel aufgetragen wurde. Diese fand sich bei dem Schädel eines 50-jährigen Mannes.

Im Gegensatz zu den übermodellierten Schädeln anderer Fundorte ist bei den Exemplaren lediglich der Hinterkopf überzogen. Das Gesicht bleibt vollkommen frei. Natürlich kann es sein, dass eine ursprüngliche Übermodellierung des Gesichtes einfach nicht mehr erhalten ist, aber das absolute Fehlen von Fragmenten lässt vermuten, dass es diese nicht gab.

Neben den Schädeln wurden in der Höhle noch Reste zweier Masken aus Kalkstein gefunden. Von einer dieser Masken ist nur noch die Kinnpartie erhalten, die zweite jedoch konnte aus zwölf Bruchstücken wieder zusammengesetzt werden (Abbildung 24). Die Maske ist 26,5 Zentimeter hoch und 17,2 Zentimeter breit. Beide Seiten sind poliert. Am Rand der Maske finden sich 18 kleine Bohrlöcher, die entweder zum Anbringen von Haaren oder zur Befestigung der Maske gedient haben. Am oberen Ende fanden sich Spuren von Asphalt, welches wohl als Klebstoff für eine Haartracht

---

[201] Ebd. 1989 Seite 123ff

gedient hat[202]. Spuren von Bemalungen mit roter, grüner und vermutlich auch weißer Farbe fanden sich ebenfalls[203]. Masken finden sich in praktisch allen schamanistischen / totemistischen Kulturen und sind nahezu immer mit Ritualen verbunden. Dieses kann man auch bei diesen Masken voraussetzen. Möglicherweise sind sie ein Ersatz für eine fehlende Modellierung der Schädel. Masken sind auch aus anderen neolithischen Siedlungen des Nahen Ostens überliefert, wie zum Beispiel aus Basta.

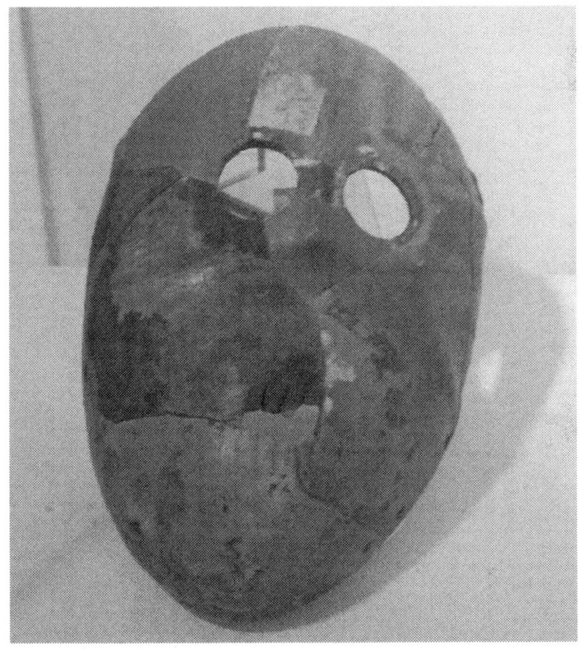

Abbildung 24

[202] Ebd. 2000 Seite 140

[203] http://tinyurl.com/yrg84yl4

Tell Ramad – Ein Beleg für den Übergang vom Ahnenkult zum Polytheismus?

Ungefähr zwölf Kilometer südlich von Damaskus findet sich der Tell Ramad, der die nach ihm benannte, prähistorische Siedlung *Ramad* beherbergt. Der Tell wurde mehrmals ergraben und es fanden sich viele aufsehenerregende Objekte. Besonders im Fokus stand ein Schmuckstück, das als ältester Kupferanhänger der Welt gelten kann.

Datiert werden können die Anfänge dieser Siedlung ins PPNB, jedoch gibt es auch Schichten, die ins keramische Neolithikum datieren. Für die Phase I kann eine ungefähre Zeit von 7300 bis 7040 vor Christus und für die Phase II ein Zeitraum von 6910 bis 6640 vor Christus angenommen werden.

Tabelle 3: Altersverteilung der gefundenen Kinderbestattungen.

Anzahl Kinder	Alter
1	18 – 20 Monate
4	2 – 2,5 Jahre
1	6 Jahre
1	9 – 10 Jahre
1	10 – 11 Jahre
3	11 – 12 Jahre
1	13 – 14 Jahre
4	unbestimmt

Für die Phasen I und II konnten insgesamt 45 Bestattungen geborgen werden. Dabei handelte es sich um 13 oder 15 Frauen, 9 oder 10 Männer, 4 Erwachsene, deren Geschlecht nicht bestimmt werden konnte und 16 Kinder[204].

Einigen fehlten die Schädel und auch isolierte Schädelfunde kamen vor, von denen einige übermodelliert waren. Insgesamt wurden 27 übermodellierten Schädel während der Grabungskampagnen gefunden. Diese Schädel waren an drei Stellen innerhalb der Siedlung deponiert[205].

In einer ovalen Baustruktur, die in die Phase I datiert wurde, fanden sich in einer Grube insgesamt sechs übermodellierte Schädel. Bei ihnen fanden sich auch die Überreste zweier Statuen.

Drei der Schädel gehörten zu adulten Männern, drei zu adulten Frauen. Bei den restlichen neun Schädeln war das Geschlecht aufgrund des juvenilen Alters der Verstorbenen nicht bestimmbar.

Aus der Phase II kommen zwei weitere Depots mit übermodellierten Kranien[206]. Das erste Depot lag in einer Grube in der Nähe der inneren Westwand eines Gebäudes. Zwei der Schädel konnten Frauen und einer einem 30 – 40 jährigen Mann zugeordnet werden. Der vierte Schädel war nicht bestimmbar[207]. Die Schädel waren mit rotem Ocker bemalt.

Ein weiteres Depot mit übermodellierten Schädeln wurde ebenfalls entdeckt. In der Grube lagen acht übermodellierte Schädel, sowie eine tönerne, rot bemalte Figur[208]. Fünf der Schädel waren

---

204 Ferembach 1969, S 54

205 Bonogofsky 2006 Seite 17

206 Bienert 2000 Seite 214

207 Ferembach 1969 Seite 50

208 Bonogofsky 2006 Seite 18

weiblich, zwei männlich. Sie gehörten alle zu erwachsenen Personen der Altersstufe „Adult“. Bei einem konnte das Geschlecht nicht bestimmt werden, da er zur Altersstufe Juvenil gehörte.

Zwei relativ gut erhaltene übermodellierte Schädel konnten näher untersucht werden[209]. Beide Schädel gehörten zu weiblichen Individuen im Alter zwischen 18 und 20 Jahren. Sie wurden mitsamt ihrer Mandibula übermodelliert und vollständig rot bemalt. Sie weisen einige Besonderheiten auf die, die eine nähere Betrachtung verdienen. Das auffälligste Merkmal der Schädel ist, dass eine Art Hals modelliert wurde. Darüber hinaus ist auch der Hinterkopf mit Ton überzogen. Die Augen wurden mit einer weißen Schicht modelliert, die vor einem grauen Hintergrund liegt[210]. Die Zähne wurden post mortem entfernt.

Auffällig ist der Fund von Figurinen, die in Verbindung mit den übermodellierten Schädeln entdeckt wurden. Diesen circa 16 – 25 Zentimeter hohen Figuren fehlte der Kopf. Der Hals war stark verdickt und wirkte wie ein kleines Podest. Mit großer Wahrscheinlichkeit dienten die Figuren als Basis für die Schädel.

Ethnologisch gibt es für solche Statuen einige Belege. So gab es auf Papua Neuguinea Statuen, die für die übermodellierten Schädel der Ahnen als Aufbewahrungsort dienten[211]. Auch in anderen Kulturen waren solche so genannten Kolware durchaus bekannt[212]. Möglicherweise haben wir hier ein Indiz dafür, dass die Ahnenschädel in späterer Zeit auf Statuen gestellt wurden. Nach dem Verschwinden der Ahnenschädel finden sich nur noch Statuen. Möglich wäre es,

---

[209] Ferembach 1969 Seite 54ff

[210] Ebd. Seite 66ff

[211] Stodder 2006 Seite 77

[212] Bienert 2000 Seite 215

dass hier der Übergang von einem Ahnenkult zu einem polytheistischen Pantheon sichtbar wird. Darauf wird an späterer Stelle noch näher eingegangen.

Yiftah'el – Schädel als Hausdekoration

Ungefähr fünf Kilometer westlich von Nazareth findet sich Yiftah'el. Eine Kontinuität der Besiedlung dieses Ortes konnte vom Neolithikum bis in die Frühbronzezeit nachgewiesen werden, jedoch gibt es auch einzelne Funde aus der Römerzeit[213]. Die Gebäude der neolithischen Siedlungsschichten waren rechteckig. Einzelne Häuser wiesen Spuren starker Zerstörung, möglicherweise eines Brandes auf.

In Yiftah´el wurden mindestens 30 Gräber entdeckt. Sie waren in den Gebäuden in kleinen Gruben errichtet worden[214]. Wie in vielen der anderen Siedlungen, konnte auch hier eine Entnahme des Schädels aus den Gräbern festgestellt werden.

Einen besonderen Fund machte man im Jahre 2008, als bei einer Notgrabung im Areal I des nördlichen Siedlungsgebietes in einer ins PPNB datierten Grube, nahe der südwestlich gelegenen Hauswand eines Gebäudes, drei übermodellierte Schädel entdeckt wurden (Abbildung 25)[215]. Die drei Kranien lagen außerhalb des Hauses, in einer Reihe mit der Blickrichtung nach Westen. Alle drei hatten die Augen mittels verschiedener Muschelschalen dargestellt, die eine einigermaßen realistische Darstellung eines Auges ermöglicht. Diese Darstellungsform ist bisher einmalig in der Levante. Die Augen sind definitiv als geöffnete Augen zu deuten. In ihrer direkten Nähe wurden eine Hockerbestattung und eine nicht näher definierte

---

[213] Ebd. Seite 167 und Khalaily 2008 Seite 3

[214] Khalaily 2008 Seite 7ff

[215] Nachricht www.NTVORde vom 13.08.2008

Abbildung 25

Sekundärbestattung entdeckt. Im gleichen Areal fanden sich auch weitere Hockerbestattungen, bei denen teilweise der Schädel fehlte. Die Schädel sind mittels einer C14 Analyse in eine Zeit von 9000 – 8500 vor Christus datiert worden.

Einer der Schädel gehörte sehr wahrscheinlich zu einem erwachsenen Mann im Alter zwischen 20 und 49 Jahren. Das Gesicht der Maske ist anatomisch korrekt dargestellt. Die Muschelschalen der Augen sind so angeordnet, dass sie die Illusion erzeugen, dass der Schädel diagonal nach rechts oben schaut. Die Zähne des Oberkiefers fehlten, jedoch waren einige Zahnalveolen mit Ton gefüllt. Die anthropologische Untersuchung legt nahe, dass der Schädel auf der Maxilla aufgestellt wurde und die Zähne dafür entfernt wurden. Wahrscheinlich wurde er deshalb auch ohne seine Mandibula übermodelliert, da man eine möglichst ebene Standfläche haben wollte. Hier haben wir einen Beleg, dass die Schädel definitiv aufgestellt wurden, was durch die Funde aus Tell Ramad bestätigt wird.

Er gehörte einem Mann, der älter als 35 Jahre war. Sein Gesicht wurde vollständig mit einer Modelliermasse überzogen. Ein mit einer dünnen Schicht überzogener Kalkstein bildete die Nase. Die Augen wurden durch drei Muscheln dargestellt, wobei die mittlere senkrecht eingelegt wurde und so die Pupille darstellt. Die Augen befinden sich jedoch nicht in der anatomisch korrekten Position, sondern liegen etwas zu hoch. Einige Zahnalveolen sind auch hier mit Ton gefüllt. Für die Maske wurden insgesamt vier verschiedene Tonarten genutzt.

Ein stark zerstörter Schädel gehörte einer Frau im Alter zwischen 20 und 49 Jahren. Reste einer Übermodellierung konnten deutlich erkannt werden. Die Augen wurden ebenfalls durch Muscheln dargestellt. Der Schädel wurde durch einen Unfall oder durch eine massive Gewalteinwirkung vor seinem Tod beschädigt. Ähnliche Schädeltraumata konnten bei vielen prähistorischen Bestattungen gefunden werden. Im Zeitraum des Natufiens finden sich bei 16,7% aller gefunden Bestattungen solche Verletzungen. Während des Neolithikums sinkt die Zahl auf 2,9% und ab der Bronzezeit steigt sie wieder auf circa 26,67%. Die Diskrepanz zwischen dem Natufien und dem Neolithikum könnte jedoch auch lediglich dem aktuellen Forschungsstand geschuldet sein.

Andere Hinweise auf religiöse Handlungen wurden ebenfalls 2008 entdeckt. In zwei kleinen Gruben wurden die Überreste eines Stieres entdeckt. Ein Horn lag in einer Grube, während die Wirbelsäule, das Becken und ein Bein in einer weiteren Grube vergraben wurden[216].

[216] Khalaily 2008 Seite 9

2.2 Die Funde Zentralanatoliens

Catal Höyük – Von Göttinen, Geiern und Stieren

Die anatolische Siedlung Catal Höyük liegt im Zentrum der Konya Ebene, ungefähr 52 Kilometer südöstlich der Stadt Konya. Die Siedlung besteht aus zwei, durch einen Wasserlauf getrennte Tells. Der ältere, östliche gehört chronologisch ins präkeramische und in das keramische Neolithikum, der westliche ins Chalkolithikum[217]. Absolut wurde die Siedlung auf 7500 – 6200 vor Christus datiert.

Bei der Behandlung Catal Höyüks kann man nicht umhin, die problematische Publikationssituation zu erwähnen. Diese ist nämlich nicht einheitlich und teilweise widersprüchlich, verwirrend oder schlichtweg nicht nachvollziehbar. Schon die Anzahl der ergrabenen Räume ist nicht einheitlich. Der Entdecker James Mellaart gibt in seiner Publikation eine Raumanzahl von 301 an, während anderer Ausgräber 156 ergrabene Räume nennt[218]. Ein weiteres Problem stellen die Räume dar, die von Mellaart als *Shrines,* also Kulträume oder Schreine definiert sind, worauf noch an anderer Stelle einzugehen ist[219]. Hinzu kommen auch noch fehlende Dokumentationen und Fälschungen, die es definitiv gegeben haben muss[220].

Positiv anzumerken ist, dass Catal Höyük inzwischen eine sehr umfangreiche Internetpräsenz bekommen hat, auf der man viele

[217] Ebd. 2000 Seite 303

[218] Bienert 2000 Seite 306

[219] Vergleiche dazu das Kapitel 4.1

[220] http://tinyurl.com/yo43corj

Grabungsfotos und eine umfangreiche Datenbank der Funde und Befunde publiziert hat[221].

Die Häuser Catal Höyüks folgten im Aufbau einem bestimmten Schema. Sie hatten normalerweise die Maße von 6x4 oder 5x5 Metern. Größere Häuser kamen auch vor. Die heute als *Clan-Häuser* bezeichnet werden. Dabei wurde der größere Teil als Wohn- bzw. Arbeitsraum genutzt, während ein kleinerer Teil wohl der Vorratshaltung diente. Der Zugang zu den Räumen erfolgte mittels einer Leiter durch eine Dachluke. Die Feuerstellen beziehungsweise Öfen lagen normalerweise immer im südlichen Teil der Gebäude. Abweichungen von den obigen Beschreibungen kamen vor, waren aber eher selten[222].

Die Bewohner bestatteten ihre Toten innerhalb ihrer Häuser. Diese teilten sich auf in jene, die eine profane oder eine sakrale Funktion hatten. Letztere bezeichnete Mellaart als Schreine. Sie lagen dabei in der Regel unter Plattformen. Diese dienten nach Mellaart als Arbeits- und Auffenthaltsort[223]. Anscheinend gab es bei den Bestattungen eine Geschlechtertrennung. Er betonte, dass Männer wurden normalerweise unter den Eckplattformen und Frauen unter den größeren *Hauptplattformen* bestattet wurden. Kinder fanden sich laut Mellaart entweder bei den weiblichen Bestattungen oder unter den restlichen Plattformen, niemals jedoch unter den Eckplattformen. Dieses wurde jedoch im Jahre 2004 widerlegt, als das Grab 11306 entdeckt wurde, auf das weiter unten noch eingegangen wird.

Interessant ist, dass unter den Plattformen anscheinend keine Familien lagen[224]. An 266 Skeletten wurden Genanalysen durchgeführt.

---

221 http://www.catalhoyuk.com

222 Mellaart 1975 Seite 100 – 101

223 Ebd. Seite 100

224 Schediwy 2022 S. 28ff und Pilloud 2011 S. 520ff

Diese zeigten, dass die Menschen, die in einem Haus oder unter einer Plattform bestattet wurden, nicht mit einander verwandt waren. Es waren also keine Familien, die sich die Häuser und Gräber teilten. Ähnliche Ergebnisse ergaben sich auch in anderen Siedlungen in der Türkei, so zum Beispiel in Barcin Höyük. In Asikli Höyük fand sich ein Grab, in dem eine Frau mit einem toten Neugeborenen an ihrem Becken bestattet wurde. Auch hier waren das Neugeborene und die Frau nicht miteinander verwandt. In anderen Gräbern Asikli Höyüks fanden sich jedoch Personen, die eine Familie waren. Es scheint, dass das Familienleben im Neolithikum bunter und vielfältiger als erwartet war.

Die Wände der Häuser waren oftmals sehr stark geschmückt. Es fanden sich viele Wandmalereien und sogenannte Bukranien, die aus dem oberen Teil eines Stierschädels bestanden und auf einem Ziegelpfeiler niedergelegt wurden[225]. Einen solchen Wandschmuck konnte man auch in anderen Siedlungen wie Hallan Cemi, Mureybat, Jerf el Ahmar, Tell Abr, Cayönü, Djaade und Cafer feststellen. Sie scheinen zu einer typischen Verzierungsart des Neolithikums zu zählen. Diese Dekorationen scheinen zu belegen, dass der Stier schon in neolithischer Zeit entweder als ein besonderes, vielleicht sogar heiliges Tier oder eventuell sogar als eine Art göttliches Wesen verehrt wurde[226].

---

[225] Mellaart 1967 Seite 80

[226] Morenz 2014 Seite70ff

Exkurs: Stierdarstellungen und Stiergötter

Der Stier ist in historischer Zeit sowohl in der einen als auch in der anderen Art aufgetreten. Berühmt ist dabei die biblische Geschichte um das „goldene Kalb", das von den aus Ägypten ausgezogenen hebräischen Stämmen verehrt wurde. Solch eine Verehrung basiert auf einen Kult, der real existierte. So finden sich Überlieferungen, die an mindestens zwei Orten goldene Kalbdarstellungen in Tempeln erwähnen. Hierbei handelte es sich um zwei bronzene Stierfiguren in Bet-El und Dan, die mit Gold versehen waren[227]. Archäologische Funde solcher Stiere bestätigen diese schriftlichen Zeugnisse. Diese belegen in Megiddo, Hazor, Bet-Schean und Aschkalon. Auch in Horeb gibt es Hinweise auf einen Stierkult[228]. Das der monotheistische Gott *JHWH* primär als Stier dargestellt wird, ist nicht zu ignorieren. Es zeigt, dass der Stier in der Bronzezeit und auch noch in späteren Zeiten eine große, rituelle Kraft innehatte. In anderen Fundorten wurden hunderte von Stierterrakotten entdeckt, was belegt, wie weitreichend und wichtig der Stier in der Region war.

Im Gilgamesch Epos besiegt der König Gilgamesch den Himmelsstier, der von der Göttin Ischtar entsandt wurde. Nach seinem Tod fährt er zum Himmel auf und bildet ein Sternbild. Das Motiv kommt auch im Mithraskult vor. Dort gibt es Bildnisse, die den Gott Mithras zeigen, wie er über einem Stier steht und diesem ein Schwert in den Leib rammt. Es gibt recht viele Interpretationen, wie diese Szene zu deuten ist. Einige Theorien besagen, dass der Stier in diesem Mythos als Symbol des Bösen zu verstehen ist, andere sehen

---

[227] Reuter 2017 Seite 15ff. Erwähnen muss man an dieser Stelle, dass dieser Ort den Namen des Gottes „El" trägt, der mit dem Gott JHWH gleichzusetzen ist. Hier haben wir eine Verbindung zwischen El, JHWH und dem Stier.

[228] Leicht 2017 S. 13 und Reuter 2017 S. 15ff

ihn als astronomisches Symbol oder als Zeichen dafür, dass aus dem geopferten Stier das Leben regeneriert[229]. Auch Herakles muss den Minotaurus töten, ein mythologisches Wesen, das den Kopf eines Stieres trägt. Hier sehen wir schon die wichtigsten Aspekte des Stieres vertreten: Himmel, Fruchtbarkeit und Stärke.

In Mesopotamien steht der Stier für Sesshaftigkeit und damit für Zivilisation und Reichtum[230]. Manchmal wird er mit einer Ähre dargestellt, was wiederum auf seine Fruchtbarkeit und einem landwirtschaftlichen Bezug hindeutet. Statuen von Mischwesen aus Stieren und Menschen beschützten die Paläste der Assyrer. Der menschliche Kopf trägt eine Hörnerkrone, was auf die göttliche Welt hindeutet. Diese Hörner waren Stierhörner, was auch hier wieder die Göttlichkeit dieses Tieres unterstreicht. Stiere wurden also mit Göttern oder der göttlichen Welt in Verbindung gesetzt.

Auch in Ägypten selbst waren Stierverehrungen üblich, genauso wie in anderen Regionen des Nahen Ostens und des antiken Griechenlands, wie auch die Geschichte von Zeus belegt, in der er sich der Europa nähert[231]. Der Stier ist somit ein in praktisch allen Zeiten auftretendes Symbol, dass als göttlich interpretiert wird (Tabelle 4).

In der Tabelle sind Gottheiten aus verschiedenen Regionen und Zeiten aufgelistet, die als Stiere dargestellt werden oder mit Stieren in Verbindung stehen. Besonders hervorzuheben ist die babylonische Gottheit *Sin*, die auf babylonischen Grenzsteinen (Kudurru) im Rahmen einer Triade auftaucht. Der Gott wird zusammen mit Schamasch und Ischtar als Mondsichel, Sonnenscheibe und Stern

---

229 Vergleiche dazu Buck 2021 S. 15ff

230 Nunn 2017 Seite 29

231 Moroni & Lippert 2009 Seite 71ff

Tabelle 4

Gottheit	**Herkunft**	**Aspekte**	**Sonstiges**
Apis	Ägyptisch	Fruchtbarkeit, Segnung der Felder, später Totengott	
Bata	Ägyptisch	Möglicherweise ein Toten- und / oder Sonnengott	Märchengestalt
Buchis / Month	Ägyptisch	Herold des Sonnengottes Re, Kriegsgott	
Chentechai	Ägyptisch	Sehr wandelbar. Krokodilgott, später nahe an Osiris	
Kemwer	Ägyptisch	Mondgottheit	
Min	Ägyptisch	Fruchtbarkeitsgott	Phallus
Mnevis	Ägyptisch	Fruchtbarkeitsgott, Herold der Sonne	
Adad	Babylonisch	Wetter- und Regengott, Segensspender	Deichgraf des Himmels, Blitzbündel
Ischtar	Babylonisch	Fruchtbarkeit	Als Astarte setzte sie sich einen Stierkopf aufs Haupt.
Sin	Babylonisch	Mondgottheit	Symbol ist die Mondsichel, die auch ein Boot sein könnte. Die Mondsichel symbolisiert die Hörner
Lamassu / Schedu	Akkadisch	Schutzgottheit	
Aglibol	Palmyra	Mondgott	Stierhörner als Sichel
Almaquah	Saba	Mondgott	
Baal	Semitisch	Fruchtbarkeit, Wetter	Blitze, Gott
El	Semitisch	Schöpfer, Fruchbarkeit, Flüsse	
Ischkur	Sumerisch	Wettergott, Herr des Himmels	Keule und Blitze
Teschub	Hurritisch	Wettergott, der befruchtet und zerstört	Scheri und Hurri sind Stiere die ihn begleiten
Gurzil	Berbisch	Kriegsgott	
Acheloos	Griechisch	Flussgott	
Dionysos	Griechisch	Fruchtbarkeit	
Zeus	Griechisch	Höchster Gott	Blitze
Mars	Römisch	Kriegsgott, Beschützer der Felder	
Dyaus	Indisch	Himmelsgott	
Maheshvari	Indisch	Partner Shivas	
Nandin	Indisch	Fruchtbarkeit, Freude	Teilweise mit Shive gleichzusetzen
Parjanya	Indisch	Regengott	
Risabha	Indisch	Kunst und Handwerk	
Rudra	Indisch	Sturmgott, Arzt und Rächer	
Yama	Indisch	Totengott und Höllenfürst	Dharmapalas in Tibet
Yamantaka	Tibetisch	Schutzgott, der den Tod überwindet	
Pajainen	Finnisch	Schlächter, evtl. Donnergott	
Aatxe	Baskisch	Stürme / Kunst	"Roter Jungstier"
Vestius Alonieus	Spanisch	Kriegsgott	

(eventuell auch Venus) dargestellt[232].Bemerkenswert ist, dass in dem Höhenheiligtum Göbekli Tepe die Zeichenkombination Sonnen- / Mondscheibe, Mondsichel und Stier auf den T-Pfeilern auftaucht[233]. Möglicherweise haben wir hier den ersten Beleg für das Auftauchen dieser Gottheiten.

Die meisten Gottheiten stehen mit dem Himmel, bzw. dem Wetter oder mit der Fruchtbarkeit in Verbindung. Bedenken muss man, dass der sesshafte Mensch des Neolithikums auf mehr auf ein günstiges Wetter angewiesen war als seine Vorfahren. Vom richtigen Verhältnis von Regen und Sonne hing seine Ernte und damit sein Überleben ab. Dass der Himmel und der Regen derart mit der Fruchtbarkeit verbunden wird, ist nachvollziehbar. Da der ägyptische Gott Min auch mit einem Phallus in Verbindung steht, wird dieses nochmals verdeutlicht. Möglicherweise müssen wir auch die auffällig häufigen Funde von Phalli und die Darstellungen von Ithyphallischen Figuren[234] in diesem Kontext sehen.

Erwähnenswert ist noch der Fund von bestatteten Stierschädeln, die in einigen Siedlungen ab circa 10000 vor Christus gemacht wurden[235]. Sie lagen teilweise unter Steinbänken, ähnlich wie die menschlichen Bestattungen in Catal Höyük.

Das neolithische Symbol des Stieres ist über den göttlichen Aspekt hinaus auch heute noch präsent, wenn auch in nicht allzu offensichtlicher Weise. Unser Buchstabe „A“ ist eine Adaption und Reinterpretation des Stierzeichens, dass sich von dem einfachen neolithischen Symbol, über das hieroglyphische Zeichensystems

---

[232] Lurker 1989 Seite 378f

[233] Morenz 2014 Seite 61ff

[234] Darstellungen von Männern mit erigiertem Penis

[235] Cauvin 2003 Seite 28

Ägyptens bis zu den alphabetisierten Schriftsystemen Kanaans, Phöniziens und Griechenlands verfolgen lässt[236]. Der Stier ist in der Religion des Vorderen Orients und darüber hinaus ein nicht zu übersehendes Kernsymbol, dass in seiner Wichtigkeit gerade erst erfasst wird. Die Bukranien von Catal Höyük stellen mit an Sicherheit grenzender Wahrscheinlichkeit eine quasigöttliche Wesenheit dar – wobei man dieses mit Vorsicht formulieren muss. Da das Vorhandensein von Göttern, wie wir sie heute verstehen, ist im Neolithikum nicht anzunehmen.

Weitere Verzierungselemente sind Unterkiefer von Ebern und Schädeln von Geiern, Füchsen und Wieseln sowie die halbkugelförmige Gipselemente, in denen Zähne von Füchsen oder auch Geierschädel gefunden wurden[237]. Mellaart betrachtete sie als die Darstellung weiblicher Brüste. Diese Verzierungen fanden sich im Norden der Räume, weshalb der Archäologe Ian Hodder annimmt, dass der nördliche Teil mit den Bestattungen von Männern und den Verzierungen den Mann und der südliche Teil mit Feuerstelle und den Bestattungen von Frauen den weiblichen Aspekt repräsentiert[238]. Wahrscheinlicher ist es jedoch, dass die Feuerstelle im südlichen Teil wohl eher auf den durch den Eingang vorhandenen Rauchabzug zurückzuführen ist. Die Aufteilung der Räume wäre damit eher funktional und nicht kultisch oder symbolisch motiviert[239].

Innerhalb von Catal Höyük konnten 480 Tote geborgen werden. Da es bis heute aber immer wieder zu Funden kommt, veralten diese

---

[236] Morenz 2014 Seite 76ff

[237] Mellaart 1967 Seite 111f

[238] Hodder 1990 Seite 9

[239] Bienert 2000 Seite 306

Zahlen sehr schnell. Sekundäre Kollektivbestattungen waren laut Mellaart die Regel[240], obwohl dies nach neueren Funden nicht zu stimmen scheint[241]. Die Toten wurden oft in Matten gewickelt oder in Körben deponiert und dann meistens unter den Plattformen innerhalb der Häuser niedergelegt. Teilweise fanden sich sehr viele Bestattungen innerhalb eines Hauses. So wurden allein in Haus 1 62 Bestattungen entdeckt. Elf Bestattungen waren entweder teilweise oder ganz mit rotem Ocker bedeckt[242]. Grabbeigaben waren sehr selten. Nur circa 25% aller Gräber haben Beigaben erhalten. Von einigen wenigen Skeletten sind Bemalungen mit blauer und grüner Farbe bekannt[243].Von den insgesamt 300 untersuchten Skeletten, konnte bei 222 das Geschlecht bestimmt werden. Dabei waren 66% weiblich, jedoch muss das nicht dem realen Verhältnis entsprechen[244]. Bemerkenswert sind zwei Bestattungen, bei denen die Toten anscheinend gefesselt waren. Dabei handelte es sich zum einen um die Bestattung eines circa 50-jährigen Mannes, der in Haus 1 bestattet wurde, zum anderen um den so genannten *midden man*, einem jungen Mann, der anscheinend verkrüppelt war[245].

Die Kinderbestattungen Catal Höyüks verdienen eine genauere Betrachtung. Ungefähr 60% der Bestatteten waren Kinder, viele davon Neugeborene oder Kleinkinder[246].

---

[240] Mellaart erklärt damit, dass in vielen Fällen Knochen innerhalb der Gräber fehlen. Mellaart 1962 Seite 52, Vergleiche dazu auch Macqueen 1978 Seite 226ff

[241] Düring 2003 Seite 4

[242] Bienert 2000 Seite 308

[243] Düring 2003 Seite 3

[244] Angel 1971 Seite 79f

[245] Moses 2012 Seite 63

[246] Ebd. Seite 60ff

20% der Neugeborenen und Kleinkinder wurden in Körben bestattet, die manchmal auch einen Deckel hatten. Möglicherweise wurden die Körbe schon auf Vorrat hergestellt, da die Kindersterblichkeit damals sehr hoch war[247]. Die Bestattungen dieser sehr jungen Kinder waren immer an der Südwand der Häuser, also direkt beim Eingang. Bestattungen anderer Altersklassen fand man niemals in diesem Bereich[248]. Man könnte diese Bestattungen sehr wahrscheinlich mit einer Bestattung an einer Türschwelle gleichsetzen. Eine solche wurde zum Beispiel in 'Ain Ghazal entdeckt.

Außerhalb der Siedlung im südlichen Areal wurde die Bestattung eines Neugeborenen entdeckt. Das Kind lag in einem Korb innerhalb einer leicht eingetieften Grube, etwa fünf Meter neben der Ostwand. Es ist bislang das einzige Grab, das außerhalb der Siedlung entdeckt wurde[249]. Neben dem Grab gab es die Überreste einer Feuerstelle. Es scheint so, dass bei der Grablegung oder kurz danach für längere Zeit ein Feuer entzündet wurde. Die Grablegung erfolgte in einer Zeit, wo das Gelände eine neue Nutzung erfahren sollte. Es diente vor der Bestattung als Müllhalde und wurde danach als Schaf- und Ziegenweide benutzt.

Diese Bestattungen von sehr jungen Kindern sind sehr interessant. Die Bestattung im Eingangsbereich deutet darauf hin, dass die verstorbenen Kinder das Haus beschützen sollten und die Bestattung auf der zukünftigen Weide könnte eine Art Gründungopfer sein[250]. Ob es sich hier wirklich um Belege von Menschenopfern handelt, ist umstritten, jedoch ist diese Möglichkeit nicht auszuschließen. Mögliche andere Menschenopfer fanden sich im Schädelhaus von Cayönü

---

[247] Ebd. Seite 61

[248] Ebd. Seite 63

[249] Ebd. Seite 65

[250] Ebd. Seite 71

und in der neolithischen Siedlung Tell 'Ain el-Kerkh in Syrien, wo ein Kleinkind zusammen mit einem Schwein unter einem Haus bestattet wurde[251]. Auch auf Zypern konnte in der PPNB zeitlichen Siedlung Khirokitia ähnliches festgestellt werden.

Auch eine Sonderbehandlung des Schädels kann man in Catal Höyük an vielen Details festmachen, auch wenn es dort einige Probleme aufgrund sich teilweise widersprechender Angaben gibt. Die Anzahl der genannten Schädelfunde ist in den Publikationen uneinheitlich, was keine definitive Aussage zulässt[252]. Die maximale Anzahl an isolierten Schädelfunden wird mit sieben beziffert. Dazu kommt noch der übermodellierte Schädel mit dem darüber liegenden Schädelfund, auf den später noch näher eingegangen wird, und einige Bestattungen, bei denen der Schädel entnommen wurde.

Unter dem Fußboden eines Schreins, dem so genannten „Geierheiligtum" fanden sich insgesamt vier Schädeldeponierungen[253]. Einer wurde unter einem in der westlichen Wand befindlichen Stierschädel in einem Korb liegend entdeckt. Ein weiterer lag unter der Bukranie der Ostwand. Die anderen beiden Schädel waren nicht unter dem Fußboden niedergelegt. Sie lagen auf der Eckplattform direkt unter dem Geiermotiv[254].

Ebenfalls nicht unter dem Fußboden deponiert wurde ein Schädel in einem Gebäude. Dieser lag auf einer Bank. Zwei weitere Schädel befanden sich wohl in der Nähe von Feuerstellen. Jedoch fehlen dort nähere Angaben[255].

---

251 Russel 2012 Seite 89

252 Vergleiche dazu Bienert 2000 Seite 308 Fußnote 14

253 Düring 2003 Seite 2

254 Mellaart 1967 Seite 103

255 Ebd. Seite 103 – 104

Laut Rekonstruktionszeichnungen kann man erkennen, dass es sich bei den gefundenen Schädeln wohl um Kranien handelte, jedoch fehlen auch dazu genauere Angaben.

Neben diesen Beschreibungen gibt es noch Hinweise auf Funde von Knochenbündeln, die aber nicht weiter beschrieben werden. Bienert nimmt an, dass es sich dabei um Schädel mit Langknochen handeln könne, jedoch ist das unsicher[256].

Innerhalb eines Gebäudes wurde im Jahr 2004 eine Besonderheit entdeckt. Der dort bestatteten Person wurde nach der vollständigen Verwesung Kaurischnecken in die Augenhöhlen eingelegt. Mellaart betont hier die Ähnlichkeit zu den übermodellierten Schädeln der Levante[257]. Auch aus ethnologischen Beispielen sind übermodellierte Schädel mit Kaurischneckeneinlage bekannt (Abbildung 26)[258]. Neben diesen Indizien für das Vorhandensein von übermodellierten Schädeln konnte im Jahre 2004 auch ein Exemplar dieses Typus gefunden werden. In der Nordost Ecke des Gebäudes 42 wurde das bemerkenswerte Grab 11306 entdeckt. In ihm fand sich der Leichnam einer älteren Frau, die in linker Hockerlage bestattet wurde. Das Grab hatte eine Ost – West Orientierung[259].

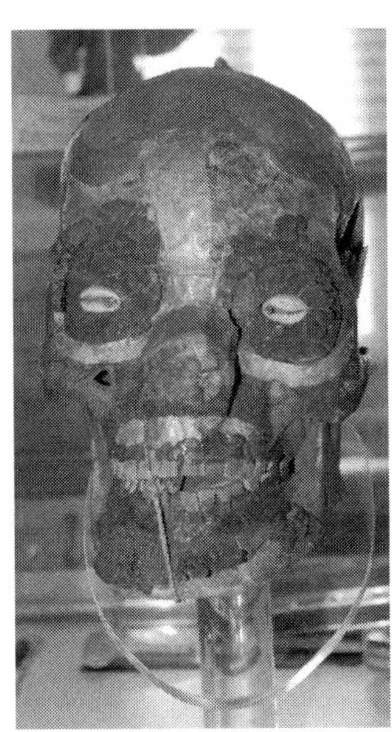

Abbildung 26

---

[256] Bienert 2000 Seite 308

[257] Mellaart 1966 Seite 27, Vergleiche auch den Schädel D111 aus Jericho

[258] Scheidt 2012 Seite 84ff

[259] http://tinyurl.com/yl6afbe4

In ihren Armen hielt sie einen übermodellierten Schädel einer erwachsenen Frau, den sie an ihre Stirn drückte[260]. Eine Bemalung mit rotem Ocker des Schädels ist auch erkennbar[261]. Als Grabbeigaben fanden sich Perlen. Ob der übermodellierte Schädel als eine Beigabe oder eine Bestattung zu werten ist, ist derzeit noch unklar. Wenige Zentimeter über dem Grab lag das Kranium eines Neugeborenen. Datiert wird der Schädel auf circa 7000 vor Christus. Das Grab ist in mehrfacher Hinsicht bemerkenswert. Zum einen wurde es an untypischer Stelle entdeckt. Die Ecken waren normalerweise den männlichen Bestattungen vorbehalten. Auch Kinder kamen laut Mellaart nicht vor, jedoch dürfte das Kranium des Neugeborenen dem widersprechen. Die nördliche Seite wurde von Hodder als die männliche deklariert, was dieser Fund nun zu widerlegen scheint. Der übermodellierte Schädel wurde hier in den Armen der Bestatteten gelegt, was ein bislang einmaliger Fund ist. Das Haus selbst ist auch eine Besonderheit. Normalerweise wurden die Häuser Catal Höyüks auf den Vorgängerbauten errichtet und hatten den gleichen Grundriss wie der Vorgängerbau. Das Haus wurde über einer ehemaligen Müllgrube errichtet, was ein Sonderfall war[262]. Dieses Grab weist starke Parallelen zu dem Grab des Kindes auf, das außerhalb der Mauern gefunden wurde. Auch hier haben wir Indizien für ein Gründungsopfer[263].

Neben diesen Schädelfunden, wurden auch noch viele Gräber entdeckt, in denen die Schädel fehlten.

---

[260] Bonogofsky 2006 Seite 22f

[261] http://tinyurl.com/yl6afbe47

[262] Moses 2012 Seite 65

[263] Ebd. Seite 71f

Eine Besonderheit in Catal Höyük stellen die erhaltenen Wandmalereien innerhalb der Gebäude dar. Ein schon zitiertes Gemälde, in dem so genannten „Geierheiligtum" sticht dabei hervor, da sich dort eventuell Hinweise auf die Bestattungsgewohnheiten finden.

Zu sehen sind überdimensionale Geier, die einige kopflose Menschen umfliegen[264]. Die Menschen sind in embryonaler Haltung, mit ausgebreiteten Armen und gespreizten Beinen oder mit frontal mit angewinkelten Beinen dargestellt. Diese Haltung der Menschen gleicht den in der Siedlung vorgefundenen Bestattungen. Einer der fliegenden Geier weist eine Besonderheit auf. Seine Beine sind nicht anatomisch korrekt, sondern erinnern an die eines Menschen, weshalb man davon ausgeht, dass es sich bei den Gestalten um Menschen in Vogelkostümen handelt. Ähnliches konnte auch auf dem Pfeiler P43 im Höhenheiligtum vom Göbekli Tepe festgestellt werden. Dort wurde ein Kranich mit anatomisch inkorrekten Beinen in den T-Pfeiler gemeißelt. Wahrscheinlich sind dies keine Fehler des Künstlers, sondern die bewusste Darstellung eines Menschen, vielleicht eines Schamanen in einem Kostüm. Darstellungen von Menschen mit Vogelmasken wurden auch in anderen neolithischen Siedlungen, wie zum Beispiel Fistikli Höyük entdeckt, die belegen, dass es solche Kostüme gegeben haben könnte[265].

Interpretiert wurde diese Szene schon mannigfaltig. Es gab und gibt viele Theorien und Ideen über dieses Bildnis, von denen nun einige vorgestellt werden sollen. Einige wollen in der Szenerie die Mazerierung der Toten sehen, was aber aufgrund der menschlichen Beine des einen Geiers auch bestritten wurde. Außerdem würde

---

[264] Eine ähnliche Darstellung ist ebenfalls auf einem der T-Pfeiler des Göbekli Tepe zu finden. Vergleiche dazu das folgende Kapitel

[265] Morenz 2014 Seite 239ff

dies bedeuten, dass den Toten dann schon vor der Entfleischung der Kopf abgetrennt wurde, was sich jedoch nicht beweisen lässt[266]. Der abgetrennte Kopf könnte jedoch auch symbolisch zu sehen sein, als Zeichen dafür, dass der Abgebildete bereits tot ist. Daneben weist Düring darauf hin, dass es bei den untersuchten Skeletten keine Hinweise auf eine Entfleischung gibt[267]. Möglicherweise haben wir hier die schon genannte, fehlende Bestattungsform dargestellt, bei der Geier die Leichen auffraßen.

Wie schon gesagt, handelt es sich bei den abgebildeten Geiern mit an Sicherheit grenzender Wahrscheinlichkeit um kostümierte Menschen. Wenn man die Geier als kostümierte Menschen betrachtet[268], sieht man vielleicht die sekundäre Bestattung der sich als Ahnen würdig erwiesenen Toten. Möglicherweise war die Entfleischung der Toten durch die Geier ein fester, religiöser Brauch, der bei den Ahnen nicht vollzogen wurde, da man sie in den Häusern begrub. Schamanen könnten den Brauch nun als Personifikation eines Geiers durchgeführt haben, um den Ritus in einer Art Stellvertreterposition auszuführen. Dabei tanzten die Schamanen um die Toten und imitierten damit den Flug und das Landen der Aasfresser. Dass die Menschen auf dem Bild tanzend dargestellt sind, ist aufgrund der Beinstellung sehr wahrscheinlich[269].

Auch in modernen Zeiten finden oftmals symbolhafte, religiöse Handlungen statt, wenn der ursprüngliche Ritus nicht mehr vollzogen werden kann. Beispielhaft könnte man die Verwendung von Totenkronen nennen, die bei unverheirateten verstorbenen Frauen

---

[266] Bienert 2000 Seite 310

[267] Düring 2003 Seite 4

[268] Russel 2003 Seite 445 – 455

[269] Morenz 2014 Seite 222f

aufs Haupt gelegt werden, um ihnen postum das Sakrament der Ehe zu geben[270]. Somit wäre die Darstellung eine Szene aus dem religiösen Alltag der Menschen. Einige sehen es als eine schamanistische Tranceerfahrung. Die Interpretation als eine schamanistische Handlung lässt sich jedoch nicht mit der allgemein vertretenen Auffassung eines monotheistischen Glaubens in Catal Höyük vereinbar ist[271], was noch in dem Kapitel über die Religion besprochen werden muss. Wieder andere wollen darin die Vorstellung des Totenreiches erkennen. Der fehlende Kopf, normalerweise als Todessymbol interpretiert, könnte dabei wirklich auf den fehlenden Schädel hinweisen. Auf ein paar Bildern Mellaarts kann man darüber hinaus auch die menschlichen Schädel auf dem Boden in der Nähe der Malerei sehen. Diese wurden tatsächlich innerhalb des Raumes entdeckt, wenn auch nicht in der dargestellten Art[272]. Laut Mellaart dienten diese Schädel als Requisiten innerhalb des Beerdigungsrituals, da die Geier den Todesaspekt der von ihm in Catal Höyük identifizierten Göttin verkörpern[273].

In diesem Zusammenhang ist eine Scherbe aus Domuztepe interessant. Dort wird eine ähnliche Szene gezeigt, wie wir sie im Geierheiligtum finden. Auf der Scherbe sieht man zwei nackte Menschen,

---

[270] Neurath-Sippel 2007 Seite 22f

[271] Diese Annahme wird immer wieder diskutiert ohne wirklich zu einem Ergebnis zu kommen. Die immer wieder als „Göttin auf dem Leopardenthron" benannte Figur wird von einigen lediglich als ein Modell gesehen, an dem Kinder lernen sollten wie eine Geburt funktioniert. Auch bei anderen Figuren aus den neolithischen Siedlungen Anatoliens nimmt inzwischen eine profane Bedeutung an.

[272] Näheres zu diesen Schädeln wurde bereits weiter oben genannt.

[273] Wunn 2001 Seite 89

denen der Kopf fehlt. Einige Vögel, vermutlich Geier, picken in die Körper. Hier ist das Essen der Toten recht offensichtlich[274].

Neben diesen Geierdarstellungen gibt es wohl noch einige andere ähnliche Darstellungen, bei denen wohl auch Schädel dargestellt sein sollen[275]. Dabei sind Höhlen oder Hütten und auch Statuen zu erkennen, um die die Schädel drapiert sind. Diese sind jedoch wahrscheinlich Fälschungen des Forschers. Viele seiner Funde stellten sich nach seinem Tod leider als Eigenkreationen heraus, die auch seine übrigen Interpretationen teilweise in Zweifel ziehen lassen.

Zusammengefasst kann man festhalten, dass es innerhalb Catal Höyüks ein sehr differenziertes Bild über die Sonderbehandlung von Schädeln gibt. Neben den Gräbern mit fehlendem Schädel konnte man Deponierungen unter dem Fussboden und „Ausstellungen" auf dem Fussboden nachweisen. Übermodellierungen wie man sie aus der Levante kennt kamen auch in Anatolien vor. Nur aus der 155 km entfernten neolithischen Siedlung Kösk Höyük sind drei weitere Exemplare bekannt[276]. Schädel, die mit Ocker beschichtet waren, kamen auch vor[277].

---

[274] Carter 2012 Seite 111ff

[275] Bienert bezieht sich dabei auf einige mündliche Mitteilungen Melaarts vom 13.0.2.1989. Er liefert dabei auch eine kurze Beschreibung, leider jedoch keine Abbildungen. Vergleiche Bienert 2000 Seite 310

[276] Vergleiche das entsprechende Kapitel 2.11 und Düring 2003 Seite 2

[277] Düring 2003 Seite 2

Exkurs: Ethnologische Schädel- und Kopfkulte

Noch bis ins 20. Jahrhundert sind übermodellierte Schädel keine Seltenheit bei einigen indigenen Stämmen Südostasiens, Melanesiens, Westafrika oder auch Südamerika. So waren die Dayak von Borneo Kopfjäger, die die Schädel ihrer Feinde verzierten und als Kriegstrophäe mit sich trugen (Abbildung 26).

Aus Südamerika sind die berühmten Schrumpfköpfe bekannt, die aus den Köpfen der Feinde gemacht wurden. Diese so genannten Tsantsas wurden primär von dem Stamm der Jivaro in Peru und Ecuador angefertigt. Dafür töteten sie Männer eines verfeindeten Stammes, trennten den Kopf ab, schnitten den Nacken auf, entfernten die Haut vom Schädel und vernähten den Schnitt. Sie füllten den Kopf mit Sand und kochten ihn für 30 Minuten. Dabei achteten sie darauf, dass der Kopf nicht zu heiß wurde, da ansonsten die Haare ausfielen. Nach dem Trocknen schrumpfte der Kopf auf circa 50% seiner ursprünglichen Größe. Die Haut wurde nun auf links gedreht und gereinigt. Anschließend wurden die Lippen mit kleinen Stöcken verschlossen und die Nase und Ohren wurden mit Baumwolle verschlossen. Danach wurde der Kopf eine Woche lang mit heißen Steinen oder Sand verfüllt um ihn weiter zu verkleinern. Wenn dieses beendet war, ging der Hersteller des Schrumpfkopfes zurück ins Dorf und unterwarf sich einem biszu drei Jahre dauernden Reinigungsritual an dessem Ende die Stöckchen aus den Lippen des Tsantas entfernt und durch Fäden ersetzt werden. Die nun fertige Trophähe wurde ab jetzt entweder von seinem neuen Besitzer getragen oder in seiner Hütte zur Schau gestellt. Die Lebenskraft des Getöteten sollen dabei auf den Träger übertragen werden, was Jagderfolg und Fruchbarkeit verspricht.

Solche extrem langen Rituale sind bei Bestattungen oder auch dem anfertigen von rituellen Gegenständen keine Seltenheit sondern eher die Normalität.

Auf Paupua Neuguinea lebt das Volk der Anga, das erst vor wenigen Jahren noch einen Toten auf traditionelle Weise bestattete[278]. Dabei wurde in einer 30 Tage dauernden Prozedur der Leichnam eines Stammesmitgliedes getrockent, mit Lehm eingerieben und auf einem Stuhl gebunden, auf dem er an einem Hang über dem Dorf endgültig bestattet wurde. Während dieses Rituals reiben sich die Angehörigen mit den austretenden Körperflüssigkeiten des Toten ein und trinken diese teilweise.

Auf Malakula wurden bis ins 20. Jahrhundert Schädel der Ahnen übermodelliert (Tafel III, Abbildung 1 – 2 und Tafel IV, Abbildung 1 – 2). Auch hier hat ein man ein langwieriges, mehrstufiges Ritual, an dessen Ende der fertige Schädel steht. Hier varrierten die Bestattungssitten je nach Ansehen des Verstorbenen. Nicht jeder Tote bekam die gleiche Aufmerksamkeit, auch wenn am Ende des Rituals immer ein übermodellierter Schädel entstand.

Bestattungen in Jäger- und Sammlerkulturen sind oftmal extrem komplex und vielfältig. Gleiches darf man wohl für die neolithischen Kulturen vorausetzen. Auch ist die Festlegung eines Ranges oder einer Funktion des Verstorbenen aufgrund der Übermodellierung des Schädels problematisch. Wir erhalten durch die archäologischen Funde nur einen kleinen Einblick in diese Welt. Diesen Faktor darf man niemals vergessen.

---

[278] Becket 2011 S. 11 – 18

Tafel III, Abb. 1

Tafel III, Abb. 2

Tafel IV, Abb. 1

Tafel IV, Abb. 2

Göbekli Tepe – Der älteste Tempel der Welt

Noch ist es unklar, wie alt die südostanatolische monumentale Anlage Göbekli Tepe wirklich ist. Die ältesten (bis jetzt) ausgegrabenen Anlagen weisen auf eine Entstehung ins 10. Jahrtausend vor Christus hin, jedoch haben geomagnetische Untersuchungen gezeigt, dass es in tieferen Schichten der Anlage weitere Strukturen gibt, die wesentlich älter sein müssen[279]. Derzeit sind mindestens 20 Anlagen entdeckt worden, die noch unter dem Hügel verborgen sind[280]. Lediglich 1,5% der gesamten Anlage sind bisher ergraben und nur ein Bruchteil der Funde untersucht. Bislang wurden vier kreisförmige Anlagen des PPN sowie einige jüngere Gebäude ausgegraben[281]. Bei den vier Anlagen A – D in denen kreisförmig acht bis 14 monolithische T-Pfeiler angeordnet sind. Im Zentrum der Anlagen stehen jeweils zwei T-Pfeiler.

Auf diesen Pfeilern finden sich Bildnisse, die teilweise so umfangreich sind, dass dort möglichweise ganze Mythen erzählt werden. Jeder der Pfeiler stellt einen Menschen dar, wie die Abbildung von Händen und Lendenschützen belegen[282]. Die T-Form des Kopfes kann möglicherweise mit den deformierten Schädeln erklärt werden, die in der Zeit durchaus üblich war. Einige Figurenfunde, die Menschen mit länglichem Hinterkopf zeigen, könnten darauf hindeuten. Die Tatsache, dass immer zwei Pfeiler im Zentrum stehen, lässt an einen Mann und eine Frau denken.

---

279 Vgl. dazu http://tinyurl.com/ymb4onja

280 Müller-Karpe 2009 Seite 26f

281 Vergleiche dazu Schmidt 2006 Seite 92ff, Zink 2008 Seite 12ff und Hauptmann & Schmidt 2007 Seite 67ff

282 Vgl. dazu das Foto auf dieser Seite: https://www.nationalgeographic.de/geschichte-und-kultur/die-geburt-der-zivilisation

Sie haben oftmals eine Art Band um den Torso gelegt, das als Stola interpretiert wird. Die Pfeiler tragen oftmals noch Verzierungen und zeigen Bilder von Tieren. Es finden sich unter anderem Stiere, Widder, Schlangen, Geier, Löwen, Wildschweine, Spinnen, Skorpione und Füchse[283]. Über die Bedeutung der Stiere und Geier im religiösen Kontext bin ich schon eingegangen, aber auch die anderen Tiere sind durchaus interessant. Der Fuchs steht im sumerischen Enki-Mythos für die Mutter der Götter. Die Schlangen stehen im Christentum für die Sünde und eine Personifikation des Satans. Interessant ist, dass auf einem T-Pfeiler in Anlage A eine Gruppe von Schlangen zu sehen ist, die auf einem Ziegenbock zukriecht. Schon der Ausgräber der Anlage Klaus Schmidt erwähnte, dass, wenn man die Schlange mit der Sünde gleichsetzt, man diesen Bock als einen Sündenbock ansprechen könne. Das Ritual, einen Ziegenbock magisch mit den Sünden einer Gemeinschaft zu beladen und in die Wüste zu schicken, ist älter als die biblischen Belege für dieses Ritual. Es scheint alt zu sein, sehr alt.

In Anlage B findet sich vor einem der zentralen Zwillingspfeiler eine Vertiefung, die als Opferschale gedeutet wird. Alle Anlagen hatten einen Terrazzoboden. Möglichweise waren die einzelnen Anlagen überdacht.

Jede dieser Anlagen wurde bewusst verfüllt. Es scheint, dass alle für einen gewissen Zeitraum in Benutzung waren und dann absichtlich verborgen wurden. Sobald eine Anlage verfüllt war, baute man eine neue auf. Die Zerstörung von Objekten ist in der Vor- und Frühgeschichte kein unbekanntes Phänomen. Es gabe des Öfteren Opfergaben, die bewusst zerstört wurden. So finden sich in späteren Zeiten zum Beispiel Schwerter und andere Gegenstände, die verbogen und

---

[283] Schmidt 2006 Seite 190ff

damit unbrauchbar gemacht wurden. Durch die Zerstörung werden sie aus der diesseitigen Welt in eine jenseitige entrückt.

Aufgrund des Bildprogramms wird die Anlage als eine Stätte des Totenkultes interpretiert[284]. Die Tiere wie Geier können dem definitiv zugeordnet werden. Bei den anderen Tieren handelt es sich oftmals um Raubtiere, die entweder auch mit dem Tod oder mit einer Schutz- / Abwehrfunktion verbunden werden. Einige T-Pfeiler hatten kleine Näpfchen oder Schälchen, die auch schon in ähnlicher Form in Atlit Yam gefunden wurden[285].

Aufgrund der Tatsache, dass erst so wenig ergraben wurde, ist eine Interpretation dieser Anlage schwer bis unmöglich. Funde aus der näheren Umgebung könnten dabei jedoch helfen. In der Umgebung des Göbekli Tepe scheinen sich Bauern angesiedelt zu haben. Diese bauten unter anderem Hopfen an, um daraus Bier zu brauen. Es wurden offensichtlich große Mengen Bier erzeugt und es war neben Brot und einer Art von Getreidebrei eine der häufigsten Erzeugnisse[286]. Möglicherweise haben wir hier Anzeichen für das Entstehen von spezialisierten Arbeitern. Für die Herstellung und den Transport der T-Pfeiler wurden vermutlich große Menge an Menschen benötigt. Schätzungen nehmen bis zu 200 Arbeiter an, wobei durch ethologische Vergleiche und Versuche der Experimentellen Archäologie auch eine wesentlich geringere Zahl von 70 Personen möglich machen[287]. Die Bearbeitung der Steine, sowie die künstlerische Ausarbeitung dürfte eine große Zeit beansprucht haben.

---

[284] Hauptmann & Schmidt 2007 Seite 76ff

[285] Vgl. dazu das Bild in der Geo Epoche Nr. 96 S. 8

[286] Curry 2021 S. 14ff

[287] Vgl. dazu Eggert 1988 S. 263ff und Müller 2017 S. 67

Dazu dürften religiöse Spezialisten wie Schamanen zum Einsatz gekommen sein, die die Anlage leiteten. Hinzu kommen die eigentlichen Bauarbeiter, die den Rest errichteten. Um das zu ermöglichen, siedelten sich Bauern an. Sie stellten die Nahrungsversorgung der Priester sicher. Das Bier könnte den Schamanen geholfen haben in Trance zu verfallen[288]. Sind Anlagen wie der Göbekli Tepe vielleicht der Grund, warum die Menschen sesshaft wurden? War es die Religion, die die Menschen dazu brachte? Auf diese Frage und den Göbekli Tepe wird an späterer Stelle noch einzugehen sein.

Wahrscheinlich waren die Anlagen des Göbekli Tepe eine Art von Tempel. Vieles spricht dafür, dass hier magische Rituale durchgeführt wurden. Sollte dieses stimmen, dann haben wir hier die wahrscheinlich älteste Tempelanlage der Welt. Mehr als 6000 Jahre älter als die Ġgantija, der Südtempel Maltas[289].

Kösk Höyük – Schädel mit Hals und Übermodellierung

Ungefähr fünf Kilometer südlich der des zentralanatolischen Ortes Bor, neben einer Quelle, liegt die prähistorische Siedlung Kösk Höyük. Sie wurde in die Zeit zwischen 6300 und 5600 vor Christus datiert.

Die Häuser waren allesamt rechteckig, quadratisch oder trapezförmig. In jedem Haus gibt es mindestens eine Lehmplattform und eine Feuerstelle sowie mehrere aus Lehm gefertigte Vorratsbehälter. In einem Haus findet sich eine Wandmalerei, die mehrere Personen zeigt, die um ein Tier herumtanzen. Parallelen dazu finden sich auch in Catal Höyük.

---

288 Vgl. dazu Reichholf 2008, der das umfangreich skizziert.

289 Vgl. dazu den Bildband „Die Tempel von Malta“ von Sigrid Neuberg.

Entdeckt wurde die Siedlung schon im Jahr 1961, jedoch dauerte es noch bis 1981 bis durch Ugur Silistreli von der Universität Ankara systematisch ergraben wurde. Leider verstarb er 1991 und viele seiner Grabungsergebnisse sind nicht weiter aufgearbeitet worden, weshalb es viele Lücken und auch teilweise widersprüchliche Aussagen gibt. So ist ein 1985 gefundener übermodellierter Schädel nicht mehr auffindbar. Erst 2009 wurde die Siedlung weiter durch Metin Özbek erforscht.

Insgesamt wurden in Kösk Höyük zwischen 1981 und 1992 acht Bestattungen geborgen, worunter zwei Schädeldeponierungen waren. Ob diese Zahl wirklich stimmt, lässt sich nicht mehr genau ermitteln. Gesichert sind vier vollständige Bestattungen, sowie der Fund von insgesamt 19 isolierten Schädeln, von denen 13 übermodelliert waren (Tabelle 4)[290]. Die anderen Schädel waren normale, undekorierte Schädel. Die Leichen der Kinder fanden sich primär in den Häusern unter den Lehmbänken oder unter Mauern. Einige der Kinder lagen in Gefäßen. Die Bestattungen zweier Erwachsener fanden sich außerhalb der Häuser. Als Beigaben waren Figuren, Stempel, Armreifen, Ringe, Ketten und Knochenwerkzeuge üblich.

1985 wurde der übermodellierte Schädel eines Kindes in einer kleinen Grube unter einem verputzten Fußboden geborgen. Er wurde mitsamt seiner Mandibula übermodelliert, was auch aus anderen Siedlungen wie Beisamoun und Tell Ramad bekannt ist. Somit kann man einen direkten kulturellen Kontakt Kösk Höyüks mit diesem Teil der Levante vermuten, von wo die Sitte übernommen wurde.

Ein weiterer übermodellierter Schädel wurde im Jahre 1987 entdeckt. Dieser lag auf einer Bank aus Lehm in einem Gebäude[291]. Er

---

[290] Bonogofsky 2006 Seite 21

[291] Ebd. Seite 21

gehörte zu einer 21 – 26 jährigen Frau und war ebenfalls vollständig, mitsamt der Mandibula mit einem Lehm-Kalk Gemisch überzogen (Abbildung 27). Anschließend wurde er mit rotem Ocker bemalt. Das geschlossene Auge wurde nicht nur modelliert, sondern auch durch eine schwarze Linie angedeutet, die mit Obsidianeinlagen hergestellt wurde[292]. Über dem linken Auge und auf der Glabella konnte eine grünliche Verfärbung festgestellt werden[293]. Solche Verfärbungen am Knochen treten normalerweise bei Bemalungen, durch einen längeren Kontakt mit oxidiertem Kupfer oder Bakterien auf. Sämtliche Zähne sind postmortem ausgefallen.

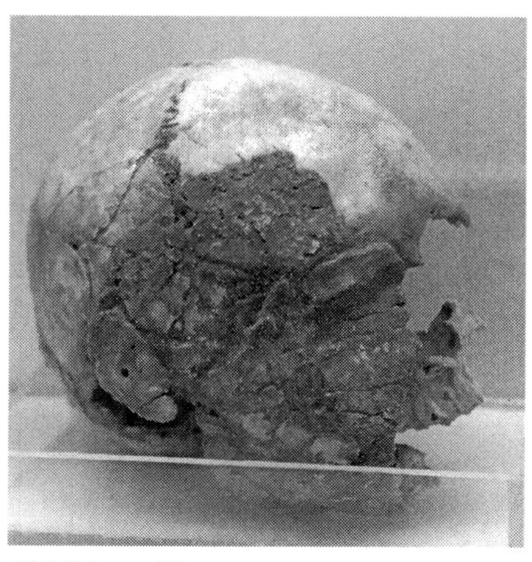

Abbildung 27

Datiert wird der Schädel in das ältere PPNB. Damit wäre er weitaus jünger als alle anderen gefundenen Schädeln dieser Art. Dies ist bei sämtlichen Schädel aus Anatolien der Fall, weshalb man annehmen kann, dass die Sitte im anatolischen Raum länger eine Bedeutung hatte als in der Levante. Möglicherweise haben sie auch erst in späterer Zeit eine Bedeutung bekommen, was darauf schließen lässt, dass die Sitte die Schädel zu übermodellieren in der Levante entstand[294]. Interessant ist auch, dass der Schädel ikonographische Ähnlichkeit zu einigen

---

[292] Bonogofsky 2006 Seite 21 und Perschke 2013 Seite 104f

[293] Bonogofsky 2005 Seite 14f

[294] Bienert 2000 Seite 337 und Slon 2014 Seite 1

Tabelle 5: Anthropologisch Untersuchte Schädel

Übermodellierte Schädel	**Geschlecht**	**Alter**
1. Kşk. 1985	Unklar	Kind
2. Kşk. 1987	Weiblich	Adult
3. Kşk. 1989. 1	Männlich	Adult
4. Kşk. 1989. 2	Männlich	Adult
5. Kşk. 1990. 1	Weiblich	Mittleres Alter
6. Kşk. 1990. 2	Weiblich	Adult
7. Kşk. 2000. 1	Unklar	Adult
8. Kşk. 2000. 2	Unklar	Adult
9. Kşk. 2000. 3	Unklar	Adult
10. Kşk. 2000. 4	Unklar	Mittleres Alter
11. Kşk. 2000. 5	Unklar	Adult
12.Kşk. 2006. 1	Männlich	Adult
13. Kşk. 2006. 5	Männlich	Adult
Unmodellierte Schädel		
1. Kşk. 1990. 3	Weiblich	Älteres Alter
2. Kşk. 1990. 4	Männlich	Adult
3. Kşk. 2006. 2	Unklar	Adult
4. Kşk. 2006. 3	Weiblich	Adult
5. Kşk. 2006. 4	Weiblich	Adult
6. Kşk. 2007	Weiblich	Adult

Figuren hat, die in der Zeit des Yarmukiens gefunden wurden. Beispielhaft kann man hier die Figuren aus Kfar Hahoresh nennen.

1989 wurden Fragmente zweier übermodellierter und mit rotem Ocker bemalten Schädel entdeckt. Als Augen wurden zumindest einem der Schädel schwarze Steine eingesetzt.

Der Schädel gehörte einem jungen Mann mit der Altersstufe Adult. Einige sehr starke abgenutzte Zähne waren sowohl in der Maxila und der Mandibula vorhanden. Als Beigaben legte man einem von ihnen rote Keramikware, Tierknochen, Perlen und einige zerbrochene Hornstücke mit ins Grab.

Ein zweiter Schädel gehörte ebenfalls einem jungen adultem Mann.

Aus dem Jahre 1990 stammen zwei weitere Exemplare dieser Gattung deren Fundkontext leider unbekannt ist[295]. Einer gehört zu einer adulten Frau mittleren Alters. Er wurde vollständig mit Ton gefüllt, was man aufgrund einiger Risse in der Kalotte erkennen konnte[296]. Auf dem Schädel wurden mehrere gerade Linien aufgemalt, die eine Haartracht darstellen könnten. Somit ähnelt er einem Schädel aus Jericho.

Ein weiterer gehörte ebenfalls zu einer adulten Frau in den mittleren Jahren. Er wurde mit einer pinken Masse übermodelliert. Auf seiner rechten Seite hat er ein circa 30 mm durchmessendes rundes Loch.

Auf einem 100*120 Zentimeter großen Podest in wurden im Jahre 2000 fünf weitere übermodellierte Schädel gefunden[297]. Diese Schädel wurden zuerst nicht als übermodellierte Exemplare erkannt da die „Maske“ nicht mehr vorhanden war. Erst bei einer späteren

---

[295] Bonogofsky 2006 Seite 21

[296] Ebd. 2006 Seite 21

[297] Özbek 2009 Seite 145ff

Untersuchung konnten Überreste von Ton festgestellt werden[298]. Alle gehörten zu der Altersstufe Adult. Bei ihnen fanden sich als Beigaben einige Perlen und außerdem noch eine Knochenahle[299]. Alle Schädel wurden mit der Blickrichtung nach Westen aufgestellt.

Einer wurde mit einer weißen Masse überzogen, die ein Gesicht mit Nase zeigten. Roter Ton fand sich in der Orbitalhöhle.

2006 schließlich wurden noch zwei weitere Schädel dieser Art geborgen. Sie lagen zusammen mit drei nicht dekorierten Exemplaren in einem Schädelnest. Anscheinend wurden dekorierte und nicht dekorierte gleich behandelt.

Einer gehörte einem adulten Mann. Die Übermodellierung war am oberen Ende stark zerstört, aber er war vermutlich vollständig übermodelliert. An ihm fand sich ein modellierter Hals. Ein ähnlicher Befund ist auch aus Tell Ramad bekannt[300]. Silistreli nahm an, dass die Schädel auf den Lehmbänken der Häuser aufbewahrt wurden[301]. Der modellierte Hals lässt jedoch vermuten, dass sie wohl ähnlich wie in Tell Ramad auf einer Statue aufgesetzt wurden. Da die Schädel insgesamt zu einer sehr späten Phase des PPNB gehören, wäre es denkbar, dass die Sitte Schädel auf Statuen zu drapieren, in Kösk Höyük bekannt war und immitiert wurde.

Ein weiterer Schädel war vom Erddruck stark zerbrochen. Er gehörte ebenfalls zu einem adulten Mann. Überreste der Modelliermasse fanden sich in den Augen und Nasenhöhlen.

---

[298] Bonogofsky 2006 Seite 22

[299] Ebd. 2005 Seite 14 – 15

[300] Özbek 2009 Seite 152

[301] Öztan 2007 Seite 129

2.3 Die Funde der Levante Nord

Domuztepe- Die Grube des Todes

Etwa 10 km südwestlich der kleinen Stadt Bahçelievler in der südöstlichen Türkei findet sich die ins 6. Jahrtausend vor Christus datierende Siedlung Domuztepe. Ihre Anfänge liegen in der Zeit des PPNC und sie reicht bis ins keramische Neolithikum. Die Siedlung gehört zu mit knapp 20 ha zu einer der größten Siedlung der Levante und die bislang größte der Halaf-Periode[302]. Während der belebtesten Phase dürften an die 1500 bis 4500 Menschen dort gelebt haben. Knapp 8000 Quadratmeter wurden bisher ergraben, in denen Siedlungsspuren entdeckt werden konnten, die einen Zeitraum von circa 350 Jahren umfassen. Die Häuser der Siedlung waren sowohl rund als auch rechteckig[303]. Reguläre Bestattungen gab es nur sehr wenige innerhalb der Siedlung. Lediglich an der südöstlichsten Ecke des Tells fand sich die Bestattung eines Kleinkindes[304]. Alle anderen Bestattungen fanden sich im Kontext der „Death Pit".

Berühmt geworden ist die Siedlung durch den Fund der 5*4

Meter große Grube, in der eine massive Knochenpackung gefunden wurde und die aus diesem Grund als *Death Pit* bezeichnet wurden. Sie wurde im südlichen Teil des Tells im so genannten „Operation I" Gebiet ergraben. Die Grube lag an der direkten Grenze zu der *Roten Terrasse*, die aufgrund ihrer auffälligen Bodenfarbe diese Bezeichnung erhielt. C^{14} Daten zeigen, dass sie in einer Zeit um 5600 vor Christus

[302] Campbell 2008 Seite 124

[303] Kansa 2009 Seite 161

[304] Campbell 2008 Seite 125

errichtet wurde[305], womit sie ins keramische Neolithikum fällt. Über 10000 teilweise stark fragmentierte Knochen, sowohl von Tieren als auch von Menschen wurden in der Grube entdeckt[306]. Dazu kamen eine nicht näher bestimmte Anzahl an Steinwerkzeugen, Pflanzenfasern, Perlen, Scherben, Stempel und Körben.

Die Grube muss über einen kurzen Zeitraum, der nicht mehr als einige Tage umfasste, angelegt und befüllt worden sein. Insgesamt konnte man sieben Phasen erkennen, in denen die Grube errichtet und mit Knochen gefüllt wurde[307]:

Phase 1: Am südlichen Ende einer Terrasse wurde eine Mulde ausgehoben. In dieser wurden drei oder vier flache Gruben gegraben, in die Tierknochen, Steine und Scherben geschüttet wurden.

Phase 2: Hier wurden noch mehr Tierknochen in die Mulde geschüttet.

Phase 3: Nun wurde ein- oder zweimal Wasser in die Grube geschüttet, wodurch eine dicke Schlickschicht entstand.

Phase 4: Eine kleine Grube wurde in den Schlick gegraben und mit Tierknochen gefüllt.

Phase 5a: Im nördlichen Teil der Mulde wurden große Mengen an Menschen- und Tierknochen geschüttet. Diese wurden mit einer Art Stampflehm dicht vermischt, der eine Art kleinen Hügel bildete.

Phase 5b: Zeitgleich zu 5a wurden im südlichen Teil der Grube eine große Menge Tierknochen aufgetürmt, die mit einigen wenigen Menschenknochen vermischt waren.

---

305 Carter 2012 Seite 101

306 Kansa 2009 Seite 161

307 Ebd. Seite 162

Phase 6: Ein in etwas homogenes Gemisch von Menschen- und Tierknochen wurde in die Mulde geschüttet.

Phase 7: Die gesamte Mulde und das umliegende Areal, circa 10 – 15 Quadratmeter wurden mit einer dicken Ascheschicht bedeckt. Die Asche wurde in die Grube geschüttet und erreichte eine Dicke von 25 – 50 Zentimetern[308]. Zeitgleich wurde in der südlichen Ecke ein enthauptetes Kind in die Grube gelegt. Der abgetrennte Kopf des Kindes wurde jedoch mit ihm bestattet[309].

Die Knochen der Menschen stammen von mindestens 35 – 40 Individuen[310] beider Geschlechter (Tabelle 6).

Geschlecht	Altersverteilung								
	0-1	1-4	5-9	10-14	15-19	20-29	30-39	40+	Gesamt
Männlich	-	-	-	-	2	4	2	2	10
Weiblich	-	-	-	-	-	5	2	1	8
Unbekannt	2	3	3	5	1	-	2	1	17
Gesamt	2	3	3	5	3	9	6	4	35

Unter ihnen fanden sich Babys, die nicht älter als einige Monate wurden, als auch Personen in einem Alter von mehr als 40 Jahren. Die meisten starben zwischen ihrem 20. Und 30. Lebensjahr. Die meisten menschlichen Knochen stammten aus der Phase 5a. Anthropologische Untersuchungen führten zu dem Ergebnis, dass die Menschen

[308] Carter 2012 Seite 108

[309] Campbell 2008 Seite 127

[310] Kansas 2012 Seite 167. Carter spricht in ihrem Artikel von lediglich 35 Personen, Campbell von 35 – 40. Vergleiche Carter 2012 Seite 99 und Campbell 2008 Seite 127

verspeist wurden. Es fanden sich bei 14% der Individuen typische Spuren, wie sie beim Schlachten von Tieren entstehen. Schnittspuren deuten auf ein Skalpieren, Häuten und Entfleischen hin[311]. Auf 20% der postkranialen Knochen fanden sich Beweise dafür, dass die Knochen zerschlagen und das umgebende Fleisch abgeschnitten wurden. Getötet wurden die Individuen durch einen Schlag auf den Kopf[312]. 26 der 31 untersuchten Schädel wiesen Spuren von stumpfer Gewalteinwirkung an der Seite oder im Gesichtsbereich auf[313]. Die Schädel der Männer wiesen stärkere Gewalteinwirkung auf als die der Frauen und Kinder. Die Knochen der Männer wiesen auch Spuren postmortaler Gewalt auf, die auch eine Entnahme des Gehirns beinhaltet.

Darüber hinaus wurden 48% der Knochen gekocht und es fanden sich Spuren, die auf ein Abnagen und Kauen hindeuten[314]. Dies sind eindeutige Marker für eine kannibalistische Handlung[315]. Ausgenommen davon waren lediglich die Knochen der Schädel, die weder gekocht noch verspeist wurden.

An Tierknochen fand sich das typische Spektrum, dass man in einer Abfallgrube des Neolithikums erwarten könnte. Lediglich das Vorhandensein von Hundeknochen entsprach nicht dem normalen Bild. Die Hunde wurden in gleicher Weise getötet wie die Menschen. Möglicherweise sind die Hunde als eine Art Beigabe gedacht, da sie als Gefährten und Beschützer auch im Neolithikum schon eine große

---

311 Gauld 2012 Seite 22f

312 Carter 2012 Seite 97, Kansas spricht von einem „hammerstone impact". Vergleiche dazu Kansas 2009 Seite 168

313 Gauld 2012 Seite 20ff

314 Kansa 2009 Seite 167ff

315 Villa 1986 Seite 431

Rolle für die Menschen gehabt haben dürften. Auch die Schädel der Tiere wurden nicht gekocht oder gegessen.

Um der *Death Pit* wurden noch mehrere Gruben entdeckt, die mit dem zentralen Massengrab in Verbindung stehen. Es deutet alles darauf hin, dass die Überreste auf ein lang geplantes und groß angelegtes Ritual hinweisen. Die Ascheschicht belegt dieses ebenfalls. Die Menge an Asche zeigt, dass es über einen längeren Zeitraum größere Feuer gegeben haben muss, die auch weithin sichtbar waren. Eine spontane Handlung kann man hier ausschließen.

Es gibt auch Indizien für eine Sonderbehandlung von Schädeln. Zwar finden wir hier nicht mehr die typischen Beispiele eines Schädelkultes, wie er in der Zeit des PPN praktiziert wurde, aber einige Besonderheiten, die eventuell als Rudimente der älteren Sitte angesehen werden können, sind hier greifbar. Teilweise wurden die Schädel in der „Death Pit" in einer Gruppe aufgestellt. Einige Schädel wurden wohl bewusst in der Ascheschicht deponiert. In einigen fand sich eine Aschefüllung[316]. In einem Schädel wurden Reste von Ton gefunden.

In der Grube fand sich auch eine kleine Figur, der der Kopf fehlte. Es scheint, dass sie bewusst ohne Kopf angefertigt wurde.

Südlich der Grube wurden drei Bestattungen entdeckt[317]. Eine gehörte zu einem circa sechsjährigen Kind (Fundnr. F880), ein weiteres Grab war das eines Erwachsenen (Fundnr. F929) und das dritte war ein isolierter Schädel (Fundnr. F1143).

Der Kopf des Kindes F880 wurde vor dem Begräbnis von dem Körper getrennt, dann aber wieder in der anatomisch richtigen

---

[316] Carter 2012 Seite 108

[317] Carter 2003 Seite 125

Position ins Grab gelegt[318]. Belegt wird dieses durch das Fehlen der meisten Halswirbel[319].

F929 war eine Frau zwischen 30 und 35 Jahre und sie wurde in einer typischen Hockerstellung bestattet. Auffällig ist, dass außer einem kleinen Fragment des ersten Wirbels alle anderen Wirbel des Halses fehlten. Sämtliche andere Knochen waren jedoch vollständig vorhanden. Es scheint, dass die Person zuerst enthauptet wurde und der Kopf später wieder an der korrekten Position ins Grab gelegt wurde, ähnlich wie bei der Kinderbestattung.

Der isolierte Schädel einer 15 – 16-jährigen Frau wurde sehr sorgfältig, auf der Seite liegend, bestattet[320]. Er weist Verletzungen auf, die darauf schließen lassen, dass die Frau durch einen Schlag getötet und anschließend enthauptet wurde. Anscheinend wurde ihr Hirn entfernt. Wahrscheinlich lag der Schädel in einem Korb, der aber inzwischen vergangen ist.

Weiter südlich fand sich eine Grube, in der ein Krug, ein Horn, ein Schweineschädel, ein Schädelfragment und der Schädel eines fünf bis sechs-jährigen Kindes deponiert wurden. Auffällig hierbei ist, dass die Knochen nicht „frisch" waren, als sie vergraben wurden und das bei dem Kind die Mandibula fehlte[321].

Etwas nördlich der „Death Pit", in der Roten Terrasse, fand sich die Bestattung eines Erwachsenen. Er wurde in einer typischen Hockerstellung begraben. Der Oberkörper war leicht nach unten gewandt und seine Hände lagen vor seinem Gesicht, das ein wenig

---

318 Carter 2012 Seite 108

319 Gauld 2012 Seite 16

320 Ebd. Seite 16

321 Carter 2012 Seite 108f, Ebd. 2004 Seite 315 und genauer bei Gauld 2012 Seite 16

nach unten geneigt war. Diese Bestattung war die einzige, bei der alle Knochen in der anatomisch richtigen Position lagen[322]. Ansonsten blieb die Rote Terrasse sehr fundarm.

In anderen Gruben um die „Death Pit" fanden sich mehrere Depots mit verschiedenen Artefakten. Auch weitere Gruben mit Tierknochen wurden einige Jahre später angelegt. In diesen waren auch immer einige wenige Reste von menschlichen Knochen. Es wirkt so, als wäre das Ritual im kleinen Rahmen ab und an wiederholt worden. Das Areal der Gruben wurde lange Zeit nicht bebaut. Vermutlich war es „Tabu", aber es wäre auch möglich, dass das Gebiet nicht mehr genutzt wurde, da es sich dabei um eine Art „Denkmal" handelte, das regelmäßig besucht wurde[323].

Möglicherweise gibt es einen ähnlichen Befund, der in Yumuktepe entdeckt wurde. Yumuktepe ist eine Siedlung, die zwischen 6300 und 4500 vor Christus existierte. Sie liegt inmitten in der heutigen Stadt Mersin im Süden der Türkei. Zwischen 1936 und 1938 wurde der Hügel in mehreren Kampagnen ergraben. Sein Ausgräber John Garstang fand in einer halafzeitlichen Schicht ein Massengrab, das er als „Massenkremation" bezeichnete[324]. Auch hier wurden die Menschen gewaltsam getötet und die Knochen wiesen Spuren von Verbrennungen auf. Garstang interpretierte die Funde als Überrest einer Schlacht, jedoch könnte es sich hierbei auch um eine ähnliche Grube gehandelt haben, wie wir sie bei Domuztepe sahen.

In Yumuktepe wurde auch mindestens eine Leiche ohne Schädel gefunden, die in unter dem Boden eines Raumes bestattet wurde[325].

---

[322] Campbell 2008 Seite 130

[323] Ebd. Seite 131

[324] Garstang 1953 Seite 111f

[325] Garstang 1953 Seite 54 und Tafel VII

In der gleichen Schicht fand sich auch ein isolierter Schädel, der komplett mit Asche bedeckt war. Auch diese Funde könnten als Parallele zu den kleineren Gruben und Deponierungen von Domuztepe gesehen werden.

Weitere ähnliche, wenn auch nicht exakt gleiche Befunde gab es in anderen Siedlungen. In Tepe Gawra, das nur 28 km von Tell Arpachiyah entfernt liegt, wurde eine Grube entdeckt, in der 22 Leichen hineingeworfen wurden. In Yarim Tepe I und II, Tell Arpachiyah und Tell Sotto wurden Bestattungen und Deponierungen gefunden, die mit großen Feuern in Verbindung standen[326]. Einen Befund, der sehr große Ähnlichkeiten mit den Befunden in Domuztepe aufweist, wurde im deutschen Herxheim gemacht. Auf diesen Ort werde ich im nächsten Kapitel noch näher eingehen. Jedoch sind alle diese Beispiele nicht exakt mit der „Death Pit" von Domuztepe zu vergleichen.

Was war an diesem Ort passiert? Irgendein unbekanntes, jedoch tiefgreifendes Ereignis muss die Menschen dazu bewegt haben, ein solches Ritual durchzuführen. Es muss von einer Gemeinschaft oder einer Elite geplant worden sein. Man hob die Grube aus und bereitete das Ritual vor. Es wird eine Art Fest gegeben haben. Die Gemeinschaft versammelte sich, große Feuer wurden entzündet und es wurden nun Tiere geschlachtet, die zerlegt und gekocht wurden. Das Essen wurde nun verteilt und verspeist. Nach dem Festakt wurden die Abfälle in die Grube geworfen. Kurze Zeit später, möglicherweise am nächsten Tag, wiederholte sich dieses Schauspiel. Nach einigen Tagen folgte der Höhepunkt. Menschen, Männer Frauen und Kinder wurden auf den Festplatz geführt und sie wurden durch Schläge auf den Kopf getötet. Danach wurden sie gehäutet, zerlegt und gekocht. Wie die vorher getöteten Tiere wurden sie nun verspeist. Ob dabei

---

[326] Campbell 2008 Seite 132f

jeder in der Gemeinschaft sich an dem kannibalistischen Akt beteiligte oder ob nur eine bestimmte Gruppe die Menschen aß bleibt unklar. Kannibalismus war jedoch kein normaler Vorgang für diese Menschen, zumindest deutet nichts darauf hin. Möglicherweise wurden die menschlichen und tierischen Fleischteile vermischt. Auch hier wurden nach der Speise die Knochen in die Grube geworfen. Kurze Zeit später wurden die Feuer gelöscht, vielleicht sind sie auch auf natürlichem Wege erloschen. Die Asche wurde gesammelt, als sie noch heiß war. Sie wurde zur Grube getragen und in diese geschüttet. Während dieses Vorgangs wurden die letzten Riten in Form einer Kinderbestattung durchgeführt. In der Zeit nach dem Ritual wurden ab und an weitere Gruben gegraben. Rituale, die das Fest imitierten, wurden im kleinen Rahmen wiederholt. Menschen wurden getötet und enthauptet. Sie wurden neben der Grube bestattet. Teilweise wurden auch nur Gegenstände während der Rituale vergraben.

Natürlich ist diese Darstellung nur eine Interpretation, die auch von der Realität abweichen mag, aber die Befunde sprechen für einen ähnlichen Ablauf.

Was die Menschen bewegt haben mag, ein solches Ritual durchzuführen liegt noch im Dunkeln. Möglicherweise bietet ein Blick in spätere Zeiten einen möglichen Anhaltspunkt. Bei den Hurritern gab es Rituale, die sich an chthontische Gottheiten richteten. Dabei wurden Gruben, so genannte Aràḫ, gegraben und mit verschiedenen Opfergaben gefüllt[327].Diese Gruben wurden in verschiedenen Ritualen benutzt, um zum Beispiel ein Haus magisch zu reinigen, einen Tempel der „Göttin der Nacht“ zu weihen oder auch zu Ehren der Göttin Ischtar[328]. Bei diesen Ritualen wurden auch Tiere wie Schafe

[327] Collins 2000 Seite 225ff

[328] Ebd. Seite 227ff

und Schweine geopfert. Diese Möglicherweise haben wir hier auch die Reste eines Rituals, das sich auch an Gottheiten ähnlicher Ausrichtung richtete.

Das Ritual war sehr wahrscheinlich eine Machtdemonstration. Egal, ob hier eine verfeindete Gruppe oder Mitglieder der eigenen Gemeinschaft getötet wurden, die Planung und Ausführung ist hier eine Demonstration von Macht und Überlegenheit. Das Ritual dürfte die Gemeinschaft zusammengeschweißt haben. Es war ein gemeinschaftliches Erlebnis, eine kollektive Erinnerung und Tat, die eine Bindung erzeugt haben dürfte[329].

---

329 Gauld 2012 Seite 26f

Exkurs: Herxheim – Das Domuztepe Mitteleuropas?

Ein spektakulärer Fund wurde im rheinland-pfälzischen Herxheim gemacht. In den Jahren 1996 – 1999 wurde im Rahmen einer Rettungsgrabung in dem neu geplanten Industriegebiet West eine Siedlung der Linienbandkeramiker (LBK) entdeckt, einer Kultur, die sich um 5600 vor Christus in ganz Mitteleuropa ausgebreitet hat.

Die Siedlung bestand etwa zwischen 5300 und 4950 vor Christus und war durchgehend bewohnt[330]. Um die Siedlung wurde eine Vielzahl von vermeintlichen Gruben festgestellt, die dicht beieinander lagen und sich immer wieder überschnitten, dass der Eindruck zweier um das Dorf laufender Gräben entstand. Tatsächlich handelte es sich dabei jedoch um mehrere langgezogener Grabensegmente, denen Gruben als Grundlage dienten, die jedoch in einem Durchgang ausgehoben und verfüllt wurden[331]. Ähnlich wie bei der „Death Pit" scheint zwischen dem Ausheben der Gräben, dem eigentlichen Ritual und der anschließenden Verfüllung nur ein kurzer Zeitraum bestanden zu haben. Diese Gräben wurden umfangreich ergraben und es entstand das Bild eines doppelten, trapezförmigen Erdwerkes, das an drei Seiten um die zentrale Siedlung angelegt wurde. Zum Schutz diente dieses Gebilde wohl nicht, da die Gruben relativ schnell verfüllt wurden und sich daher die Schutzwirkung verflüchtigte.

In den Gräben lagen eine Vielzahl menschlicher Knochen, vielfach zerschlagen, fast immer aus dem anatomischen Verband gelöst (Abbildung 28). Eine Zahl von mindestens 450 Schädeln[332] und 75000

---

[330] Zeeb-Lanz spricht von circa 500 Individuen, die insgesamt in den Gräben gefunden wurden. Vergleiche dazu Zeeb-Lanz 2014 Seite 174

[331] Haack 2014 Seite 13

[332] Zeeb-Lanz 2017 Seite 9

Abbildung 28

Knochen[333] wurde geborgen. Der Zeitpunkt der Ermordung der bisher entdeckten Toten lag bei circa 5000 – 4950 vor Christus, was sowohl die Keramikfunde als auch einige C^{14} Analysen bestätigen[334] (Abbildung 29). Schätzungen belaufen sich auf 1000 oder mehr Körper, die in den Gräben liegen[335]. Diese Zahl ist faszinierend, da somit in Herxheim sehr viel mehr Menschen deponiert wurden, als dort innerhalb der jüngsten Phase der Bandkeramik gelebt haben können. Das Erdwerk begrenzt die Siedlung und Berechnungen ergaben, dass auf keinen Fall mehr als 100 Personen pro Generation gleichzeitig

333 Haack 2014 Seite 32

334 Ebd. Seite 13

335 Zeeb-Lanz 2014 Seite 178 und Haak 2014 Seite 22. Die Homepage http://www.projekt-herxheim.de/menschen.htm, spricht von mindestens 1350 Menschen.

Abbildung 29

in der Siedlung gelebt haben können. Naturwissenschaftliche Analysen der Strontium[87] Isotope bei circa 100 Leichen zeigten, dass 90 der Opfer nicht aus der Siedlung selbst oder dem näheren Umland, sondern aus einem gneis- oder granitreichen Bergland, wahrscheinlich einem Mittelgebirge, stammen[336]. Die DNS der untersuchten Menschen zeigt jedoch, dass sie zumindest genetisch Bandkeramiker waren[337]. Bandkeramische Siedlungen, die im Mittelgebirge errichtet wurden, sind bislang jedoch unbekannt[338].

Die Leichen waren in den meisten Fällen zerstückelt worden[339]. In beiden Gräben wurden die Skelette entdeckt, jedoch gab es eine Fundhäufung im inneren Graben. Die gefundenen menschlichen Knochen waren größtenteils stark zerstört. Die Langknochen und Wirbel waren zerschlagen und die Kiefer zerteilt. Nur wenige vollständig erhaltene Skelette oder im Verbund liegende Extremitäten konnten entdeckt werden. In dem Fundspektrum gibt es sowohl männliche als auch weibliche Individuen aller Altersklassen. Eine

---

336 Zeeb-Lanz 2017 Seite 12

337 Ob sie auch kulturell Bandkeramiker waren, ist jedoch nicht klar. (Laut schriftlicher Kommunikation mit A. Zeeb-Lanz am 25.02.2021)

338 Zeeb-Lanz 2014 Seite 179

339 Ebd. Seite 174

Überrepräsentation von verstorbenen Menschen mittleren Alters ist auffällig. Besonders die Alterskategorie zwischen 10 und 20 Jahren ist überaus stark vertreten[340]. Anscheinend wurden hier ganze Familien, Sippen oder Gemeinschaften getötet.

An den Knochen konnten mögliche Spuren von Kannibalismus festgestellt werden[341]. Auch hier gab es, wie bei der „Death Pit" in Domuztepe, Spuren, die auf eine Schlachtung bzw. Zerlegung, Kochen und Verzehren der Menschen hindeuten[342]. Die Zerschlagung der Knochen ist dabei ein mögliches Indiz. Auffällig bei diesen war, dass die Knochen mit hohem Markanteil stärker zerschlagen wurden als die restlichen.

Bei den Gruben wurden Feuer entzündet. Spuren eines Kampfes konnten nicht entdeckt werden.

Die Schädel erfuhren eine besondere Behandlung. Sie wurden oftmals zerschlagen. So wurden die Kalotten entdeckt, die von dem restlichen Kranium abgetrennt waren (Abbildung 30). Viele Unterkiefer wurden in zwei Teile gespalten. Die Schädel waren beim Zerschlagen noch frisch, was bedeutet, dass sie kurze Zeit nach dem Tod

---

[340] Zeeb-Lanz 2014 Seite 172, Haak spricht von einer starken Verdichtung der Altersklasse 20 – 30. Vergleiche dazu Haack 2014 Seite 37

[341] Diese Interpretation ist nicht unumstritten, jedoch deutet vieles darauf hin, dass es wirklich kannibalistische Handlungen gegeben hat. Vergleiche dazu Toth 1992 Seite 214ff.

[342] Zeeb-Lanz 2017 Seite 11. Neben parallel laufenden Schnittspuren wurden Brandspuren gefunden, die jedoch erst nach der Entfleischung entstanden, sowie mögliche Zahnabdrücke an einigen wenigen Knochen entdeckt. Die Beschreibungen der Schäden an den Knochen ähneln denen der „Death Pit" so dermaßen, dass eine Verspeisung der Leichen sehr wahrscheinlich scheint.

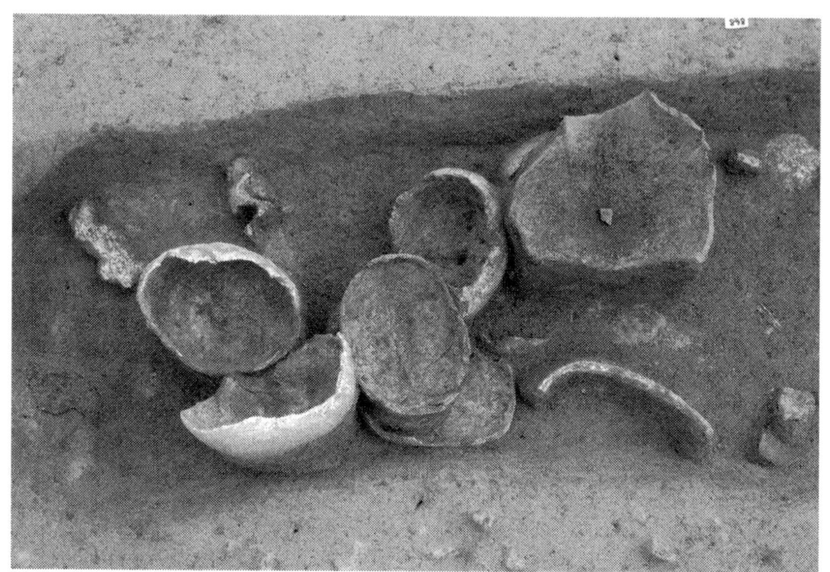

Abbildung 30

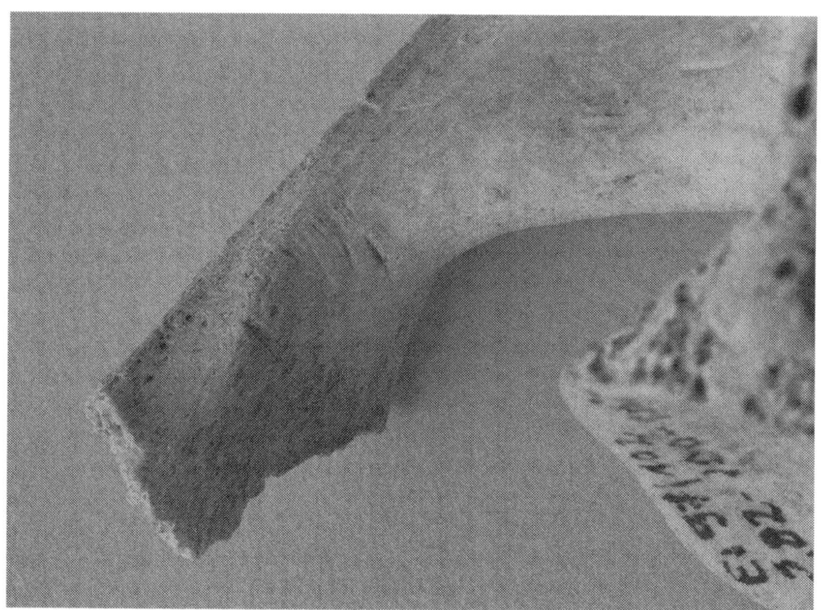

Abbildung 31

des Individuums zerstört wurden[343]. Möglicherweise dienten die abgetrennten Kalotten als Trinkgefäße. Teilweise wurden ganze Schädelnester aus Kalotten entdeckt[344], wobei in seltenen Fällen auch vollständige Schädel in Nestern deponiert wurden[345].

Zungen und Augen wurden zumindest teilweise aus dem Kopf herausgeschnitten, was typische Schnittspuren belegen (Abbildung 31). Das umgebende Fleisch des Gesichtes wurde dabei sorgfältig entfernt.

Neben den Leichen wurden in den Gruben noch zahlreiche andere Funde, wie zum Beispiel Keramikscherben, Schmuckstücke aus Muscheln und Schneckenhäusern, Silexklingen wie zum Beispiel Sicheln und Dechseln oder Mahlsteine gemacht. Viele der Funde wurden bewusst zerstört. Bei der Keramik ist auffällig, dass sie von sehr hoher Qualität und geradezu prunkvoll ist. Keramiken dieser hohen Qualität sind in dieser Menge bislang einmalig in Siedlungen der LBK[346]. Viele der Gefäße waren Importe, die teilweise über 500 km aus dem böhmischen Raum nach Herxheim gelangten. Auch diese Fundmenge an Importen ist bislang einmalig für diese Zeit. Die Herstellungsorte der Keramiken konnte bislang nicht genauer bestimmt werden. Untersuchungen des verwendeten Tons ergaben, dass er nicht aus der Pfalz stammt[347].

Zwischen den menschlichen Überresten fanden sich auch diverse Tierknochen wie zum Beispiel Knochenzapfen aus Hörnern

---

[343] Laut schriftlicher Kommunikation mit A. Zeeb-Lanz am 25.02.2021

[344] Schädelkalotten als Trinkschalen haben einen stark rituell aufgeladenen Charakter, der sich in vielen Kulturen zeigt.

[345] Haack 2014 Seite 37

[346] Zeeb-Lanz 2014 Seite 175

[347] Zeeb-Lanz 2016 Seite 177

von Rindern, Schafen und Ziegen sowie zerteilte Unterkiefer von Karnivoren wie Fuchs, Iltis oder Marder. Zumindest in einem Fall liegt es nahe, dass sie in einem Beutel lagen, in dem sich auch Reste von Ocker fanden[348]. In den Gräben wurde eine ungewöhnlich hohe Konzentration von Hundeknochen entdeckt, wie sie in anderen Bandkeramischen Siedlungen so bisher nicht aufgetaucht ist[349].

Die Parallelen zu den Funden in der „Death Pit" sind teilweise unübersehbar. Die systematischen Anlagen von mehreren Gruben bzw. Gräben mit einer Kombination von menschlichen und tierischen Überresten, die Spuren von Kannibalismus, die Tötung ganzer Gruppen und die Beigabe von Hunden sind auffällige Gemeinsamkeiten (Tabelle 7). In beiden Fällen dürfte es sich um Menschenopfer gehandelt haben, auch wenn diese nur schwer zu belegen sind[350]. Der Ablauf des Herxheimer Rituals dürfte dem beschriebenen von Domuztepe sehr ähneln.

Natürlich darf man nicht übersehen, dass die Death Pit nicht annähernd die Dimension hat, wie die Gruben in Herxheim. Auch der räumliche und zeitliche Unterschied sind hier zu berücksichtigen, jedoch sind die Parallelen bemerkenswert. Dass es zwischen dem neolithischen Nahen Osten und Mitteleuropa einen direkten oder indirekten Kontakt gegeben haben muss, kann als sicher gelten[351]. Möglicherweise sind diese komplexen Rituale zwischen den Kulturen tradiert worden oder blieben über Generationen im Gedächtnis, ohne dass sie regelmäßig angewendet wurden.

---

[348] Haack 2014 Seite 29

[349] Zeeb-Lanz 2016 Seite 178

[350] Näheres dazu folgt im Exkurs „Menschenopfer"

[351] Haak 2006 Seite 199

Tabelle 7.: Vergleich der Herxheimer Gräben mit der „Death Pit".

	Domuztepe	**Herxheim**
Zeit	5600 vor Christus	5000 vor Christus
Sich überschneidende Gruben mit Opfern	Ja	Ja
Aufschüttung von Asche	Ja	Nein
Deponierungen und Bestattungen in der Ascheschicht	Ja	Nein
Mehrmalige Wiederholung de Rituals	(Ja)	Ja
Knochen in den Gruben		
Mensch	Ja (circa 10000)	Ja(circa 75000)
Rind	Ja (36,7 %)	Ja
Schaf / Ziege	Ja (42,6 %)	Ja
Hund	Ja (1,7 %)	Ja
Schwein	Ja (10,2 %)	Nein
Karnivoren	Ja	Ja
Marder	Nein	Ja
Iltis	Nein	Ja
Fuchs	Nein[352]	Ja
Wildkatze	Nein	Ja
Andere Wildtiere	Ja (1,9 %)	Ja

[352] Knochen von Füchsen wurden in der Siedlung (Operation I) entdeckt, jedoch nur sehr kleinen Mengen. In der Grube kamen sie nicht vor.

Sonstige Funde in den Gruben		
Steinwerkzeuge	Ja	Ja
Zerschlagene Keramik	Ja	Ja
Perlen / Schmuck	Ja	Ja
Körbe	Ja	Nein
Sonstige Merkmale		
Spuren von Feuer	Ja	Ja
Spuren von Kannibalismus	Ja	Ja
Starke Fragmentierung der Knochen	Ja	Ja
Erhöhte Konzentration der Altersgruppe 20 – 30	Ja (25,7 %)	Ja
Erhöhte Konzentration der Altersgruppe 10 – 30	Ja (48,6 %)	Ja
Gruppierung von Schädeln	Ja	Ja
Vollständige Bestattungen in der Grube	Ja(1 Infans I)	Ja
Vollständige Bestattungen neben der Grube	Ja	Nein

Cayönü Tepesi – Beinhäuser und Menschenopfer

Südwestlich der Stadt Ergani, am Rande des Taurus Gebirge liegt die prähistorische Siedlung Cayönü Tepesi. C^{14} Daten streuen zwischen 10510 und 6240 BC[353].

In der frühesten Phase der Siedlung tauchen die charakteristischen Rundhäuser mit einem Durchmesser von 4 – 5 Metern auf, Ähnliche wurden zum Beispiel auch in Jericho gefunden wurden. Ab dem PPNB entwickelten sich die Häuser zu rechteckigen, bis zu 11 Meter langen, so genannten *Grillplanhäusern*. Die Häuser gliederten sich in drei Teile. Der erste, immer im Süden gelegene Teil bestand aus drei kleinen Zellen, in der Mitte folgte ein gepflasterter Teil mit einer Herdstelle und im Norden lagen die an ein Grillrost erinnernden Mauerstreifen. Diese dienten als Fundament eines wahrscheinlich hölzernen Bodens.

Neben den normalen Grillplanhäusern der Siedlung wurden noch fünf so genannte *special builings* entdeckt, von denen drei im Osten der Siedlung lagen[354]. In einem davon wurden mehrere isolierte menschliche Schädel entdeckt, weshalb es die Bezeichnung *Skullbuilding* bekam.

Insgesamt konnten entweder fünf oder sechs Bauphasen[355] ausgemacht werden. In seinen frühesten Phasen konnten die Überreste von 393 Individuen entdeckt werden, was 65% aller Bestattungen innerhalb der Siedlung entspräche. Dabei waren insgesamt 134 Männer, 95 Frauen und 107 Kinder vertreten[356]. Sie bestanden aus vollständigen Skeletten oder aus mehreren Skelettteilen. In seinen

---

353 Bienert 2000 Seite 313 – 317

354 Ebd. Seite 61

355 Özdogan 1989 Seite 71 und Bienert 2000 Seite 313 – 317

356 Ebd. 2000 Seite 320

späteren Phasen wurde es jedoch nur noch als Schädel- bzw. Kopflager benutzt.

Das Gebäude selbesz ist von seiner Architektur nicht mit den anderen Häusern Cayönüs zu vergleichen.

Insgesamt wurden 71 Schädel innerhalb des Gebäudes entdeckt. 60 davon gehörten zu Erwachsenen und elf waren von Kindern[357]. Sie lagen in der obersten Schicht der Kammer III. Bei den meisten Exemplaren handelte es sich um Kalotten, also den Schädeldecken, jedoch kamen auch Kranien und ganze Schädel mitsamt der Mandibula vor[358]. Zum größten Teil waren die Schädel einem Feuer ausgesetzt gewesen, weshalb die Farbe der Knochen zwischen hellbraun und milchigweiß schwankt. Bei mindestens sechs Exemplaren wurden noch Halswirbel in situ gefunden, was auf eine Enthauptung hindeutet. Wenn dem so wäre, würde das bedeuten, dass in dem Skullbuilding nicht nur Schädel, sondern auch unverweste Köpfe deponiert wurden.

Reste von Blut konnten auf einigen Artefakten und auf einer Steinsetzung innerhalb des Gebäudes festgestellt werden[359]. Eines der Artefakte war ein circa 20 Zentimeter langes Flintmesser, das an einen Opferdolch erinnert. Bei der Steinsetzung handelte es sich im einen 2 x 2 Meter großen Kalksteinmonolithen, der in dem vor den drei Kammern südlich vorgelagertem großen Raum lag. Ob es sich dabei um eine Art Altar handelte, muss offen bleiben. Bei dem Blut handelte es sich sowohl um tierisches als auch menschliches. Daher kann man annehmen, dass es sich bei dem Skullbuilding um einen Opferplatz handelte[360].

---

[357] Özbek 2000 Seite 40

[358] Haas 1994 Seite 46 und Özbek 1986 Seite 26

[359] Loy & Wood 1989 Seite 457

[360] Özbek 1986 Seite 30 und Bienert 2000 Seite 318

Geschlechtsbestimmungen ergaben, dass 32 der Schädel zu männlichen, 21 zu weiblichen und 18 zu Individuen unbestimmbaren Geschlechts gehörten[361]. Die Schädel gehörten mit 83% zu jungen Personen bis maximal 30 Jahren. Neun der Schädel gehörten zu Kindern. Davon waren acht unter fünf Jahre alt, was einen Kinderanteil von 12,68% entspricht. Kinder unter zwei Jahren fehlen, was aber durchaus an den schlechten Erhaltungsbedingungen von Knochen dieser Altersstufe liegen könnte[362]. Jedoch könnte es auch sein, dass Kinder dieses Alters noch nicht als vollwertige Mitglieder der Gesellschaft angesehen wurden und deswegen ihre Knochen im Fundspektrum fehlen.

Auffällig ist, dass viele Schädel eine ungewöhnlich hohe Knochenstärke haben, die teilweise bis zu 12,7mm stark ist[363]. Solche hohen Knochenstärken konnten auch bei isolierten Schädeldeponierungen anderen Siedlungen wie dem zeitgleichen Nevali Cori und der Höhle von Nahal Hemar beobachtet werden.

In den älteren Schichten des Gebäudes wurden noch weitere menschliche Überreste entdeckt, jedoch waren bei diesen auch Reste des postkranialen, also vollständigen Skelettes vorhanden[364]. Bei einigen fehlte der Schädel, teilweise wurden auch Schädel entdeckt, die nur mit Langknochen deponiert wurden, was auch bei Beinhäusern aus anderen Zeiten üblich ist.

Das Skullbuilding stellt bei der Sonderbehandlung von Schädeln eine Besonderheit dar, da eine solche Art der Deponierung von Schädeln innerhalb eines Gebäudes in den Siedlungen der Region

---

361 Bienert 2000 Tabelle CT 1 und CT 2 a – c

362 Özbek 1986 Seite 30

363 Ebd.1986 Seite 32

364 Bienert 2000 Seite 319f

im Neolithikum eher selten ist. Schädelhäuser an sich sind nicht unbekannt und teilweise noch heute zu finden, wie zum Beispiel im österreichischen Hallstatt (Abbildung 32) oder auf Sumatra, was in dem entsprechenden Kapitel noch näher erläutert wird.[365].

Interessant ist noch ein weiterer Faktor. Anscheinend ist die Siedlung bewusst zerstört worden. Abgesehen von einigen wenigen Gebäuden, die durch ein Feuer vernichtet wurden, sind sämtliche Zugangspassagen zu Räumen mit Steinen zugeschüttet worden[366]. Dieses wurde auch in der letzten Phase des Skull Buildings beobachtet. Man wollte also bewusst den Zugang zu den einzelnen Räumlichkeiten blockieren. Sämtliche Gegenstände wurden in den Räumen belassen, auch wenn sie noch vollkommen funktionsfähig waren. Eine bewusste Zerstörung konnte auch bei den einzelnen Phasen vom Göbekli Tepe beobachtet werden.

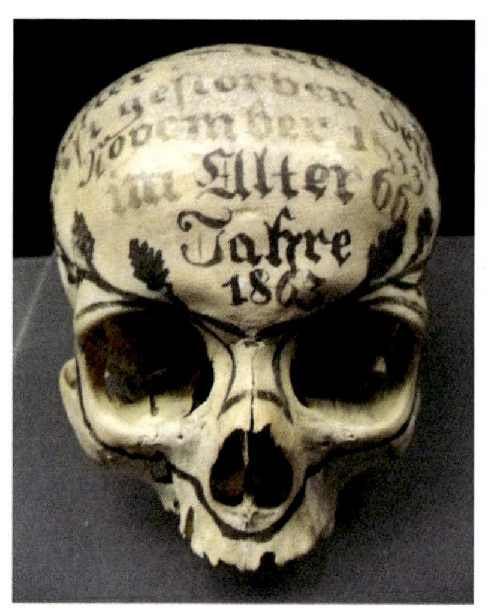

Abbildung 32: Schädel aus Hallstatt mit Beschriftung. Auf dem Schädel finden sich Name, Alter, Sterbedatum und das Datum der Beschriftung des Schädels. Dieses Exemplar befindet sich derzeit im Sepulkralmuseum in Kassel.

[365] http://www.outoftime.de/tod-im-kulturvergleich/indones/batak.html

[366] Özdogan 1989 Seite 72f

Exkurs: Beinhäuser

Spezielle Häuser, in denen die Gebeine der Toten nach der primären Bestattung untergebracht wurden, wurden seit dem Neolithikum in vielfältiger Form entdeckt. Das Skull Building von Cayönü ist das erste in einer langen Reihe solcher Gebäuden. Warum sie errichtet wurden, ist bei den prähistorischen Gesellschaften spekulativer. In Cayönü kann man von einer kultischen Funktion ausgehen. Der „Opferstein", sowie die Tatsache, dass auch abgetrennte Köpfe in dem Gebäude aufbewahrt und wahrscheinlich ausgestellt wurden, lassen darauf schließen.

Auch in anderen neolithischen Kulturen treten solche Häuser auf, jedoch in abgewandelter Form. Viele der megalithischen Gräber der nordeuropäischen Trichterbecher Kultur werden, wie schon gesagt, als „Häuser" für die Toten interpretiert[367]. Aus dieser Sitte werden in der Bronzezeit (Hallstatt) so genannte „Totenhäuser" entwickelt. Bei diesen handelte es sich um Holzbauten, die wohl die Häuser der Lebenden imitieren sollten. Teilweise wurden auch aufgegebene Wohnhäuser benutzt, vielleicht auch das Haus eines der Verstorbenen. Wie bei den neolithischen Kollektivgräbern findet man auch in den bronzezeitlichen Totenhäusern mehrere Bestattungen, die über einen längeren Zeitraum in das Haus gelegt wurden. Viele der Totenhäuser wurden mit einem Grabhügel überdeckt, in dem auch einige Beigaben entdeckt wurden. Solche Totenhäuser treten in praktisch ganz Europa auf. Man findet sie zum Beispiel in den trichterbecherzeitlichen Gräbern von Sondershausen (Deutschland), den Gräbern der Wessex Kultur in Wrangworthy Cross (England), den Gräbern der Nitra und Aunjetitzer Kultur von Mytna Nova Ves (heute Ludanice, Slowakai) und in vielen Gräbern der Vorlausitzer, Schnurkeramiker

[367] Für weitere Informationen siehe Müller 2017 S. 32

und Hügelgräber Kulturen Polens, Österreichs und vielen weiteren Ländern. Die Leichen wurden in den Totenhäusern primär bestattet. Sie lagen normalerweise in Hockerstellung und eng beieinanderliegend. Oftmals findet man Reste eines Leichenschmauses, was auf eine gehobene Stellung der Bestatteten hindeuten könnte.

In ethologischen Vergleichen kennt man auch aus späterer Zeit Beinhäuser. Im Südosten Nordamerikas lebte der Stamm der Choctaw[368]. Sie errichteten für ihre Toten eine Plattform, auf der der Leichnam verwesen konnte. Nach einigen Monaten kam es zu einem Ritual, bei dem sich Freunde und die Familie des Verstorbenen an dieser Plattform versammelten. Ein Vorsteher, vielleicht ein Schamane, riss die noch vorhandenen Fleischreste von den Knochen und warf sie zusammen mit den Eingeweiden in ein Feuer, das extra für diesen Zweck entzündet wurde. Danach wurden die Knochen abgeschabt und der Schädel rot bemalt. Anschließend packte man die Knochen in eine Kiste und sie wurde in ein Beinhaus gebracht, wo eventuell nach einem Jahr der Schädel erneut mit roter Farbe bemalt wurde. Erst danach wurde der Tote dem Vergessen übergeben. Auch bei anderen Stämmen Nordamerikas sind solche Beinhäuser und Rituale bekannt. Interessant ist in diesem Zusammenhang die Tatsache, dass der Bemalung des Schädels eine so große Aufmerksamkeit gewidmet wird.

Auch aus historischen Zeiten kennen wir die Sitte die Knochen der Verstorbenen in ein spezielles Haus zu überführen. Ungefähr in der Mitte des 2. Jh. n. Christus kann man in der römischen Gesellschaft eine Wandlung in der Bestattungssitte feststellen. Die vormals vorherrschende Sitte der Brandbestattungen wurde durch die Bestattung des unversehrten Körpers ersetzt. Anfänglich wurde diese

368 Yarrow 2010 S. 147ff

Tradition von der Elite ausgeführt und im Laufe der Zeit auch in den unteren Schichten der Gesellschaft üblich. Die Gründe dafür liegen bis heute im Dunkeln. Während einige Historiker und Archäologen denken, dass der Grund darin zu suchen ist, dass die Scheiterhaufen zu teuer waren, denken andere, dass orientalische Religionen wie das Christen- oder das Judentum einen entscheidenden Einfluss darauf hatten. Da die Sitte von der paganen Oberschicht zuerst ausgeübt wurde, sind beide Erklärungsmodelle jedoch nicht befriedigend, vor allem wenn bedenkt, dass die Anlage eines Körpergrabes wesentlich höhere Kosten verursacht als der Kauf eines Urnengrabes. Weiterhin wird die Möglichkeit der Repräsentation des Verstorbenen diskutiert. Eine Körperbestattung in einem Sarkophag bietet die Möglichkeit, sich nach dem Tod in einer monumentalen Weise zu repräsentieren, was durch die Lage der Coemeterien an den Hauptstraßen Roms verdeutlicht wird. Der benötigte Platz für die Körperbestattungen war natürlich enorm, was zu einem Platzproblem führte. Schon Ende des 2. Jh. kann man sehen, dass neben den Bau von überirdischen Anlagen begonnen wird, unterirdische Hypogäen und Katakomben zu errichten, um den Platzproblem entgegenzuwirken. Unter Papst Damasus (366 – 384) erfuhren die Katakomben einen Umbau, um den Märtyrerkult zu fördern und zu kontrollieren. Dadurch wurde es bei der Bevölkerung beliebt die Gräber ad sanctos, also in der Nähe eines Heiligen anzulegen. Man hoffte dabei auf eine apotropäische Wirkung.

Ab dem 6. Jh. kann man einen Mentalitätswandel in der römischen Gesellschaft feststellen. Die Coemeterien werden nun nicht mehr extra murus, sondern innerhalb der Stadt angelegt.

Langsam wird diese Sitte in ganz Europa eingeführt. Bei der Ausbreitung des Christentums und der damit verbundenen Auflösung der alemannischen Reihengräbern im 8. Jahrhundert und dem

Verbot der als heidnisch geltenden Brandbestattungen durch Karl dem Großen im Jahre 785 (Edikt von Paderborn), wurden die Friedhöfe in einem stetigen Prozess innerhalb der Siedlungen verlegt. Dabei wollte man die Toten in der Nähe der Kirche wissen, weshalb man um diese einen meist kreisförmigen, umfriedeten Bereich anlegte, wo man die Toten niederlegte. Die Größe dieser Kirchhöfe war durch verschiedene Konzilien begrenzt worden. Die Toten sollten innerhalb der schützenden Wirkung der im Altar verstauten Reliquien bleiben, weshalb die Größe durch diese Strahlkraft bestimmt wurde. Dadurch war der Platz begrenzt und man musste eine Grabstelle mehrfach nutzen und es stellte sich die Frage, wie man mit den älteren Gebeinen verfahren sollte. Als im 14. Jahrhundert die Sterblichkeit infolge einiger Hungernöte und der großen Pest von 1348 drastisch anstieg, wurde die Frage noch dringender. Beinhäuser schienen da die beste Lösung zu sein und wurden so ein fester Bestandteil der mittelalterlichen Kirchhöfe.

Beinhäuser, auch Karner oder Ossarien genannt, befanden sich im spätmittelalterlichen Europa fast überall. Von der Nordseeküste, bis runter ins heutige Italien gehörten sie zum alltäglichen Bild der Gemeinden und bildeten dort zusammen mit der Pfarrkirche und den Kirchhof eine feste Einheit. Sie waren allesamt Zweckbauten, die lediglich der Aufbewahrung der exhumierten Bestatteten dienten.

In der Zeit der Reformation änderten sich die theologischen Vorstellungen, was sich auch in dem Umgang mit den Verstorbenen widerspiegelte. Ab dem 17. Jh. wurde dieses allmählich greifbar und es änderten sich nun auch die Friedhöfe deutlich. Die Friedhöfe und deren Gräber wurden ab diesem Zeitpunkt planmäßig angelegt. Die Grabstätten wurden nun auch explizit gekennzeichnet, um Überschneidungen zu vermeiden. Längere Liegezeiten wurden die Regel, weshalb Beinhäuser nun nicht mehr gebraucht wurden. Die innerhalb der Beinhäuser ruhenden Knochen wurden größtenteils heraus geräumt und in Massengräbern bestattet.

Dieser Prozess ist in ganz Europa zu verfolgen, auch wenn er regional sehr unterschiedlich verlief. Ob die Reformation allein für den Mentalitätswandel in der Bestattungskultur und das Verschwinden der Beinhäuser verantwortlich war, ist umstritten. Meiner Meinung war die mit dem Reliquienkult Größe des Kirchhofes der auslösende Faktor für die Auflösung der Karner. Ohne diesen Kult gab es für die Beinhäuser keine Existenzberechtigung mehr und die Gebeine wurden tertiär bestattet.

Heute sind die meisten Beinhäuser aus dem Friedhofsbild verschwunden. In Deutschland wird man nur noch in wenigen Regionen fündig und oftmals übersieht man sie auch leicht. Im nordrhein-westfälischen Zülpich finden sich heute noch zwei Beinhäuser auf den Friedhöfen und in Hessen kann man noch ein kleines Häuschen in Waldeck bewundern. Diese beherbergen jedoch keine Knochen mehr. Knochenführende Beinhäuser findet man noch in Rheinland-Pfalz, zum Beispiel in Oppenheim (Abbildung 33 und 34) und auch in Bayern. Eine Besonderheit ist die „Goldene Kammer" in Köln. In der Kirche St. Ursula finden sich bis heute die Schädel von Heiligen, die in der Kammer aufbewahrt werden. An den Wänden hängen Bilder, die aus Knochen hergestellt wurden (Abbildung 35). Außerhalb Deutschlands kann man Beinhäuser in praktisch jedem Land finden. In Italien sind sie recht häufig, wie zum Beispiel in Palermo. In Frankreich findet sich wohl das größte Beinhaus. In den Katakomben von Paris lagern die Gebeine von mehr als 6 Millionen Menschen. In Kutna Hora findet sich ein wahrlich spektakuläres Beinhaus, in dem die Knochen der Verstorbenen zu Kunstwerken wie Wappen oder Kronleuchtern arrangiert wurden (Abbildung 36, 37 und 38). In Österreich kann man auch noch viele Beinhäuser entdecken. Berühmt

Abbildung 33

Abbildung 35

Abbildung 34

Abbildung 36

Abbildung 37

ist das Beinhaus von Hallstatt (Abbildung 32) in denen die Schädel der Verstorbenen ausgestellt werden, nachdem man die Stirn mit dem Namen des Verstorbenen und einigen Verzierungen versehen hat. Diese Variante kommt der neolithischen erstaunlicherweise am nächsten.

Abbildung 38

Exkurs: Menschenopfer

Der Gedanke des Opferns ist Grundlage praktisch jeder Religion. Der zugrunde liegende Gedanke dafür ist die Idee des „do ut des", „Ich gebe, damit du gibst". Im Lateinischen ist das Wort für Opfer „sacrificum", was in etwa so viel bedeutet wie „heilig machen" [369]. Die Gabe wird also aus dem Profanen enthoben. Dabei gibt der Opfernde einen Gegenstand oder eine lebende Gabe, um den Willen eines Gottes oder einer anderen Wesenheit zu seinen Gunsten zu beeinflussen. Im Falle eines geopferten Gegenstandes wird dieser verborgen. Teilweise geschieht dieses durch das Vergraben oder Versenken des Gegenstandes. Berühmt sind zum Beispiel die Opfer im Thorsberger Moor in Norddeutschland.

Es ist für einen Archäologen schwierig, eine Opferung von einer Deponierung zu unterscheiden. Ob ein Gegenstand nun als Depot vergraben wurde[370] oder als Opfergabe in die Erde gelangte, ist nicht immer leicht zu entscheiden. Indizien für eine Opferung sind normalerweise der Fundort, die Fundlage, der Zustand der Gegenstände und die Fundzusammenstellung.

Bei der Opferung ist der Fundort normalerweise mit einer Bedeutung aufgeladen. Dies könnte ein Vergraben an einer Quelle, einem Heiligtum, einer besonderen Steinsetzung, einer Wand, einer

---

[369] Green 2002 Seite 19

[370] Bei einem Depot liegt eine andere Grundlage vor. Der Vergrabende möchte den Gegenstand verstecken, vielleicht um ihn vor Räubern, oder anderen Gefahren zu schützen. Zu einem späteren Zeitpunkt kommt der Eigentümer wieder und gräbt das Depot aus um wieder in den Besitz des Gegenstandes zu gelangen. Die Tatsache, dass Archäologen das Depot auffinden belegt, dass er das nicht mehr geschafft hat. Im Gegensatz dazu steht die Opferung, die eine spätere Bergung ausschließt.

Türschwelle oder ähnliches sein. Ein Ort, an dem man den Fund nie wieder bergen kann, ist ebenfalls ein starkes Indiz. Wenn er in einem Moor versenkt oder in einen Höhlenschacht geworfen wurde, dann ist eine Opferung wahrscheinlich. Natürlich könnte der Gegenstand auch einfach verloren gegangen sein, weshalb man noch mehr beachten muss. Die Lage des Fundes ist ebenfalls ein Hinweis. Liegt der Gegenstand in einer besonderen Position oder ist er in eine besondere Position ausgerichtet? Liegt zum Beispiel ein Gegenstand in der Mitte eines Steinkreises und weist auf eine bestimmte astronomische Konstellation wie dem Sonnenaufgangspunkt zur Sommersonnenwende, dann kann man von einer rituellen Gabe sprechen und ein Opfer ist wahrscheinlich. Auch der Zustand des Gegenstandes kann aufschlussreich sein. In einigen Mooren findet man zum Beispiel Waffen, die absichtlich zerstört wurden. Die bewusste Zerstörung funktionstüchtiger Waffen und die anschließende Versenkung ist praktisch ein Beweis für eine Opfergabe[371]. Zuletzt wäre die Fundzusammenstellung zu beachten. Hat man zum Beispiel viele Gegenstände eines Typs, dann ist eine Deponierung wahrscheinlich. Dies ist bei vielen bronzezeitlichen Barrenfunden zum Beispiel sehr deutlich. Ist die Fundzusammenstellung auffällig, wie zum Beispiel ein Gegenstand, der rituellen Charakter hat und mit anderen Gegenständen in einer bestimmten Kombination liegt, dann ist eine Opferung auch wahrscheinlich. Anzumerken ist jedoch, dass Gegenstände wie die Himmelsscheibe von Nebra diese Charakterisierung erfüllt, aber hier wohl eine Form der Bestattung vorlag. Es ist also nicht immer leicht, eine Opferung zu erkennen.

Ähnlich sieht es bei Opferungen von Lebewesen aus. Ob ein Tier geschlachtet oder rituell getötet wurde ist archäologisch praktisch nie

---

[371] Vergleiche dazu Green 2002 Seite 23ff

zu entscheiden. Da sind die Orte der Knochenfunde meistens das entscheidende Moment, um eine Opferung von einer Schlachtung zu unterscheiden.

Bei Menschen wird es nochmals schwieriger. Ob ein Mensch durch eine kriegerische Handlung, eine Hinrichtung oder rituell getötet wurde, kann nur schwer entschieden werden. Beispielhaft dafür kann der Fund eines Neandertalerschädels im italienischen Monte Circeo genannt werden. Dort wurde der vollständige Schädel eines Neandertalers entdeckt, der in einem Steinkreis gefunden wurde. Der Schädel wies Spuren einer Entfleischung auf. Darüber hinaus gab es Hinweise, dass sein Gehirn entnommen wurde[372]. Für den Finder stand fest, dass der Neandertaler enthauptet und von anderen Neandertalern verspeist wurde. Nach dem Mahl wurde er in einem Steinkreis deponiert. Wir hätten hier das klassische Motiv eines Opfers mit anschließendem Festmahl. Neuere Untersuchungen jedoch rücken den Fund in ein anderes Bild. Die Entfleischungsspuren am Schädel stammen von Tüpfelhyänen, die den Kopf in die Höhle gebracht und verspeist haben. Der Steinkreis ist durch natürliche Umstände entstanden und wurde nicht bewusst errichtet. Der Opfercharakter des Fundes war damit vom Tisch[373].

Es gab Wissenschaftler, die die Existenz von Menschenopfern komplett ablehnten, jedoch ist es heute unbestritten, dass Menschenopfer in praktisch allen Zeiten und Kulturen durchgeführt wurden.

Die Funde in Cayönü oder in Domuztepe zeigen starke Indizien einer Opferung. In Cayönü sind die Funde der abgetrennten Köpfe in

---

372 Davis 1983 Seite 30f

373 Toth 1992 Seite 213ff

Verbindung mit dem blutverschmiertem „Altar“ im „skull building“ sehr aussagekräftig. Die Leichen in der „Death pit“ von Domuztepe mit den deutlichen Zeichen von kannibalistischen Riten, Schlachtungen, die Abdeckung mit Asche, den nachfolgenden Deponierungen und der späteren Freilassung der Fläche sind auch unzweifelhaft als Opfer zu bezeichnen.

An dieser Stelle schauen wollen wir zuerst kurzen Blick in eben diese anderen Zeiten und Kulturen werfen, in denen Menschenopfer durchgeführt wurden.

Belege von Menschenopfern in der Bibel

Einige Passagen der Bibel erwähnen Menschenopfer. Auch wenn viele Berichte wohl historisch so nicht stattgefunden haben, zeigen sie doch ein interessantes Bild dieser Opferhandlungen.

Das erste Indiz für das Vollziehen von Menschenopfern finden wir in Gen 22,1. Dort befiehlt Gott Abraham, seinen Sohn Isaak zu opfern. Dieses ist in der Tradition des Erstlingsopfers zu sehen, in der der Erstgeborene getötet wird[374]. Auch das Opfer Jeftahs (Ri 11, 30) steht in dieser Tradition. In dieser Geschichte gelobt Jeftah, dass er das erste Lebewesen tötet und verbrennt, das durch den Eingang seines Hauses schreitet. Dabei handelte es sich um seine Tochter, die ihn fröhlich musizierend empfängt. Im 2. Kö 3, 27 tötet der König der Moabiter seinen erstgeborenen Sohn, indem er ihn auf der Mauer verbrennt.

Weitere Stellen befassen sich mit Opferritualen an die Götter Ba´al und Moloch, wobei die dortigen Quellen mit Vorsicht zu genießen sind. In Folge des radikalen Monotheismus wurde der Ba´alsglaube als polemisches Negativbild projiziert, das mit dem wirklichen

---

[374] http://tinyurl.com/ynf9dp2q

Ba´alskult nichts oder nur wenig zu tun hat[375]. In den ugaritischen Texten werden nur Tieropferungen erwähnt[376].

Im Neuen Testament werden Menschenopfer nicht mehr erwähnt, auch wenn der Tod Jesu teilweise als Menschenopfer angesehen wurde[377]. Dem ist aber entgegenzuhalten, dass der Tod Jesu nicht von Gott gewollt war und es sich dabei nicht um ein klassisches Opfer handelte.

---

375 Kinet 2002 Seite 44

376 Pardee 2002 Seite 57

377 Davis 1983 Seite 76ff

2.3 Die Funde in der Region des oberen Tigris

Nemrik 9 – Vögel und Schädel

In direkter Nähe des Mosul Staudammes im Norden Iraks grub ein Team der Warschauer Universität 1985 bis 1989 die Überreste einer ins PPN datierenden Siedlung aus, die als Nemrik 9 bekannt wurde. Als absolute Daten wurde ein Zeitraum von 9800 bis 7200 vor Christus ermittelt[378]. In der mittleren und der jüngsten Phase der Siedlung wurden Gräber gefunden. Einige waren in der Stadt, andere neben der Siedlung auf einem im Süden errichteten Gräberfeld[379]. Die Errichtung eines gemeinsamen Friedhofes muss als große gemeinschaftliche Organisationsleistung gewertet werden. Dies belegt, dass es eine Art übergeordnete Gesellschaftsstruktur gegeben haben muss. Die Häuser der Siedlung waren rund oder oval. In der frühesten Phase wurden sie durch kreisförmige Steinsetzungen mit einem Durchmesser von 5 – 6 Metern markiert, die leicht eingetieft waren. In der mittleren Phase wurden die Häuser größer. Sie erreichten nun einen Durchmesser von 6 – 8 Metern, behielten aber ihre runde Form bei. Die Wände werden nun durch zigarrenförmige Ziegel gebildet. In diesen Häusern wurden einige Gräber unter dem Boden Fußboden gefunden. In der jüngsten Phase werden die Häuser wieder kleiner, genauso wie die zigarrenförmigen Ziegel.

In den Gräbern wurden sowohl komplette Bestattungen als auch nur Schädel entdeckt. Insgesamt wurden 96 Skelette entdeckt,

---

[378] http://tinyurl.com/ypf3p5zm und Kozlowski 1989 Seite 27. Die Daten sind teilweise problematisch, da Sie nur von einem Labor, dem Gliwice C^{14} Labor, gemacht wurden.

[379] Ebd. Seite 26ff

von denen 93 aus dem Neolithikum stammen. Die restlichen drei stammen aus historischen Zeiten. Alle neolithischen Gräber waren Hockergräber. Die Orientierung war uneinheitlich. Die Gräber bestanden aus ovalen, flachen Löchern, die teilweise mit Lehm ausgekleidet wurden. Sie befanden sich durchschnittlich 50 Zentimeter unter dem Boden. Grabbeigaben waren selten. Wenn sie vorkamen, dann waren es normalerweise nur einige Pfeilspitzen, Perlen oder einige kleine Steinwerkzeuge, die auch zufällig in die Grube gelangt sein könnten. Einige Gräber wurden mehrfach geöffnet und wieder verschlossen[380]. Wahrscheinlich wurden dabei neue Leichen in die Grabgrube gelegt.

Von den 93 Bestatteten waren 60 adult. Es konnten elf Männer und elf Frauen relativ sicher bestimmt werden[381]. Sechs Kinder waren Neugeborene oder Kleinkinder, sieben waren nicht älter als sieben Jahre alt. 16 waren ältere Kinder und vier können als Jugendliche gelten. Die Kinderleichen stammen zu einem großen Teil aus einem Massengrab aus Phase III. Eine Analyse der Knochen wiesen Stressmarker auf, die auf Mineralstoff- und Vitaminmangel hinwiesen. Ansonsten wiesen sie die typischen Merkmale eines Bauernlebens auf[382].

Es wurden mehrere Schädeldeponierungen gefunden.

Ein Schädel wurde in einem eingestürzten Haus mit der Nr. 2 entdeckt. Er wurde mit einigen Grabbeigaben bestattet.

Es wurden auch einige Skulpturen entdeckt. Bei ihnen handelt es sich um menschliche Figuren und um Tierfigürchen. Darunter waren auch zwei Vogelköpfe, die möglicherweise Geier darstellen

---

380 Sołtysiak 2015 Seite103

381 Ebd. Seite 104ff

382 Ebd. Seite 113

könnten[383]. Die Figuren ähneln einigen Funden aus Mureybet und Cafer Höyük.

Tell Arpachiyah – Das Weiterleben des Schädelkultes

Östlich des Tigris und der Ortschaft Ninive, in der Nähe von Mosul liegt der Tell Arpachiyah. Dieser 67 Meter durchmessende und 5,50 Meter hohe Hügel beherbergt eine prähistorische Siedlung, die erstmals 1933 durch den britischen Archäologen Max Mallowan ausgegraben wurde. Der Archäologe Ismail Hijara führte 1976 eine zweite Grabung durch, bei der er eine genaue Siedlungsabfolge aufnehmen konnte und eine weitere Siedlungsschicht entdeckte. Die gefundenen Keramiken weisen auf intensive Handelskontakte hin.

Die Siedlung datiert in die frühe Halaf Zeit und der Obed Kultur, die kalibrierten Werte streuen zwischen 7456 und 4980 vor Christus[384]

Die Häuser der Siedlung waren in den frühesten und den späteren Siedlungsphasen rechteckig und standen eng beieinander. In einigen Phasen wurden diese Häuser jedoch durch so genannte *Tholoi* ersetzt. Dies sind runde Bauten, die über ein abgerundetes Dach verfügen[385].

Der Tell ist ein gutes und auch teilweise ungewöhnliches Beispiel für die Sonderbehandlung von Schädeln in der Region des oberen Tigris. Insgesamt 45 Bestattungen wurden benachbart auf einem Gräberfeld entdeckt. Bei einigen fehlten zwar die Knochen, was aber durch die Bodenlagerungsbedingungen erklärt werden kann[386]. 1976 jedoch fand sich 75 Zentimeter westlich eines Tholos ein Gefäß, in dessen inneren

---

[383] Kozlowski 1989 Seite 29

[384] Bienert 2000 Seite 249 und http://tinyurl.com/ykwh6u9v

[385] Eine detaillierte Abbildung und eine kurze Beschreibung findet sich bei Hrouda 2000 Seite17ff

[386] Hijara 1978 Seite 126ff

sich ein Schädel ohne seine postkranialen Knochen befand. Bei diesem lagen zwei bemalte Becher aus Ton und ein Gefäß aus Stein. 50 Zentimeter unter diesem Fund, in Schicht VII fanden sich weitere vier Gefäße, die ebenfalls jeweils einen Schädel enthielten. Sieben weitere Gefäße lagen bei diesen dabei. Die in den Gräbern gefundene Halaf Keramik gehört zu den schönsten, die bisher entdeckt wurden[387]. Datiert wurden diese Funde ins 6. Jahrtausend vor Christus.

Eine solche Art der Behandlung von Schädeln ist bisher einmalig innerhalb der Halaf Kultur und findet auch keine Entsprechung in der Levante oder Anatolien[388].

Neben den Schädeln in den Gefäßen fand sich ein 1976 im Ostende des Tells ein isolierter Schädel. Er wurde in wohl ehemals gefülltem Wasserkanal in 7,5 Meter tiefe entdeckt[389]. Genauere Angaben fehlen leider.

Neben diesen Funden ist auffällig, dass viele der gefundenen Skelette in Arpachiyah deformierte Schädel hatten. Ähnliche Deformationen wurden auch in Jericho und anderen Siedlungen entdeckt[390]. Einen Unterschied in der Behandlung der Geschlechter kann man hier nicht feststellen. Sowohl die Schädel von Männern als auch von Frauen wurden deformiert. Ein Blick in andere Siedlungen zeigt jedoch, dass Frauen öfters einen deformierten Schädel hatten.

Die gefundenen Gegenstände weisen teilweise eine Ikonographie auf, die eine Verbindung nach Domuztepe aufweisen. Anscheinend standen die Siedlung in einer Verbindung zu einander[391].

---

[387] Ebd. Seite 125

[388] Bienert 2000 Seite 249

[389] Molleson 1995 Seite 45ff

[390] Ebd. Seite 50. Genannt werden neben Jericho die Siedlungen Byblos, Ganj Dareh, Kurban Höyük und Ali Kosh.

[391] Carter 2012 Seite 114ff

3. Schädelkulte in anderen Regionen und anderen Zeiten. Eine langlebige Sitte mir vielen Gesichtern

Schädeldeponierungen in angrenzenden Regionen

Im Zusammenhang mit den bisher besprochenen Regionen stellt sich die Frage, ob es auch außerhalb der Levante, des Oberen Tigris und Anatolien auch noch Anzeichen einer besonderen Behandlung des Schädels im Rahmen des Totenrituals gibt. In den umgebenden Regionen gibt es im Neolithikum viele Parallelen, weshalb man diese sowohl geographisch als auch kulturell zumindest in einigen Aspekten als zu dem vorderasiatischen Kulturraum zugehörig zuordnen kann, somit ist der „Nahe Osten" im Neolithikum nicht zwingend deckungsgleich mit seiner heutigen Definition[392]. Natürlich sind solche Versuche einen größeren Kulturraum zu definieren auch problematisch. Selbst innerhalb einer Mikroregion wie der südlichen Levante gibt es auch trotz vielen Gemeinsamkeiten teilweise fundamentale Unterschiede in den einzelnen Fundorten. Trotzdem ist es wichtig und auch interessant, einen Blick über den Tellerrand zu werfen und einen kurzen Blick bei den Nachbarn zu riskieren.

Auf Zypern findet man im Bestattungsbrauch viele Ähnlichkeiten zu denen in der Levante[393]. Die Bestattungen fanden innerhalb der Gebäude statt. Dabei wurde in dem Fußboden eine Grube ausgehoben, die teilweise mit Lehm ausgekleidet wurde. In der Siedlung

---

392 Kaniuth 2010 Seite 66

393 Veit 1996 Seite 342ff, jedoch betont Sperlich, dass sich in den Funden Zyperns eine deutliche Abgrenzung zu dem Festland abzeichnet. Vergleiche dazu Sperlich 2007 Seite 74

Larnaca enthielten die Gräber in der Regel nur eine Bestattung, jedoch kamen auch Doppelbestattungen vor. Die Orientierungen der als Hocker Beigesetzten waren unterschiedlich, jedoch scheint eine Orientierung nach Osten bevorzugt worden zu sein. Man fand insgesamt 123 Individuen innerhalb der Siedlung. Die Größe der Siedlung wird auf circa 300 – 600 Personen geschätzt, somit hat man dort ebenso wie in der Levante ein Ungleichgewicht zwischen der Anzahl an Bestattungen und der tatsächlich existierenden Bevölkerung. Ein Gräberfeld, in dem die Menschen Lanarcas ihre Toten bestattet haben könnten, ist bislang nicht entdeckt worden[394], lediglich ein einzelnes extramurales, also außerhalb der Siedlung gelegenes Grab konnte gefunden werden[395]. Schädeldeponierungen oder eine Entnahme des Schädels oder Teilen davon konnte nicht festgestellt werden. Es scheint so, als sei die Sitte dort nicht üblich gewesen.

In Griechenland sind die neolithischen Bestattungssitten sehr vielfältig. Neben der auch in Griechenland praktizierten Siedlungsbestattung finden sich auch Gräberfelder[396]. Dort gibt es sowohl Brandbestattungen als auch Ganzkörperbestattungen. Bei den Siedlungsbestattungen finden sich die Individuen teilweise unter den Lehmfußböden, jedoch kommen auch Grabhügel vor, unter denen sich Kammern befanden. So zum Beispiel bei der Agia Sofia-Magula. Primär- und Sekundärbestattungen sind beide vertreten. Schädeldeponierungen oder eine anderweitige Sonderbehandlung von Schädeln scheint es jedoch auch hier nicht gegeben zu haben.

---

394 Das es aber Gräberfelder gegeben haben könnte belegt das auf circa 3500 vor u. Z. datierte Gräberfeld von Souskiou. Vergleiche dazu Sperlich 2007 Seite 70ff

395 Veit 1996 Seite 344,

396 Wunn 2001 Seite 48 – 56

Ein weiteres angrenzendes Gebiet ist der Sinai. Auffällig ist bei der Betrachtung von Karten des Neolithikums, dass der Sinai praktisch ein weißer Fleck innerhalb der Forschung darzustellen scheint[397]. Aufgrund des Forschungsstandes wird diese Subregion nicht im Katalogteil erwähnt. Lange Zeit wurde davon ausgegangen, dass die eigentliche Besiedlung der Sinai-Halbinsel erst im dritten oder vierten Jahrtausend vor Christus begonnen hat[398]. Dieses wäre jedoch sehr verwunderlich gewesen, da es sich bei dieser Region zwangsweise um eine Durchgangszone für die Handel treibenden Beduinen gehandelt haben muss. Schließlich waren sowohl Ägypten als auch die Levante dicht besiedelt und eine Lücke zwischen diesen beiden Kulturräumen scheint seltsam. Dieses war jedoch nur dem Forschungsstand und der politischen Lage in dieser Region geschuldet. Inzwischen kennt man einige Siedlungen aus dem südlichen Sinai, die teilweise komplett ergraben wurden[399]. Bislang konnten in drei PPNB zeitlichen Siedlungen des Sinais Bestattungen gefunden werden. Zwei Bestattungen fand man in Wadi Theik, das Skelett einer jungen Frau lag in Abu Madi I und 17 Bestattungen wurden in Ujrat el Mehed geborgen (Tabelle 8)[400].

[397] Siehe dazu Beispielsweise die Karte 1 in Mellaart 1975 Seite 20 u. 21.

[398] Moroni & Lippert 2009 Seite 216

[399] Hershkovitz 1994Seite 60

[400] Ebd. Seite 62ff

Alter	Männlich	Weiblich	Unbekannt	Gesamt
0 – 12	-	-	2	2
13 – 19	-	2	1	3
20 – 24	1	1	-	2
25 – 29	8	1	2	11
30 – 34	1	1	-	2
Gesamt	**10**	**5**	**5**	**20**

Eine Sonderbehandlung eines Schädels ist in diesen Gräbern schwer zu ermitteln. Die meisten Knochen stammen aus Sekundärbestattungen innerhalb der Siedlung. Dabei wurden die Knochen in einfache Gruben gelegt. Die Langknochen lagen dabei in einer Ecke unter den Schädeln. Andere Knochen fanden sich teilweise stark verstreut innerhalb der Gruben. Eine Schädelentnahme fand nicht statt. Auch die Platzierung scheint eher aus praktischen Gründen entstanden zu sein. Lediglich bei dem Grab „Loc 31" in Ujrat el Mehed gab eine auffällige Besonderheit. Auf dem Grab fanden sich Spuren eines Feuers und darauf lag der isolierte Schädel eines Kindes, das jünger als ein Jahr war[401]. Es wäre jedoch möglich, dass dieser Schädel erst in einer späteren Zeit auf das Grab gelangt ist und nicht zu dem eigentlichen Grabkomplex gehört. Somit kann derzeit nichts

[401] Ebd. Seite 63

Genaueres über einen möglichen Schädelkult während des PPNB innerhalb des Sinai gesagt werden. Funde aus dem keramischen Neolithikum könnten jedoch darauf hindeuten, dass die Sitte erst etwas später in diese Region kam. In der Nähe der Stadt Eilat wurde ein Gräberfeld aus dem 5. Jahrtausend vor Christus ausgegraben. In einem Cairn fand sich eine eckige, mit Steinen ausgekleidete Grube, in der sechs Schädel um eine Steinsäule gruppiert wurden[402]. Neuere Forschungen dürften das Bild komplettieren und erhellen.

In Ägypten muss man zwei verschiedene Gebiete ins Auge fassen, nämlich das Niltal und die angrenzende Ostsahara. Im Niltal lebten die Menschen seit dem Jungpaläolithikum, die Wüste ist erst seit circa 8000 vor Christus von Menschen besiedelt, weil ein feuchteres Klima dieses ermöglichte[403]. Trotz der vorhandenen kulturellen Einflüsse der Levante[404] scheint es in Ägypten sowohl im Niltal als auch in der Wüstenregion keinerlei Hinweise auf eine Sonderbehandlung von Schädeln zu geben.

Nach Osten hin scheinen die letzten Siedlungen, in denen die Sitte der Schädelentnahme mit anschließender Deponierung im westlichen Iran zu liegen. In Siedlungen wie Hajji Firuz Tepe, die ins sechste Jahrtausend vor Christusdatiert wurden die Schädel aus den Gräbern entfernt und teilweise in eine Wandecke eingebaut[405]. Auch in Tepe Guran, deren kalbibrierten C^{14} Daten zwischen 7580 und 6410 vor Christus streuen, wurden in einer Grube vier Schädel entdeckt, die vor der Deponierung entfleischt wurden[406]. Östlich dieser

---

[402] Ebd. Seite 80

[403] Kobusiewicz 1980 Seite 340

[404] Hershkovitz 1994 Seite 60f

[405] Bienert 2000 Seite 279

[406] Ebd. Seite 283

Siedlungen gibt es derzeit keine Hinweise mehr auf eine solche Sitte während des Neolithikums.

Nördlich von Anatolien finden sich einige Spuren einer Sonderbehandlung von Schädeln. Im so genannten Eisernen Tor in den südlichen Karpaten in Serbien finden sich zwei Siedlungen, die deutliche Spuren einer solchen Sitte zeigen.

Die Siedlung Vlasac wird aufgrund von C^{14} Daten in die Jahre 6300 – 5300 vor Christus datiert. Somit liegen sie zeitlich parallel zu den späteren PPNB-zeitlichen Siedlungen der Levante, aber die Wirtschaftsweise dieser Siedlung kann noch als mesolithisch eingestuft werden[407]. Insgesamt wurden 119 Bestattungen angetroffen, dazu kommen noch isolierte Knochen, die zu 165 weiteren Individuen gehören. Die Bandbreite an Bestattungsarten ist sehr groß. Neben der Ganzkörperbestattung wurde auch die Brandbestattung praktiziert. Primäre und sekundäre Bestattungen existierten auch parallel. In insgesamt sieben Fällen wurden Schädeldeponierungen nachgewiesen. Bis auf eine Ausnahme waren alle von erwachsenen Individuen.

Ganz in der Nähe dieser Siedlung liegt die prähistorische Fundstelle Lepenski Vir. C^{14} Daten zeigten, dass dieser Ort zwischen 5800 und 4950 vor Christus bewohnt, bzw. benutzt wurde. Auch hier ist die Wirtschaftsweise eher mesolithisch. Ob es sich bei dem Ort um eine Siedlung oder um einen Kultort bzw. Bestattungsplatz handelt, ist teilweise noch umstritten[408]. Einige vermuten eine Art „Priesterstadt“[409].

In den Proto Lepenski Vir Stufen und den ältesten Stufen I a/b wurden bis auf eine Ausnahme nur die Schädel oder die Mandibula

---

[407] Veit 1996 Seite 347

[408] Ebd. Seite 348

[409] Srejovic 1981 Seite 52

bestattet. Nur in wenigen Fällen wurden noch Langknochen dazu gefunden. Bei den Schädeln handelte es sich immer um Kranien. Alle so deponierten Schädel waren von Männern im Alter zwischen 40 und 60 Jahren. Die deponierten Mandibulae gehörten ausnahmslos zu Frauen zwischen 25 und 60 Jahren[410]. Bestattungen von Kindern fehlten in den Stufen vollkommen. In einem Fall wurde ein Grab entdeckt, bei dem der Schädel von seinem Körper getrennt bestattet wurde[411]. Ab der Stufe I b finden sich dutzende von kleinen Steinskulpturen[412]. Auffällig ist, dass die gefundenen Schädel und Figuren immer in der Nähe von Herdstellen gefunden worden sind. Sie lagen entweder vor oder hinter der Herdplatte. In den Stufen I c und I d kann man definitiv belegen, dass die Steinskulpturen und die Schädelbestattungen eine Verbindung haben. In zwei Häusern, die als Heiligtümer angesprochen werden, wurden in direkter Nachbarschaft der Herde Bestattungen angelegt. Exakt über dem Schädel wurde die Steinskulptur aufgebaut. Am Fußende des Grabes wurde eine senkrechte Steinplatte in den Boden eingelassen. In einem Fall fand sich in dem Grab die Leiche eines circa 60-jährigen Mannes, an dessen linken Schulter der Schädel einer Frau gelegt wurde. Ihre Mandibula fehlte. An der rechten Schulter lag der Schädel eines Rindes, das ein Loch in seiner Stirn hatte. Weiter rechts fand sich der Schädel einer Hirschkuh. In dem Raum waren noch drei weitere Personen bestattet, denen der Schädel fehlte. Hier haben wir eine klare Verbindung zwischen den Schädeln, Skulpturen und Herden. Die Steinfiguren übernahmen anscheinend die Rolle, die vorher die Schädel hatten. Auf einigen Steinen sind deutliche Phallussymbole

---

410 Ebd. 1981 Seite 42

411 Ebd. 1973 S. 143

412 Ebd. 1973 S. 110

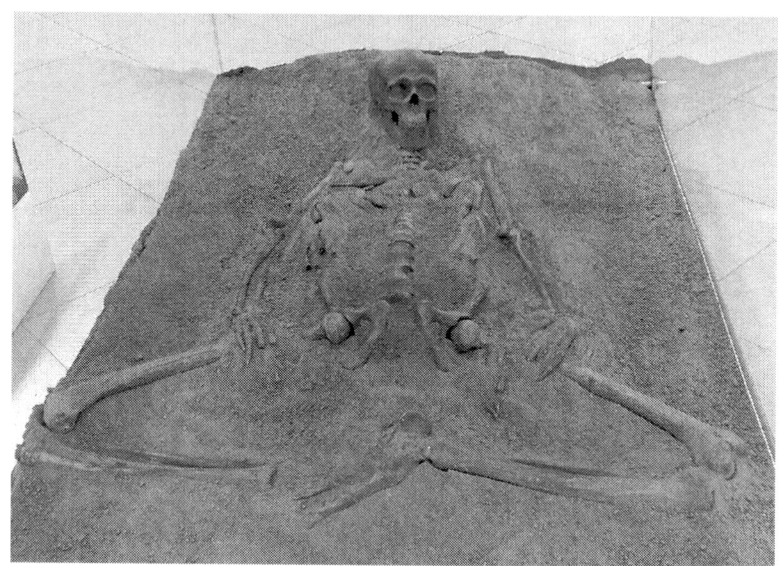

Abbildung 39

zu erkennen. In einem Haus fand sich die Darstellung einer Vulva, jedoch hatte dieser Stein kein Gesicht oder andere anatomischen Merkmale[413]. Anscheinend dienten die Steine dem Schutz vor einer jenseitigen Welt, worauf später noch näher einzugehen ist.

In späteren Stufen kommen immer mehr Ganzkörperbestattungen in gestreckter Rückenlage hinzu, bei denen jedoch oft der Schädel fehlt.

Die einzige Ganzkörperbestattung, die in der Stufe Ia gefunden wurde, ist in sich schon was Besonderes[414]. Dabei handelte es sich um die Bestattung eines Mannes als rhombischer Hocker, also in Rückenlage, Kopf auf die Brust gebeugt, die Beine gespreizt und so

[413] Ebd. 1973 S. 150

[414] Ebd. 1973 Seite 142

angewinkelt, dass sich die Fersen berühren (Abbildung 39). Die Lage des Toten scheint die Form der Häuser zu imitieren.

Auch nördlich dieser Siedlungen finden sich noch Beispiele für eine die Sitte der Schädeldeponierungen wie zum Beispiel in Ungarn in der Siedlung Mórágy[415]. Jedoch kommt in Ungarn auch eine Besonderheit im Bestattungsritus vor. Teilweise wurden den Toten die Hände und Füße abgeschnitten, was allgemein auf die Furcht vor einer Art von Wiedergängertum zurückgeführt wird[416].

Zusammengefasst kann man sagen, dass die Sonderbehandlung von Schädeln ein weit verbreitetes Phänomen darstellt, das sich nicht auf den Nahen Osten selbst reduzieren lässt.

---

415 Kalicz & Raczky 2003 Seite 31ff

416 Kalicz 1970 Seite 10

4. Analyse des Phänomens der Schädeldeponierungen

Die hier in diesem Buch vorgestellten Funde und Befunde stellen nur einen Bruchteil der Siedlungen dar, die eine Form einer Sonderbehandlung von Schädeln erkennen lassen. Jedoch zeigt diese Auswahl deutlich die Gemeinsamkeiten, aber auch die Unterschiede, die innerhalb des Kulturraumes Naher Osten zu finden sind.

Den Kulturraum als Ganzes betrachtet, können wir folgende Punkte festhalten:

a) Die Sitte der Schädeldeponierungen ist innerhalb des präkeramischen Neolithikums eine weit verbreitete Form des Umgangs mit den Verstorbenen. Einzelne Autoren definieren diese Sitte sogar als die „normale Bestattungsform“ und nicht als eine Art der Sonderbestattung[417].
b) Nicht alle Verstorbenen erfahren diese Sonderbehandlung. Das Auswahlkriterium ist nicht ersichtlich. Es gibt keine Einschränkung was Alter, Geschlecht oder sonstige Eigenschaften betrifft, die sich innerhalb des Grabkontextes feststellen lassen würden.
c) Die Sitte wird nicht in einer festen Form ausgeführt. Es kommen Schädelnester, Einzeldeponierungen und unterschiedliche künstlerische Formen der Behandlung der Schädel vor. Selbst innerhalb einer Siedlung und einer Zeitstellung gibt es oftmals fundamentale Unterschiede.
d) Ab dem PPNB ändert sich die Sitte und die übermodellierten Schädel treten in einigen Siedlungen auf. Diese Veränderung

[417] Perschke 2013 Seite 106ff

zeigt sich auch in anderen rituellen Aspekten sowie in den Siedlungen selbst[418].

Die Orte der Deponierungen

Die Deponierung der aufgefundenen Schädel fand sich ausnahmslos innerhalb der Siedlungen, meistens innerhalb der Häuser oder in Verbindung mit einem Haus statt. Die Grabstätten waren in der Regel die Häuser, in denen auch das normale Leben der Menschen ablief. Eine Deponierung innerhalb eines besonderen, als Heiligtum oder ähnliches definierten Bereichs, mit Ausnahme des Ossariums von Cayönü, kann nicht festgestellt werden. Möglichweise stehen jedoch einige Häuser, Siedlungsteile oder Steine im Zentrum des Bestattungsritus, wie es zum Beispiel in Atlit Yam zu sehen ist. In ´Ain Ghazal gab es anscheinend ein Zentrum für Bestattungen und die Rolle Kfar Hahoreshs ist immer noch unklar.

Die Catal Höyük gefundenen Schädel befanden sich laut den Angaben Mellaarts zwar sehr oft den so genannten *Shrines*, aber dies ist eine problematische Aussage. Mellaarts Einteilung der Häuser Catal Höyüks in *Shrines* und normale Wohnhäuser ist mehr als fraglich und auch nicht genau nachvollziehbar[419]. Weder die Ausstattung noch die Größe der Häuser zeigen einen auffallenden Unterschied. Mellaart nahm an, dass die Häuser, die mit einer Wandmalerei versehen wurden, nicht für eine profane Nutzung gedacht gewesen sein könnten. Unter diesen Wandmalereien umfasst er Abbildungen der von ihm als *Göttin* identifizierten Figuren, Jagdszenen, Landschaften, Blumen und Handabdrücke. Dabei werden die Jagdszenen und Landschaften als mythische Szenen

---

[418] Vergleiche dazu Rollefson 1983 und Verhoeven 2002

[419] Vergleiche zum Beispiel die Ausführliche Kritik bei Wunn 2001 Seite 87ff und Bienert 2000 Seite 303 – 304

identifiziert und die Handabdrücke werden, wie schon betont, zu den Verehrungszeichen „frommer Beter“[420]. Ob sich solche Handabdrücke überhaupt als Interpretationsmittel für religiöse Handlungen eignen, ist sehr umstritten. Darauf muss noch an anderer Stelle näher drauf eingegangen werden[421]. Auch die als Göttinnen identifizierten Figuren sind nicht mehr unumstritten. Mellaart deutete alle weiblichen Figuren als Darstellung einer Göttin und brachte praktisch alle anderen gefunden Figuren und sonstigen Darstellungen mit dieser in Verbindung und rekonstruierte so eine Religion einer Urmutter[422]. Diese Ideen wurden in vielen Publikationen aufgegriffen und teilweise weiterentwickelt. So wurde versucht ein Pantheon von Göttern zu rekonstruieren und einige gingen sogar so weit, die Stierköpfe als Uterus mit Adnexen zu deuten[423]. Derzeit geht die Deutung der Funde wieder in eine etwas weniger fantasievollere, aber dafür näher an den Objekten orientierte Interpretation. So werden die Figuren derzeit in vielen Fällen einfach als Spielzeuge betrachtet und auch einige Darstellungen der Göttin sind inzwischen als einfache Tierdarstellungen identifiziert, die vorher mangels Vergleichsfunden falsch gedeutet wurden[424]. Man muss dabei bedenken, dass viele Figuren in Abfallgruben entdeckt wurden, was eine kultische Funktion eher unwahrscheinlich macht.

Unter diesen Voraussetzungen kann man die Funde von isolierten Schädeln innerhalb der *Shrines* nicht als innerhalb eines Ortes mit besonderer ritueller Bedeutung werten.

---

[420] Mellaart 1967 Seite 102

[421] Wunn 2000 Seite 18f

[422] Wunn 2001 Seite 92

[423] Ebd. 2001 Seite 92

[424] Vergleiche dazu Patel 2010 Seite 11, Schmidt 2006 Seite 54f , Seite 96 und Seite 137f und Cutting 2007 Seite 126ff

An dieser Stelle muss nochmal auf den Göbekli Tepe eingegangen werden. Auffallend ist hier ein T-Pfeiler mit der Nummer 43, auf dem ein Bild von Geiern mit einer kopflosen Person zu sehen ist[425]. Im oberen Bereich des Pfeilers sieht man die Darstellung von zwei Geiern und einigen Vögeln mit langem Hals. Darüber hinaus sieht man einige noch nicht entschlüsselte Symbole, sowie ein Raubtier und einen Frosch. Im unteren Teil kann man einen Skorpion, Teile eines Raubtieres und am unteren Ende einen weiteren Vogel und einen kopflosen Mann mit erigiertem Glied erkennen. Die Kombination von Geier und kopflosem Menschen konnte man auch in Catal Höyük beobachten[426]. Zumindest bei diesem Pfeiler können wir mit an Sicherheit grenzender Wahrscheinlichkeit einen Bezug zum Totenkult annehmen. Somit hätten wir mit der Anlage des Göbekli Tepe einen Ort, der speziell für den Totenkult gebaut wurde. Es gibt zwar auch Stimmen die dieser Interpretation widersprechen und die Anlage als Wasser- und Heiligtum sehen wollen, eine wissenschaftliche Argumentation gibt es dabei aber nicht[427].

Sollte die Interpretation als Ort des Todes wirklich stimmen, dann ist es auffällig, dass bisher noch keine Gräber in der Anlage festgestellt wurden[428]. Diese werden zwar von dem Ausgräber Dr. Klaus Schmidt vermutet, jedoch soll erst einmal die Anlage komplett erforscht werden, bevor man die vermeintlichen Gräber öffnet. Schädeldeponierungen oder eine sonst wie geartete Sonderbehandlung von Schädeln entdeckten die Forscher bislang nicht, auch wenn es vereinzelte Knochenfunde gab[429].

---

[425] Vergleiche dazu Zick 2007 Seite 61

[426] Vergleiche dazu Kapitel 2.7 und 4.4.3

[427] Mahlstedt 2010 Seite 29 – 55

[428] Schriftliche Mitteilung von Dr. Klaus Schmidt am 15.2.2010

[429] Ebd.

Lediglich diverse Knochenfragmente menschlicher und tierischer Herkunft konnten verstreut innerhalb der Anlage erkannt werden.

Auch hier, in einer Anlage, die wahrscheinlich innerhalb des Todesrituals eine Rolle spielte, fehlen bislang Hinweise auf eine Sonderbehandlung von Schädeln. Somit kann man darauf schließen, dass die Schädel nicht an speziellen, für den Totenkult wichtigen Räumlichkeiten deponiert wurden, sondern innerhalb der Häuser, in denen das alltägliche Leben stattfand, niedergelegt wurden, was auch auf die Siedlungsbestattungen zuzutreffen scheint.

Es wurde vermutet, dass die Kreisanlagen als „Dachma“ dienten. Dachmas sind persische Türme, in denen die Verstorbenen aufgebahrt werden, um sie von Geiern fressen zu lassen. Noch heute gibt es in Mumbai mehrere dieser Türme, die auch noch in Benutzung sind[430]. Neuere Untersuchungen machen dieses jedoch unwahrscheinlich. Augenscheinlich waren die Kreisanlagen, wie schon betont, überdacht und waren damit Häuser. Möglichweise handelte es sich hierbei um die ältesten Tempel der Menschheit. Sämtliche Anlagen wurden nach einiger Zeit vergraben und damit bewusst unzugänglich gemacht. Ähnliches konnte man auch in Cayönü sehen. Wie das zu deuten ist, ist fraglich. Vielleicht sehen wir hier eine Sitte, die auf ein „Tabu“ hinweisen kann oder die Stätten wurden rituell „bestattet“.

Ein Punkt auf den noch näher eingegangen werden muss sind einzelne Bestattungen, die an auffälligen Orten gemacht wurden. Viele der Schädel wurden in der Nähe von Herdstellen entdeckt. Dies dürfte kein Zufall sein.

Viele Kinderbestattungen wurden in der Nähe oder unter Wänden gemacht. Dieses deutet darauf hin, dass die Kinderbestattungen

---

430 http://tinyurl.com/u7rwwpl

eine apotropäische Funktion[431] gehabt haben könnten. In vielen Kulturen und Zeiten gab es die Sitte, dass Tiere oder auch Menschen, die unter Wänden bestattet wurden, die Häuser beschützen. Sie existierten als eine Art „Schutzgeist“ weiter. Möglicherweise sehen wir auch hier Hinweise darauf. Die Bestattungen unter der Türschwelle in `Ain Ghazal dürfte in gleicher Weise zu interpretieren sein. Auf diese magischen Rituale wird später noch einzugehen sein.

Die Behandlung der Schädel

Wie schon erwähnt, erfuhren die Schädel keine einheitliche Behandlung. Es kommen sowohl vollständige Schädel als auch Kranien vor, jedoch erscheint das Entfernen und Deponieren der Kranien öfters innerhalb des Fundbildes. Die meisten Schädel erfuhren keine künstlerische Ausgestaltung, jedoch kamen diese auch vor. Auch diese waren nicht einheitlich, jedoch kann man durchaus Parallelen erkennen.

Man kann eine gewisse Typologisierung der Schädelbehandlung vornehmen, auch wenn diese nicht alle Feinheiten erfassen kann:

1. Typ A: Unmodifizierte Kranien. Diese Kategorie stellt die meisten Funde dar. Die Mandibula verblieb im Grab. Die Schädel wurden weder bemalt noch übermodelliert.
2. Typ A1: Unmodifizierte Schädel. Hierbei wurden die vollständigen Schädel mitsamt der Mandibula entfernt. Eine weitere Behandlung erfuhren sie nicht.

[431] Apotropäisch bedeutet, dass hier eine Dämonen- oder Geisterabwehr beabsichtigt ist. Ein noch heute übliches Beispiel wäre das Auge der Fatima, dass vor dem bösen Blick schützen soll. Auf dieses Symbol wird später auch noch im Text näher eingegangen. Auch das christliche Kreuz wird zumindest teilweise dafür getragen.

3. Typ B: Übermodellierte Kranien. Hierbei wurden Masken auf der Gesichtspartie aufgetragen. Die Masken waren aus verschiedenen Tonarten und wurden teilweise bemalt oder mit Muscheln, Obsidian oder Kaurischnecken verziert. Die Bemalungen stellen unter anderem eine Haar- beziehungsweise eine Barttracht oder die Augen dar. Die anderen Verzierungen dienten nur dazu, die Augen darzustellen. Die Augen können entweder geöffnet oder geschlossen sein. Das Hinterhaupt ist nicht mit Ton überzogen. Möglicherweise wurden die Schädel mit Perücken geschmückt. Die Zähne wurden oftmals postmortem entfernt, um sie aufzustellen.
4. Typ B1: Übermodellierte Schädel. Dieser Typ weist die gleichen Merkmale wie Typ B auf, jedoch ist hier auch die Mandibula übermodelliert.
5. Typ C: Vollständig übermodellierte Kranien. Hierbei wurde auch der Hinterkopf übermodelliert. Ansonsten gelten die gleichen Merkmale wie bei Typ B.
6. Typ C1: Vollständig übermodellierte Schädel. Wie Typ C, jedoch mit Mandibula.
7. Typ D: Kranien mit übermodelliertem Hinterkopf: Hierbei ist die Gesichtspartie frei von einer Übermodellierung. Möglichweise wurden die Schädel mit Masken geschmückt. Die Übermodellierung könnte eine Haartracht darstellen.

In der Regel wurde nur das Gesicht mit einer tönernen Masse überzogen, eine vollständige Übermodellierung des gesamten Schädels war eher ungewöhnlich. Nur an einem Fundort wurde lediglich der Hinterkopf überzogen. In diesem Fall nicht mit Ton, sondern mit einer Art Asphalt. Verzierungen des Hinterhauptes sind auch nur an einem weiteren Fundort bekannt.

Bestattung oder Deponierung?

Die Frage ob es sich bei der Niederlegung der Schädel um eine Bestattung oder eine Deponierung handelt, ist nicht leicht zu beantworten. Zumindest scheint die bewusste Niederlegung der letzte Akt innerhalb einer langzeitigen Benutzung der Schädel zu sein. Spuren von Reparaturen wie zum Beispiel bei dem Schädel D von 'Ain Ghazal oder des Schädels D117 aus Jericho sprechen für eine längere Nutzungsdauer. Die modellierten Hälse die zum Beispiel bei den Schädeln aus Tell Ramad bekannt sind, zeigen dies womöglich ebenfalls an.

Die Art der Niederlegung unterscheidet sich in den meisten Fällen nicht von den innerhalb der Siedlungen gefundenen Bestattungen. Lediglich einige Exemplare wie zum Beispiel die die in Jericho in dem Fundament von Wänden entdeckt wurden oder die Niederlegungen, bei denen ein Bezug zum Herd wahrscheinlich ist, fallen da möglicherweise aus dem üblichen Bestattungskontext. Hier könnte es sich eventuell um eine rituelle Deponierung gehandelt haben, wie wir später noch sehen werden.

Das „Skull Building" aus Cayönü kann man auch als einen Bestattungsort ansehen. Wie schon erwähnt gibt es viele Beispiele aus der Geschichte und der Ethnologie, die solche Schädelhäuser als letzten Aufbewahrungsort für die Schädel und manchmal auch für die Langknochen nutzen.

In Catal Höyük wurden Schädel gefunden, die sich in Körben befanden. Eine solche Behandlung erfuhren auch einige Ganzkörperbestattungen.

Insgesamt ist es wahrscheinlich, dass die meisten Schädel, nachdem sie innerhalb des Kultes keine Verwendung mehr fanden, eine Form der Bestattung erfuhren.

Wichtig in diesem Zusammenhang sind die Überlegungen des Archäologen John Barrett, der zwischen Bestattungsriten und

Ahnenriten unterscheidet[432]. Bestattungsriten sieht er als eine Art Reorganisation oder Neuverhandlung der Beziehung zwischen den Lebenden und den Toten. Die Ahnenriten verbinden im Gegenzug die Welt der Lebenden mit denen der Toten. Letzteres dürfte auf die Schädelentnahme und der Sonderbehandlung der Schädel zutreffen. Das Vergraben der Schädel könnte man eventuell auch als Ahnenritus sehen, jedoch spricht vieles dafür, dass die Schädel ihren ursprünglichen Sinn verloren und schließlich in einer Art „Abschluss" final bestattet wurden.

Definition des Ahnenbegriffes

In der Regel wird der Schädelkult mit einer Form des Ahnenkultes gleichgesetzt beziehungsweise interpretiert. Da jeder Totenkult in irgendeiner Form auch einen Ahnenkult beinhaltet, ist dieses natürlich durchaus richtig. Jedoch stellt sich die Frage, wie die Besonderheiten dieser Form des Ahnenkultes zu interpretieren sind.

Zunächst birgt der Begriff des „Ahnen" ein Problem da es keine einheitliche Definition des Terminus „Ahne" bzw. „Ahnenkult" gibt. Da dieses Thema, wie so viele andere in der Archäologie, interdisziplinär betrachtet werden muss, ist eine klare Begrifflichkeit jedoch entscheidend zum Verständnis einer Interpretation. So Definiert das Reallexikon Germanischer Altertümer (RGA) den Begriff „Ahne" wie folgt:

> Ahnenglaube und Ahnenkult gelten allein den verstorbenen Angehörigen der Sippe, und die Verehrung Darbringenden sind ausschließlich die zum Geschlecht der Verstorbenen gehörenden Nachkommen.[433]

[432] Barrett 1988 Seite 31f

[433] Ranke 1998 Seite 112 – 114

Hier fallen die Begriffe der „Sippe“ und der „Nachkommen“. Auch hier stehen wir wieder vor einem Problem, denn die Sippe umfasst entweder eine Gemeinschaft von Blutsverwandten oder einer zusammengehörigen Gruppierung, die über die einfache Blutsverwandtschaft hinausgeht. Betonen muss man, dass auch der Begriff je nach Fachrichtung ebenfalls unterschiedlich definiert wird. „Nachkomme“ jedoch umgrenzt Individuen als „Deszendenten“, also Personen, die einem Vorfahren folgen. Daher wird mit der Definition des Ahnenbegriffes des RGA auf eine Person verwiesen, die Kinder hinterlassen hat.

In einem Nachtrag dieses Artikels wird eine gewisse Problematik erwähnt: „Denn wir haben für den Ahnenkult, so wie er in seinem ersten Satze umgrenzt ist, kein Zeugnis.“ Demnach gibt es für die Definition keinerlei Belege.

Das Lexikon für Theologie und Kirche definiert den Begriff wie folgt: „Die Art der Verehrung des Ahns richtet sich nach seiner Stellung (Häuptling, König) oder dem Grad seiner Verwandtschaft (Vater, älterer Bruder).“[434]

Hier wird als Ahne die ganze Verwandtschaft genannt, jedoch explizit auf ältere Mitglieder der Familie beschränkt.

Etwas umfangreicher informiert das „Handbuch religionswissenschaftlicher Grundbegriffe“ über den Ahnen: „Ahnenverehrung ist die rituelle Verehrung der Verstorbenen, die als Ahnen von der Gesellschaft anerkannt werden und deren primäre Lokation im häuslichen Bereich des sozialen Lebens liegt. […] Zur Definition des Ahnen sind zwei Determinanten unerlässlich:

[434] Bürkle 1993

1. Der physische Tod, ein von der Gesellschaft des Verstorbenen als normal definierter Tod […]
2. Das Ritual […] wird zum Medium der Beziehungen mit dem als procreator konzeptualisierten Ahnen […]

Das Fehlen legitimer Deszendenten […] hindert eine Person daran zum Objekt der Ahnenverehrung zu werden."[435].

Bei dieser Definition wird ebenfalls von Nachkommen ausgegangen, auch wenn diese nicht genauer umrissen werden. Außerdem werden die Todesumstände als eine Art Auswahlkriterium genannt, ob der Verstorbene zu einem Ahnen wird oder nicht. Der Ahn nimmt einen von anderen Verstorbenen erhobenen Status ein, den nicht allen Mitgliedern einer Familie oder Sippe zusteht.

Wenn man im Zusammenhang mit dem Thema der Schädeldeponierungen des neolithischen Nahen Ostens weiterhin den Begriff des Ahnenkultes benutzen möchte, muss man diesen einer genaueren Definition unterziehen.

Da es bei den hier zu behandelnden Schädeldekorierungen, -deponierungen und –Modifizierungen ein Auswahlkriterium gegeben haben muss, auch wenn es sich uns nicht mehr erschließt, und praktisch alle Altersstufen eine Sonderbehandlung erfuhren, kann man die folgende Definition anwenden:

> Ein von der Verwandtschaft erhobener physisch Verstorbener, der in ritualisierten Handlungen weiterhin als Teil der häuslichen Gemeinschaft behandelt wird und eine Funktion der sozialen Regulierung erfüllt.

[435] Palmisano 1988 Seite 419ff

Ob es sich bei den Verwandten um Blutsverwandte handelt oder ob es sich dabei um eine Art Schwurverwandtschaft beziehungsweise Blutsbrüderschaft handelt, lässt sich aus dem archäologischen Kontext nur sehr begrenzt und nur mittels umfangreicher DNS-Analysen ermitteln. Diese stehen praktisch in allen Fällen noch aus. Bisherige Genanalysen hatten primär die Aufgabe Wanderbewegungen zu dokumentieren[436]. Die ersten Analysen, die Verwandtschaften innerhalb von Grabkomplexen aufzeigen sollen, scheinen die Verwandtschaften jedoch zu bestätigen. Auch der Nachweis der Endogamie in Basta erhärtet diese Theorie[437].

---

[436] Skourtanioti 2020 Seite 1158

[437] Alt 2013 Seite 1ff

5. Magie und Religion in der Vorzeit

Magie im Neolithikum

Religion und magisches Denken sind nicht voneinander zu trennen. Rituelle Handlungen sind Teil jeder Religion und können als magische Handlungen verstanden werden. Die Segenssprüche, die ein katholischer Priester mit einem Handgestus vollzieht, sind im Kern mit einer magischen Anrufung gleichzusetzen. Die religiösen Aspekte beziehen sich dabei auf eine göttliche oder quasigöttliche Wesenheit, während sich die magische Handlung auf den Menschen zielt.

Die ältesten Spuren von magischem Denken kann man schon im Paläolithikum feststellen. Neben Darstellungen von vermutlich schamanistischen Ritualen in diversen Höhlenmalereien, wären noch die recht berühmten Figurinen zu nennen, die an verschiedenen Fundstellen zum Vorschein kamen. Früher wurden sie als Göttinnen oder Priesterinnen gedeutet. Dieses ist heute widerlegt, unter anderem weil knapp 50% der Figuren Männer darzustellen scheinen. Jedoch gibt es immer noch keine definitive Antwort auf die Frage, warum sie hergestellt wurden. Eine profane Erklärung wäre, dass es sich bei den Figuren um Spielzeuge handelte. Dies wäre durchaus möglich und es gibt auch ethnologische Beispiele, die diese These stützen. Eine andere ist, dass die Figuren einen magischen Hintergrund hatten. Diskutiert wird hierbei die Verwendung in Fruchtbarkeitsritualen oder als Schutzobjekte. Viele der Figuren wurden im Bereich von Herden gefunden, etwas was auch bei einigen neolithischen Schädeldeponierungen auffiel[438].

[438] Wunn 2015 Seite 112ff

Im Neolithikum haben wir nun ein breites Formenspektrum an Symbolen, rituellen Rudimenten und anderen Objekten, die ein vielfältiges rituelles und magisches Denken offenbaren. Wie schon erwähnt wurden viele Schädel im Umkreis des Herdes der Häuser gefunden. Auch die kleinen Steinfigürchen aus Lepenski Vir standen direkt an dem Herd des Hauses. Dies wird kein Zufall sein. Der Herd und das Feuer werden oftmals mit einem Tor in die Unterwelt assoziiert. Die Schädel und auch die Statuetten Lepenski Virs scheinen mit dem Eingang in diese Unterwelt direkt verbunden zu seine. Möglicherweise beschützten oder überwachten sie ihn. Die kleinen Figuren zeichnen sich durch definitive Abwehrgesten wie Phallus und Vulvasymbole aus und schreiende Gesichter, was eine Schutzfunktion somit sehr wahrscheinlich macht. Auch in historischen Zeiten sind Herdfeuer oder Öfen als Übergang in eine „Anderswelt" bekannt. In Märchen und Sagen tauchen diese immer wieder auf. In den grimmschen Märchen „Der Eisenofen" kann der Ofen selbst als Eingang zur Unterwelt interpretiert werden. Auch in anderen Märchen spielen Öfen eine zentrale Rolle, wie bei Hänsel und Gretel oder Frau Holle. Heute kennen wir die Geschichte des Weihnachtsmannes, der durch den Kamin in die Häuser gelangt. Diese Vorstellung steht in direkter Tradition der Gedanken, dass ein übernatürliches Wesen durch ein Feuer / einen Ofen in das Haus kommt.

Auch die Verbrennung von Toten oder das Entzünden von Feuern bei Bestattungen sind im gleichen Kontext zu sehen. Auch in völkerwanderungszeitlichen Siedlungen tauchen Depots und Bestattungen unter Herden immer wieder auf[439]. Im Mittelalter hatte das Feuer eine schützende Wirkung. Auf Kirchhöfen wurden Laternen entzündet, um die Gebeine der Verstorbenen vor Dämonen zu

---

[439] Haarnagel 1979

schützen. Als zusätzlichem Schutz wurden kreisrunde Mauern um den Kirchhof gesetzt, die ebenfalls das Böse fernhalten sollten[440]. Bei der *Death Pit* in Domuztepe fällt auch die Bedeutung der Asche auf. Nach Abschluss des kannibalistischen Rituals wurde die Grube mit Asche versiegelt, die wahrscheinlich vorher bei dem Ritual entstanden war. Vielleicht stammte sie von den Feuern, auf denen die Menschen gekocht wurden. Erwähnenswert ist, dass die Asche beim Verfüllen der Grube noch heiß war. Das Auffüllen der Grube entstand also kurz nach dem Erlöschen des Feuers[441].

Ein weiteres Schutzritual muss die Wände der Häuser betroffen haben. Die vielfältigen Darstellungen von Händen auf den Wänden können möglicherweise in diesem Zusammenhang gesehen werden. Die Darstellung von Händen kann eine vielfältige Bedeutung haben. Die Darstellung von Oranten, Begrüßungen oder auch profane Mustern wären denkbare Möglichkeiten. Eine durchaus wahrscheinliche und diskussionswürdige Interpretation wäre die eines Schutzzaubers[442]. Vielfach treten die Handabdrücke in bandförmigen Mustern auf, oftmals in Kombination mit einer Netzstruktur, die an Flechtzäune oder auch Mauern erinnert. Hände haben in praktisch allen Kulturen die Bedeutung von „Stop!“ oder „Bleib weg!“ [443]. Auch im historischen Palästina finden sich Belege, dass das Symbol einer Hand als magische Abwehr angebracht wurde. Wenige km westlich von Hebron fand man in der Siedlung Hirbet al-Qom eine Grabinschrift, die in die zweite Hälfte des 8. Jahrhundert vor Christus datiert wird. Hier wurde unter einer Umschrift eine Hand eingeritzt,

---

[440] Scheidt 2011 Seite 17

[441] Carter 2012 Seite 108

[442] Morenz 2014 Seite 106ff

[443] Vgl. dazu Wunn 2015 S. 72ff

Abbildung 40

die Übeltäter vom Grab zurückweisen soll[444]. Bis heute ist das *Auge der Fatima* im islamischen Raum ein magisches Symbol, das gegen den Bösen Blick und gegen Dschinns helfen soll (Abbildung 40). In Kombination mit den anderen Strukturen könnte eine *apotropäische Wirkung* erwünscht gewesen sein. Dass die Wände einen gewissen Schutz bedurften, ist in Ba´ja und Basta deutlich zu erkennen. In den Wänden der Häuser fanden sich oftmals Depots von Gegenständen sowie die Bestattungen von Babys[445].

In Ba´ja wurde beispielsweise ein Depot von vier Flintkeilen in eine Wand eingemauert. Sie waren dort definitiv nicht mehr zu bergen, was ein absichtliches Verstecken wahrscheinlich macht. Ebenfalls in Wänden wurden Depots von Hammerköpfen und Mahlsteinen entdeckt. Solche Depots sind in PPNB zeitlichen Siedlungen wie Jerf al-Ahmar, Sabi Ayad und 'Ain Ghazal bekannt, jedoch teilweise nicht publiziert. Im keramischen Neolithikum kann diese Sitte weiter beobachtet werden. Auch eine Primärbestattung eines Babys wurde in einer Mauer in Areal A gefunden. Es wurde mit einer Kette aus Perlen und gelochten Perlmuttscheiben bestattet. Solche Scheiben wurden auch bei der Deponierung eines Babyschädels in Ba´ja entdeckt.

Seltener, aber auch vorkommend, sind Deponierungen zwischen Wänden. In Ba´ja wurden einige Tierknochen und ein Fresko entdeckt, die zwischen Mauern versteckt waren. In diesem Zusammenhang sollte erwähnt werden, dass viele Schädelnester in einer Verbindung zu Wänden gesetzt wurden.

[444] Schmitt 2004 Seite 149ff

[445] Gebel 2000 Seite 126ff

Diese Deponierungen und Bestattungen sind in direktem Kontext mit Wänden definitiv als nicht zufällig anzusehen. Möglicherweise brauchten die Wände einen magischen Schutz, der durch solche Deponierungen gewährleitet werden sollte. Die Bemalungen von Wänden könnten zumindest teilweise in den gleichen Kontext betrachtet werden.

In Mureybet wurden Stierhörner in Wänden deponiert[446], die ja – wie bereits erwähnt – ebenfalls einen kultischen Charakter hatten.

In einigen Fällen konnten Bestattungen auch im Kontext von Türschwellen belegt werden. Auch hierbei handelte es sich um Bestattungen von Babys. Die Türschwelle als physischer Eingang benötigte wahrscheinlich ebenfalls einen magischen Schutz. Einen solchen magischen Schutz kann man auch noch in der Bibel sehen. Im 2. Buch Mose 12; 7.13.21 – 24 werden die Plagen geschildert, die über Ägypten hereinkommen. Um sich gegen den „Todesengel" zu schützen, müssen die Israeliten ihre Türpfosten mit Blut bestreichen. Geschildert wird dabei auch ein bestimmtes Gewand und ein Essensritual. Solche Rituale sind archäologisch nicht oder nur sehr schwer greifbar, zeigen aber Elemente, die bei magischen Haussicherungen eine Rolle spielten. Die Sitte, den Eingang des Hauses mittels Depots und Bestattungen magisch zu schützen, kann in Europa auch noch bis ins frühe Mittelalter verfolgt werden[447]. In vielen Siedlungen der Völkerwanderungszeit finden sich die Bestattungen von Hunden, die unter der Türschwelle liegen. Wachhunde sind bis heute bekannt und die symbolische Wirkung des bestatteten Hundes soll hier bösen Geistern den Zugang zum Haus verwehren. Heute findet man die Sitte der Opferung und Aufbewahrung von Hunden

---

446 Cauvin 2003 Seite 28

447 Haarnagel 1979

in einigen Teilen Afrikas. In Benin werden zum Beispiel noch heute Hunde geopfert, mumifiziert und dann als Schutzgeister im Haus aufbewahrt (Abbildung 41). Interessant dabei ist, dass die Voodoo-Praktiken hier der Religion der Yoruba zugeordnet werden können. Diese verehren den Hauptgott Shango, der seinen Ursprung im Nahen Osten hat. Die Assyrer brachten nach dem Zerfall ihres Reiches Teile ihrer Religion circa 612 vor Christus nach Westafrika. Der Begriff *šangû* bezeichnet den Herrscher des assyrischen Reiches und dieser war eine Verkörperung des Wettergottes Ba´al. Möglicherweise haben sich hier große Teile der Religion des Nahen Ostens in Afrika etabliert[448].

Abbildung 41

[448] Vergleiche dazu Lange 2011 S. 579 ff.

Heute ist diese Tradition des Schutzes der Tür noch durch die Haussegnungen der Sternsinger erkennbar, die mit den Buchstaben C+M+B und der Jahreszahl das Haus vor dem Bösen schützen soll.

Ein besonderer Aspekt der Magie darf hier nicht vergessen werden: Die Nekromantie. Nekromantie bedeutet so viel wie „Anrufung / Befragung von Toten". Im Laufe des Mittelalters wurde das Wort „Necromantus" zu „Negromantus", also „Schwarzmagier" verändert und ab diesem Punkt spricht man von schwarzer und weißer Magie[449]. Nekromantie kann entweder die prophetische Befragung der Verstorbenen bedeuten, wie sie zum Beispiel bei Orakeln gemacht wird oder die eigentliche Erweckung von Verstorbenen. Schon auf Tontafeln mit Keilschriften werden diverse nekromantische Rituale erwähnt. Auch in der Bibel tauchen diese auf[450]. Im Buch 2 Könige 4, 8 – 37 wird die Erweckung eines verstorbenen Kindes thematisiert. Der Prophet Elischa kommt in ein Haus, in dem ein totes Kind aufgebahrt ist. Er spricht ein Gebet zu JHWH, dann legt er sich auf das Kind, sodass sein Gesicht genau über dem des Kindes ist.

> [...] und legte sich auf das Kind und legte seinen Mund auf des Kindes Mund und seine Augen auf dessen Augen und seine Hände auf dessen Hände und breitete sich so über ihn.

Daraufhin wird die Haut des Kindes wieder warm, es niest siebenmal und schlägt seine Augen auf. Das Ritual, sich auf den Leichnam zu legen, bedarf einer kurzen Erläuterung. Ähnliche Rituale finden sich in assyrischen Texten, die die Besessenheit von Dämonen thematisieren:

---

[449] Tropper 1989 S. 15ff

[450] Vergleiche dazu Schmitt 2004 S. 237ff

5. – 6. Lege nicht deinen Kopf auf seinen Kopf
7. – 8. Lege nicht [deine] Hand auf seine Hand
9. – 10. Lege nicht deinen Fuß auf seinen Fuß
11. – 12. Berühre ihn nicht mit deiner Hand

oder auch:

1 – 2 Sie wurden denen gleich, die keine Götter haben
3 – 4 Sie legten ihre Hände auf seine Hand
5 – 6 Sie legten ihre Füße auf seinen Fuß
7 – 8 Sie legten ihren Nacken auf seinen Nacken
9 – 10 [So] tauschten sie seine Person gegen [ihre]

Die Texte zeigen eine rituelle Handlung, die auf mannigfaltige Art und Weise interpretiert werden kann. Dämonische Besessenheit wird hier ähnlich gehandhabt, wie die Wiedererweckung eines Leichnams. Es gab mehrere Theorien, die versuchten die Gleichheit der Rituale zu erklären. Diese reichen von der Idee einer schamanistischen Seelenreise, um die Seele des Verstorbenen aus der Unterwelt zurückzuführen oder der Übertragung von Lebenskraft[451]. Dass sich Spuren schamanistischer Praktiken in den poly- und monotheistischen Religionen manifestieren, kann als sicher gelten, aber ob es sich dabei auch um ein solches Rudiment handelt, kann an dieser Stelle nicht entschieden werden.

Auch in Texten aus Ugarit finden sich Hinweise auf nekromantische Praktiken. Ugarit war eine Stadt an der syrischen Küste, deren ältesten Siedlungsspuren ins 7. Jahrtausend vor Christus datieren.

[451] Ebd. S. 247 – 249

Nach einer Blütezeit von rund tausend Jahren wurde sie im dritten Jahrtausend aufgegeben. Aus ihrer Hochzeit[452] stammen auch die Keilschrifttexte, die die religiösen Praktiken beschreiben. Einer der Ritualtexte beschreibt ein Ritual zu Ehren des Königs Niqmaddu III., bei dem die Ahnen des verstorbenen Königs heraufbeschworen werden, um an der Zeremonie teilzunehmen[453].

Für solche magischen Rituale gibt es im Neolithikum verständlicherweise keinerlei Hinweise. Die archäologischen Befunde ermöglichen nicht eine solch genaue Analyse der Magie. Jedoch könnte es sich bei den isolierten Schädelfunden um Überreste nekromantischer Praktiken handeln.

Möglicherweise wurden die Ahnenschädel des Neolithikums für eine Befragung der Toten verwendet. Historische Belege für so genannte *Orakelschädel* gibt es mehrere. So bewahrte der spartanische König Kleomenes den Kopf seines Freundes Archonides in einem Krug Honig auf und besprach sich mit diesem. Auch im Voodoo gibt es Orakelschädel. Schalen mit Schädeln sind aus Benin bekannt. Die Schädel stammen von so genannten Bokonon, die traditionell als Weissager tätig waren. Mit diesen Schädeln wurden dann weiterhin Weissagungen durchgeführt. Weitere Orakelschädel gibt es zum Beispiel an einem Stuhl oder einem kleinen Schrein. Sie alle dienten dazu, um mit den Ahnen zu kommunizieren.

Zur Magie des Vorderen Orients lohnt es sich auch hier, einen Blick in das Alte Testament zu werfen. Die Bibel unterscheidet verschiedene Formen der Magie und Zauberwirkern. Sie beinhaltet ein äußerst komplexes Magiesystem, das historisch und linguistisch

---

[452] Yon 2002 S. 7ff

[453] Pardee 2002 S. 57

gewachsen ist. Einige werden in der Bibel akzeptiert, andere nicht[454].

Zum einen gibt es den Schadenszauberer „məkhaššəfāh“ genannt wird. Diese Personen verwendeten eine Magieform, die sich kšp nannte. Wichtig ist, dass dieses kšp auch so viel wie „falsche bzw. gefährliche Religion / falsches bzw. gefährliches Ritual“ bedeuten kann. Die Personen, die kšp verwendeten, durften laut dem Alten Testamentes getötet werden[455]. Diese Form der Magie war auch in späteren Zeiten verrufen und wurde in einigen Kulturen und Zeiten mit der Todesstrafe geahndet. Die Hexen- beziehungsweise Ketzerprozesse der frühen Neuzeit können als eine Folge dieser Strafverfolgung gesehen werden. Es gab aber auch noch andere Magier, die anders bewertet wurden. So gab es zum Beispiel die Hexer, die Flüche aussprechen oder lügnerische Magie verwenden. Diese werden von Gott gerichtet, nicht vom Menschen[456]. Diese Praktiken wurden später von der christlichen Gemeinschaft vollkommen abgelehnt. Auch die Nekromantie fiel unter diese verbotene Magie.

Erlaubt waren jedoch auch andere Magieformen. Zum einen wurde eine Form von rituellen Magiern, zum Beispiel Priestern, praktiziert. Diese übten magische Praktiken im Namen *JHWH* aus und waren nicht zu verfolgen. Ein katholischer Priester, der Wasser weiht, führt eine magische Handlung aus. Die Idee, dass man Gegenstände weihen oder verzaubern kann, findet sich auch in anderen Religionen, die vom Christentum beeinflusst wurden. In diesem Rahmen sind zum Beispiel die Weiheformeln zu verstehen, die

---

[454] Vergleiche dazu Schmitt 2004

[455] Exodus 22, 17, 5. Mose 18, 9 – 22

[456] Maleachi 3, 5

auf frühmittelalterlichen Runensteinen zu finden sind und allgemein dem Gott Thor zugesprochen werden.

Daneben gab es noch die Heilmagie. Diese wurden von „Iš hā'elohîm“ praktiziert. Der Name enthält schon den Gottesnamen Elohim und zeigt, dass diese Magie als göttlich angesehen wurde. In diesem Zusammenhang muss man auch die Wunder Jesu und auch die Wunderheilungen von Heiligen sehen. Diese war ausdrücklich erlaubt. Es gibt auch Hinweise auf „Weise Frauen“ in der Bibel. Diese nannte man „salŠU.GI“. Diese wurden nicht verfolgt, solange sie keine Schadenszauberinnen waren.

Hauskult oder breitgefächerte religiöse Ordnung?

Dass sich der Kult in weiten Teilen innerhalb der Hausgemeinschaft abgespielt hat, kann man anhand einiger Indizien erkennen. In chalkolithischer Zeit wurden in Häusern Idole entdeckt, die zu einem häuslichen / familiären Fruchtbarkeitskult gehörig gedeutet werden[457]. Des Weiteren spricht die Sitte der Siedlungsbestattung auch für eine gewollte Nähe zu den Verstorbenen. Dieses zeigt die enge Verbundenheit zu den Verstorbenen. Noch heute kann man bei Volk der Kara, die im Südwesten Äthiopiens beheimatet sind die Hausbestattung feststellen[458]. Sie wollen den Toten nahe sein und sie glauben, dass die Toten noch mit ihnen kommunizieren. Dass die Toten mit den Nachkommen kommunizieren können, ist ebenfalls aus dem Nahen Osten bekannt. In dem ugaritischen[459] Text KTU 1.17 I 25 – 33 werden die Pflichten des Sohnes bei der Totenfürsorge

[457] Vieweger 2003 Seite 257f

[458] Shea 2010 Seite 88

[459] Ugar war ein Stadtstaat, der ab circa 2400 vor Christus im heutigen Syrien lag.

beschrieben[460]. Als zweite Aufgabe wird genannt, den Geist des Ahnen zu befragen, was belegt, dass eine Kommunikation mit den Toten stattfand. Natürlich sind sowohl Ethnologische Vergleiche als auch der Vergleich von neolithischen Gesellschaften mit den Texten jüngerer Kulturen problematisch und können weder bedingungslos übernommen werden noch für sich alleine stehen, aber sie bieten einen interessanten Ansatz für die Diskussion.

In diesem Zusammenhang ist ein Fund vom Göbekli Tepe interessant, der laut seinem Ausgräber als einen möglichen Beleg für die Langlebigkeit von Mythen und religiösen Symbolen darstellen kann[461]. Auf einem der T-Pfeiler fand sich ein Motiv, welches ein „Netz" aus Schlangen zeigt, welches sich auf einen Vierfüßer, vielleicht einen Widder zubewegt. Er deutet dieses Bild als ein „Sündenbock-Motiv". Dieser Begriff ist bis heute geläufig und basiert auf einen Ritus, der von den Hethitern, einem kleinasiatischen Volk, das im 2. Jahrtausend vor Christus im Gebiet des heutigen Israels, Libanons und Syriens lebte, vollzogen wurde. Der Ausgräber Göbekli Tepes, Klaus Schmidt, hält es für möglich, dass dieses Ritual seinen Ursprung im Neolithikum oder vielleicht sogar noch früher hat.

Ein weiteres Indiz für die Dominanz eines Hauskultes bei der Behandlung der Schädel liegt bei der absolut individuellen Handhabung dieser. So gibt es, wie schon festgestellt, keine absolut einheitliche Erscheinung des Kultes. Selbst innerhalb einer Siedlung finden sich verschiedene Formen des Kultes nebeneinander. Das spricht gegen eine „von oben" auferlegte Richtlinie bei der Ausübung der Riten. Es scheint, dass zwar die gleiche Idee innerhalb eines großen Raumes seine Anhänger fand, aber die Ausführung der Idee von jedem ganz

---

[460] Vieweger 2003 Seite 267f

[461] Schmidt 2006 Seite119f und 209f

individuell gehandhabt werden konnte. Mellaart versuchte zwar innerhalb Catal Höyüks eine Priesterinnenkaste zu rekonstruieren, die die religiösen Angelegenheiten der Einwohner regelte, aber dies basiert auf seine Analyse der *Shrines*, deren Einteilung ja mehr als fraglich ist. Daher kann dieses nicht als Beleg für eine übergeordnete Instanz gewertet werden, die die Kulte regelte. Die Befunde in Catal Höyük sprechen eher dafür, dass die einzelnen Haushalte vollkommen autark agierten. Sämtliche Vorratsspeicher waren innerhalb der einzelnen Wohnhäuser. Allgemeine Speicher oder sonstige Strukturen, die eine übergeordnete Organisation voraussetzen, wie zum Beispiel Friedhöfe, fehlten. Es gab auch keinerlei Tempelanlagen.

Beim Göbekli Tepe wurde auch versucht, eine Priesterkaste zu rekonstruieren. Dabei wurde die These aufgestellt, dass das Betreiben der Anlage von Spezialisten durchgeführt wurde. Andere Menschen spezialisierten sich nun ebenfalls und wurden so Bauern oder Hirten. So soll die Domestizierung der Pflanzen und Tiere ihren Anfang genommen haben[462]. Wie schon vorher kurz erwähnt gibt es die Hypothese, dass die Priester mit einer Art permanenten Gottesdienst beschäftigt gewesen wären und sie keinerlei andere Aufgaben mehr übernehmen konnten. Auch die Bauarbeiter seien Spezialisten gewesen, die keine Zeit mehr gehabt hätten, sich selbst um die Nahrungsproduktion zu kümmern. So sollen in den Siedlungen um den Göbekli nun neue Formen der Versorgung erfunden worden sein[463]. So schön diese Erklärung der neolithischen Revolution auch sein mag, beweisen lässt sie sich nicht, auch wenn vieles dafür spricht. Somit muss eine spezialisierte Priesterkaste, die die religiösen Belange einer

---

[462] Reichholf 2008 Seite 235ff

[463] Ebd. 2008 Seite 235ff

Region steuert, derzeit als unwahrscheinlich gelten[464]. Eine übergeordnete Instanz, die den Bau eines so gewaltigen Projektes wie den Göbekli Tepe organisierte und Menschen mehrerer Gemeinschaften über einen langen Zeitraum an einen Ort band, ist zwar mehr als wahrscheinlich, aber einen gezielten Einfluss auf die Details der Ausübung der Riten innerhalb der Siedlungen lässt sich nicht feststellen.

Es sieht so aus, als hätte die religiöse Ausübung in der Verantwortung der Familie gelegen. Wahrscheinlich war dabei der Älteste der Familie als eine Art Oberhaupt anzusehen. Das die Herrschaftsstruktur innerhalb neolithischer Gesellschaften *polykephal*, also von den Ältesten der Familien oder der familienähnlichen Gemeinschaften beherrscht war, kann als wahrscheinlich gelten[465]. Somit wäre eine Auslegung der religiösen Sitten von deren Seite anzunehmen.

Dass die älteren Mitglieder der Familien eine besondere Stellung hatten, wollen einige auch an den übermodellierten Schädeln feststellen. Als ein Indiz wird das immer wieder auftretende Fehlen der Zähne genannt. Eine gängige Deutung dafür ist, dass die Schädel jung verstorbener Personen in Schädel eines Älteren transformiert werden sollten[466]. Jedoch widersprechen einige Forscher dieser Theorie, da bei einigen Schädeln verloren gegangene Zähne anscheinend durch Ton ersetzt wurden. Sie geht eher davon aus, dass die Zähne oftmals einfach verloren gegangen sind und es keinen besonderen Grund gab[467]. Auch die Möglichkeit, dass die Schädel eine bessere Aufstellung ermöglichen, wenn die Zähne fehlen, wurde schon genannt.

---

[464] Dies wird auch in Veit 1996 Seite 202 so gedeutet.

[465] Veit 1996 Seite 202

[466] Vergleiche Arensberg & Hershkovitz 1988 Seite 57 und Bonogofsky 2003 Seite 4f

[467] Bonogofsky 2003 Seite 7f

Götter, Göttinnen oder Geister?

Eine weitere Frage wäre noch zu klären, welche Form der Religionsausübung die Menschen dieser Zeit hatten. Theorien gibt es viele. Eine die immer wieder sehr prominent auftritt, ist die Verehrung einer Großen Göttin. Diese Idee wurde primär von James Mellaart während seiner Grabungen in Catal Höyük entwickelt. Mellaart Er sah in der von ihm gegrabenen Fläche das Siedlungsareal einer elitären Priesterkaste und das Gebiet selbst als eine Art „Heiligen Bezirk". Die restlichen Menschen lebten, laut Mellaart, in den nicht gegrabenen Arealen, was er natürlich nicht belegen konnte, aber schlicht behauptete. Er ging fest davon aus, dass Catal Höyük von einer Gruppe bewohnt wurde, die aufgrund von Hunger sesshaft wurden, jedoch die vorher herrschende Religion, bei der eine Muttergottheit und ihre Jagdzaubern im Zentrum standen, beibehalten wollten. Er sammelte nun sämtliche Kunstwerke, die er finden konnte und interpretierte sie in diese Richtung. Die Wandmalereien standen dabei im Fokus. Räume mit diesen Malereien interpretierte er als Schreine, auch wenn es keinen offensichtlichen Unterschied zu anderen Räumen gab. Einige dieser „Schreine" wurden auch bis zu 120 Mal renoviert, teilweise mit Wandgemälden, teilweise ohne. Wenn ein Wandschmuck da war, interpretierte er den Raum als Schrein. Fehlte dieser, wies er ihm eine profane Bedeutung zu. Figuren, die einen etwas dickeren Bauch hatten, deutete er als Schwangerschaftssymbol, auch wenn es keiner weiteren Geschlechtsmerkmale gab. Teilweise reichte ihm auch die Art, wie die Personen standen, um sie definitiv als weiblich einzuordnen. Zu erwähnen ist auch, dass es in ganz Catal Höyük keinerlei Abbildungen von Vulvas gab, aber jedoch dort ein Phallus entdeckt wurde[468].

---

[468] Röder 2001 Seite 243 und Meskell 2007 Seite 144

Wie schon erwähnt, fanden sich an einigen Wänden Bukranien. Die Interpretationen waren ziemlich vielfältig. Mellaart betrachtete sie als eine Verkörperung männlicher Fruchtbarkeit. Da die Schädel unter einigen Bildnissen angebracht wurden, die er als gebärende Göttin interpretierte (was auf er aufgrund einer auf dem Bauch gemalten Spirale annahm), war es für ihn klar, dass die Göttin hierarchisch über der männlichen Fruchtbarkeit stand. Dass es in Catal Höyük mehr männliche Schädel als weibliche Darstellungen gab, war für ihn nicht von Belang. Eine weitere Interpretation verweiblicht die Stierschädel. Man wollte sie als Abbildungen einer Gebärmutter sehen. Somit wurden diese Funde weiblich, auch wenn es sich nachweislich um Stiere, also männliche Tiere handelte. Geierdarstellungen wurden ebenfalls konsequent als weiblich interpretiert. Hier soll die Göttin den Todesaspekt verkörpern, während die gebärende Göttin das Leben bringt.

An den Wänden der Räume waren oftmals Handabdrücke zu sehen. Anscheinend haben die Bewohner der Siedlung ab und an ihre Hände in Farbe oder Blut getaucht und dann die Handflächen an die Wände gedrückt. Für Mellaart waren diese Abdrücke Zeichen der Ehrerbietung von Oranten, jedoch gibt es noch andere Erklärungsmöglichkeiten, auf die an späterer Stelle noch näher eingegangen wird.

Die Figuren, die in der Siedlung gefunden wurden, sieht er natürlich im gleichen Kontext. Für ihn waren die Figuren entweder Opfergaben oder Abbildungen der großen Göttin. Leider gab Mellaart keinen genauen Fundort der Figuren an, was verständlich wird, wenn man erfährt, dass sie anscheinend zu einem großen Teil in Abfallgruben gefunden wurden[469]. Interessanterweise interpretierte

---

[469] Meskell 2005 Seite 161

er Figuren, bei denen keine Brüste modelliert wurden, trotzdem als weiblich. Um das zu rechtfertigen, wurden die Figuren mit Brüsten zu alten Müttern und die ohne Brüste zu Töchtern. Zwar gab es laut seiner Meinung auch männliche Figuren, jedoch waren diese entweder auf Jäger, Sohn oder Vater Darstellungen reduziert. Der Vater stellte dabei den hierarchisch niedrigsten Teil der Familie dar. Mellaart identifizierte hier zwei Hauptgottheiten: eine große Mutter und ihren Liebhaber. Mit den anderen zusammen ergibt sich ein gesamtes Familienpantheon. In der von Mellaart gegrabenen Fläche gab es exakt acht Figuren, die er als Götterfiguren deutete. Fünf waren Frauen, drei Männer. Wenn man die Besiedlungsdauer von mehreren hundert Jahren bedenkt, dann sind das recht magere Fundzahlen, wobei inzwischen einige wenige weitere Funde aus anderen Grabungen publiziert wurden. Zum Schluss muss man noch einen Fund erwähnen, den Mellaart ebenfalls in eine weibliche Richtung interpretierte, was an dieser Stelle niemanden mehr überraschen dürfte. An den Wänden fanden sich mehrere halbkugelförmige oder spitzzulaufende Gipsgebilde. In deren Inneren fanden sich Schädel und Knochen von Füchsen, Geiern, Wieseln und anderen Tieren. Er interpretierte die Funde nun als Brüste, die an die Wände modelliert wurden. Sie repräsentieren, laut Mellaart, das Leben und den Todesaspekt der Göttin. Das diese Gebilde in senkrechten und waagerechten Linien an den Wänden auftauchten, ignorierte er.

Es gab noch mehrere Dinge, die Mellaart mit dem Kult einer großen Muttergöttin in Verbindung brachte, aber an dieser Stelle sollen diese Beispiele reichen. Diese Hypothese sorgte für viel Aufsehen und viele Autoren übernahmen diese Thesen mit großem Enthusiasmus und versuchten die Bilder Catal Höyüks und anderer Siedlungen weiter in diesem Sinne zu interpretieren. Sie schlussfolgerten eine komplexe, matriarchalische Gesellschaft, die in Catal Höyük in einer

Art *Paradies* lebten. In späterer Zeit soll das Patriarchat dieses Paradies vernichtet haben, woraufhin Kriege und andere Katastrophen entstanden. Dies wurde dann für das Neolithikum verallgemeinert.

Was ist von dieser Hypothese zu halten? Zum einen muss man bedenken, dass Mellaart inzwischen einen recht zweifelhaften Ruf genießt. Er hat nachweislich Funde gefälscht und Kontexte verschwiegen. Zumindest letzteres ist auch hier ist der Fall. Einen Fundkatalog hat er nie publiziert, Fundorte wurden nie angegeben und einige Wandmalereien, die er beschrieben hat, wurden nicht gefunden. Es gibt auch keinen Beleg dafür, dass Frauen in irgendeiner Form besser oder dass Männer schlechter behandelt wurden. Weder bekamen Frauen reichere Beigaben mit ins Grab noch gab es sonst irgendwelche Merkmale, mit denen man eine Hierarchie belegen könnte. Dass eher alles gegen eine übergeordnete Organisation spricht, wurde schon an anderer Stelle erörtert. Grabfunde deuten eher darauf hin, dass die Gesellschaft Catal Höyüks gleichberechtigt war. Der von Mellaart postulierte profane Bezirk, in denen die Menschen wohnten, die nicht zur Priesterkaste gehörten, ist nie gefunden worden. Die Einteilung in „Schreine“ und „profane Häuser“ ist nicht haltbar. Fraglich ist auch, ob eine Trennung zwischen kultischem und profanem in den prähistorischen Zeiten überhaupt stattfand. Die gefundenen Figuren werden inzwischen größtenteils als Spielzeuge gedeutet, wobei Figuren wie die berühmte „Göttin auf dem Leopardenthron“ durchaus eine andere Funktion gehabt haben dürften. Eine Figur, die als „Göttin“ gedeutet wurde, wurde inzwischen als Bär entlarvt[470]. Insgesamt ist die Existenz einer Muttergottheit wieder „Großen Göttin“ im Neolithikum heute widerlegt. Bei den gefundenen Figuren, die nicht als Spielzeuge dienten, wird derzeit die Darstellung einer

[470] Lichter 2007 Seite 128

Ahnenfigur oder die einer Dema-Gottheit diskutiert[471]. Dema-Gottheiten sind kurz gesagt Wesenheiten, die mit der Aussage „aus dem Tod entspringt Leben“ beschrieben werden können. Sie soll in neolithischen Kulturen aus der Erfahrung entstanden sein, dass aus Leichenteilen Knollenpflanzen wuchsen. Ob es eine solche Dema-Gottheit gab, ist jedoch auch stark umstritten.

Was hat es nun mit dem paradiesischen Matriarchat auf sich? Gegen das „Paradies“ sprechen mehrere Befunde. Zum einen wäre da die Bauweise Catal Höyüks zu nennen. Die Anlage von Häusern, die man nur über das Dach betreten konnte, ist seltsam. Es scheint so, als wäre hier eine Schutzfunktion gewünscht. Aufgrund der Baumaterialien ist es ausgeschlossen, dass man sich gegen Hochwasser schützen wollte. Auch in Ba´ja wurde die Siedlung unter Berücksichtigung von Schutzaspekten errichtet. Die Siedler errichteten die Ortschaft in einem Talkessel. Basta war von drei Seiten mit steilen Gebirgswänden umgeben und der einzige Zugang zur Stadt ist eine Schlucht, die an einigen Stellen nur recht schmal ist und teilweise nur durch erheblichen körperlichen Aufwand überwunden werden kann[472]. Beigaben waren in den Gräbern zwar nicht häufig, dennoch fanden sich in den Männergräbern einige Male typische Waffenbeigaben. Natürlich handelte es sich nicht um spezialisierte Kriegswaffen, aber Keulen, Lanzen und Dolche können auch im Kampf verwendet werden. Eine Untersuchung von 93 Schädeln im Jahr 2019 ergab, dass die Bewohner Catal Höyüks relativ oft Opfer von Gewalt wurden. Circa 25% der untersuchten Schädel wiesen Spuren von Frakturen auf, die von runden Gegenständen verursacht wurden. Keulen oder Steine wären da möglich. Einige der Schädel wiesen Spuren auf, die

---

[471] Wunn 2000 Seite 25

[472] Gebel 2004 Seite 53

auf mehrfache Frakturen schließen lassen. Die Hälfte der Frakturen befanden sich auf weiblichen Schädeln[473]. Wir sollten im Hinterkopf behalten, dass Mellaart die gefunden Toten als privilegierte Priester bezeichnete. In Basta wiesen 17,2% aller Bestattungen ähnliche Frakturen des Schädels auf[474]. Auch hier gibt es deutliche Anzeichen dafür, dass sie entweder auf kriegerische Konflikte oder auf Gewalt im häuslichen Umfeld zurückzuführen sind.

Weitere Untersuchungen von Knochenmaterialien zeigten, dass die Bewohner Catal Höyüks an diversen Krankheiten litten. Karies war relativ weit verbreitet und circa 50% der Bevölkerung litt an einer so genannten „porotischen Hyperostose" des Schädeldaches. Dieses ist eine krankhafte Verdickung des Schädelknochens, die auf eine durch Mangelerscheinungen hervorgerufene Blutarmut während des Kindesalters hinweist. Den Mangel an Mineralstoffen wurde auch schon bei anderen Siedlungen des Neolithikums festgestellt. Es gab auch Anzeichen von Vitaminmangel, chronischen Krankheiten und Unterernährung. An Vitaminen fehlte primär Vitamin C, ein Mangel an Vitamin D wurde in der Regel nicht festgestellt.

Auch die möglichen Menschenopfer passen nicht in das Konzept. Ein Paradies dürfte das Leben in der Stadt nicht gewesen sein. Die Funde aus anderen neolithischen Siedlungen sprechen für ein ähnliches Bild. Die Massaker von Talheim oder Kilianstädten weisen auch auf eine eher gewalttätige Gesellschaft hin.

Eine immer wieder auftretende Behauptung ist, dass die neolithische Gesellschaft *matrilokal* war, also das die Männer nach der Ehe bei den Frauen einzogen, da diesen das Haus und der gesamte Hausrat gehörte. Diese Theorie basiert auf einen ethnologischen Vergleich

---

[473] http://tinyurl.com/yojn3363n.

[474] Schultz 2004 Seite 57f

zu den Pueblo Indianern Nordamerikas. Als Beleg dafür wird gesagt, dass die Hausformen der Pueblos denen Catal Höyüks ähneln und sie auch eine prähistorische Lebensart haben[475]. Die genetischen Untersuchungen der neolithischen Einwanderer in Europa widersprechen einer matrilokalen Gesellschaft.

Insgesamt bleibt von der großen Göttin und dem Matriarchat nicht viel übrig, wenn man sich die archäologischen Fakten ansieht. Zwar gibt es immer noch Personen, die sich hartnäckig an die Grabungsergebnisse Mellaarts halten, jedoch ist dieses ideologisch bedingt. Praktisch alles spricht für eine mehr oder weniger gleichberechtigte Position von Mann und Frau.

Fraglich ist auch, ob es überhaupt eine Gottheit oder ein Pantheon während des Neolithikums gab. In Catal Höyük und anderen Siedlungen gibt es Hinweise, dass bei den Bewohnern eine schamanistisch oder totemistisch ausgeprägte Religion vorherrschte. Schamanismus und Totemismus sind Religionsformen, die beide gleichzeitig innerhalb einer Gesellschaft existieren können[476]. Innerhalb des schon besprochenen „Geierheiligtums" sieht man einige Geier, die menschliche Beine zu haben scheinen[477]. Dabei könnte es sich, wie schon erwähnt, wirklich um die Darstellung kostümierter Menschen handeln, die um die kopflosen Menschen tanzen. Sowohl im Schamanismus als auch im Totemismus ist das Verkleiden in eine Tierform aus ethnologischen Kontexten bekannt. Beim Totemismus gibt es zwei Formen, zum einen den konzeptionellen Totemismus, der sich auf verschiedene Elemente der Natur bezieht und den Ahnentotemismus. Dabei werden Objekte, die mit dem Ahnen und

[475] Röder 2001 Seite 254

[476] Haller 2005 Seite 235 – 237

[477] Russel 2003 Seite 445 – 455

seiner Reise in die Anderswelt zu tun haben, mit einer Energie aufgeladen und mit Geistern beseelt[478]. Wenn man bedenkt, dass die drei gefundenen Masken von 'Ain Ghazal in der gleichen Art deponiert wurden, wie es mit den Schädeln geschah, dann kann man vermuten, dass man diese mit dem gleichen Respekt verehrte. Sie wurden nicht im Müll entsorgt, sondern würdevoll bestattet.

Die Riten des Totemismus finden primär in der Öffentlichkeit statt, beim Schamanismus werden diese eher in einem häuslichen Rahmen vom Familienoberhaupt zelebriert. Schamanismus wird eher in Krisenzeiten zelebriert, der Totemismus ist zyklisch orientiert, was in Gesellschaften mit komplexeren Strukturen oftmals zu der Ausbildung von Spezialisten führt[479].

Wahrscheinlich ist, dass im Laufe der Zeit der Totemismus bevorzugt wurde, da aufgrund des Ackerbaus der zyklische Ablauf für die Menschen wichtiger wurde.

Eine Existenz beider, sowohl des Schamanismus als auch des Totemismus, innerhalb des neolithischen Nahen Ostens könnte sowohl religiöse Zentren wie den Göbekli Tepe, als auch die Existenz von individualistischen Hauskulten erklären.

Einen Beleg für eine schamanistische Tradition zeugt auch ein Fund aus Deutschland. In Bad Dürrenberg wurde das Grab einer Frau entdeckt, das allgemein als Grab einer Schamanin gedeutet wird. Es wird rund um 6800 vor Christus verortet. Die Frau wurde in einer sitzenden Position bestattet. Zwischen ihren Oberschenkeln lagen die Überreste eines circa zwölf Monate alten Babys, das möglicherweise ihr Kind war. Die Frau war zwischen 25 und 35 Jahren alt und starb vermutlich an einer Entzündung ihres Rachens. Sie hatte

---

[478] Haller 2005 Seite 235 und Vergleiche dazu Schenk 2006 Seite49

[479] Haller 2005 Seite 237

reiche Beigaben von verschiedenen Tierknochen, ein Rötelstück und einen Rehschädel, der als Kopfschmuck getragen werden konnte. Ein solcher Kopfschmuck ist auch aus ethnologischen Vergleichen von vielen Schamanen bekannt. Ihr Nacken wies eine anatomische Besonderheit auf, die dafür sorgte, dass die Frau mit einem Nicken oder einer Drehung des Kopfes die Blutzufuhr zu ihrem Hirn unterbrechen konnte und so sehr schnell in einen tranceähnlichen Zustand verfallen konnte. Diese anatomische Besonderheit und die reichen Beigaben lassen durchaus den Schluss zu, dass diese Frau eine Schamanin war. Zwar stammt dieses Grab aus einer Zeit der Jäger- und Sammler, aber es belegt, dass schamanistische Vorstellungen in dieser Zeit vorkamen. Daher kann man eine solche Tradition auch im Neolithikum voraussetzen.

Von Höhlen, Penissen und Vulven

Jeder kennt die berühmten Höhlenmalereien, die in Lascaux entdeckt wurden. Man sieht dort wundervolle Bildnisse von Pferden, Rindern, Widdern, Bären und vielen anderen Tieren, die dort in der Zeit des Magdalenien, also circa 18000 – 12000 vor Christus, lebten. Der künstlerische Wert ist unbestreitbar und es ist ein Genuss diese Bilder zu sehen[480]. Auch in anderen Höhlen wurden Malereien gefunden. Diese Höhlen waren kein permanenter Wohnsitz der damaligen Menschen. Sie dienten als temporäre Wohnorte bei Jagden oder anderen Wanderungen.

In der Forschung wurden viele Theorien aufgestellt, wie diese Bilder zu deuten sind. Paradiesische Landschaften wurden vermutet, genauso wie schamanistische Tranceszenen oder auch einfach Jagdszenen. Was weniger bekannt ist, sind die Malereien, die einen

[480] Rademacher 2019 S. 48ff

Großteil der steinzeitlichen Kunst ausmachen: Pornografie. Genauer gesagt werden unverhältnismäßig oft Darstellungen von Penissen, weiblichen Brüsten und Vulven gefunden. Da es keine Bücher über die schönsten Penis- oder Vulvendarstellungen der Steinzeit gibt, sind diese Bilder der breiten Öffentlichkeit eher unbekannt.

Natürlich stellt sich hier die Frage, warum unsere Vorfahren gerade diese Bildnisse so oft gemalt, geritzt und modelliert haben? Eine Archäologin hat mal die These aufgestellt, dass die ganzen Malereien keine große Bedeutung hätten. Die damalige Gesellschaft sei von sehr jungen, teilweise sich noch in der Pubertät befindlichen Jägern und Sammlern geprägt worden. Daher hätten die Jäger bei ihren Jagdausflügen lediglich ihre Hobbys an die Höhlenwände gemalt: Jagen und Sex. Diese Idee ist verlockend! Ein Archäologe neigt dazu, alles was er nicht versteht als kultisch zu definieren. Da ist so eine weltliche Erklärung wirklich eine schöne Sache. Und man kann auch heute noch bei pubertären Jugendlichen sehen, dass sie ihre Hobbys in die Schulhefte kritzeln. In sehr vielen Fällen würde ich mich dieser These auch anschließen, aber sie kann nicht bei allen Bildern stimmen, auch in Lascaux sind nicht alle Bilder und Zeichen rein profan zu erklären[481].

Zum einen es die Mischwesen, also Kreaturen, die chimärengleich eine Symbiose aus Menschen und Tieren darstellen. Der schon erwähnte Löwenmensch wäre so ein Beispiel. Dann gibt es in den neolithischen Zeiten noch Funde, die definitiv in einem rituellen Kontext stehen. Da wären zum Beispiel die schon erwähnten Steinköpfe aus Lepensky Vir zu nennen, die mit erigiertem Penis vor den Herden standen. Hier haben wir Wächterfiguren, die mit ihrem Phallus das Haus beschützten. Auch aus anderen Fundstellen des Neolithikums

---

[481] Ebd. S.61

sind Idole, die mit erigiertem Penis innerhalb eines Hauses standen und diese offenbar beschützten, bekannt[482]. Dass der erigierte Phallus ein Schutzzeichen gegen böse Wesenheiten war, kann man noch in historischen Zeiten sehen. In Rom gab es die Sitte, Figuren von Penissen gegen den bösen Blick einzusetzen. Diese so genannten *Fascina* wurden als Amulette getragen, als Windspiele vor das Haus gehängt oder auch wie eine Art Türklingel benutzt (Abbildung 42). Auch aus anderen Kulturen sind solche Phalli bekannt[483].

Sehr wahrscheinlich sind Zauberstäbe auch als Phallussymbole zu deuten. Funde aus der Eisenzeit legen nahe, dass Darstellungen von Männern mit erigiertem Penis über die Zeit hinweg immer weiter

Abbildung 42

---

[482] Vgl. dazu die Funde von Szegvar Tüzköves Meier-Arendt1990 S. 58ff. Hier wurden thronende Figuren entdeckt, die neben der Eingangstür des Hauses lagen. Auch in anderen neolithischen Siedlungen Ungarns wurden ähnliche Figuren gefunden. Sie konnten männlich und auch weiblich sein.

[483] Vgl. dazu Maxwell-Stuart 2017 S. 22ff und Deppmeyer 2022 S. 69

abstrahiert wurden, bis nur noch ein einfacher Stab übrig blieb. In historischen Zeiten ist dieses auch überliefert. In Skandinavien gab es die so genannten *Vǫlva*. Dabei handelte es sich um Frauen, die eine Magie namens *Seiðr* praktizierten, eine Magieart, die sehr wahrscheinlich noch schamanistische Züge enthielt. Der Name *Vǫlva* kann als *Frau mit Stab* übersetzt werden. Der Stab der Vǫlvas war für ihre Beschwörungen und Rituale von äußerster Wichtigkeit. Es gibt Aufzeichnungen über sieben verschiedene Stäbe, die beim *Seiðr* eingesetzt wurden. Als allgemeiner Zauberstab ist der Vǫlr genutzt worden, der auch phallische Züge trägt (Abbildung 43)[484]. Da *Seiðr* anscheinend nur von Frauen benutzt wurde, könnte der Stab hier auch das männliche Prinzip dargestellt haben.

Auch bei den weiblichen Figurinen, die in vielen steinzeitlichen Fundstellen entdeckt wurden, werden Becken und Geschlechtsteile oftmals stark betont. Berühmt sind die steinzeitlichen Figurinen, die allgemein als Venus tituliert werden. Dabei handelt es sich meistens um Frauen, die auffällig breite Becken und Brüste haben. Die Scham wird sehr oft explizit dargestellt. Einige dieser Figuren kann man wohl als Fruchtbarkeitssymbol deuten, aber aus ethologischen Beispielen ist ein aggressives Präsentieren der Vulva durchaus bekannt. Als Beispiel kann man den südafrikanischen Wildbeuterstamm der *!Ko* nennen, bei denen das zZigen der Scham ein Droh- und Schmähgestus ist[485].

Auch in Göbekli Tepe fand sich die Ritzzeichnung einer Frau, die mit weit geöffneten Beinen ihre gespreizte Vulva präsentiert.

---

[484] Price 2019 S. 136

[485] Wunn 2010 S. 75

Abbildung 43

Masken und deren Bedeutung

An diversen neolithischen Fundstellen des Nahen Ostens wurden steinerne Masken gefunden. Insgesamt sind es 15, wobei zwei lediglich in Fragmenten erhalten sind (Abbildung 24 und 44). Eine weitere Maske wird in der Literatur beschrieben, ist aber verschollen[486]. Die Masken in ihrer Gesamtheit menschliche Gesichter dar: einige lächeln, andere wirken wie Schädel und wirken auf heutige Betrachter eher verstörend. Viele der Masken befinden sich in Privatbesitz. Teilweise stammen diese Masken aus Raubgrabungen[487]. Aus Europa sind derzeit drei neolithische Masken bekannt – sie stammen aus Ungarn, Rumänien und eine aus dem Baden-Württembergischen Bad Schussenried[488]. Die derzeit älteste Maske der Welt stammt aus der französischen La Roche-Cotard Höhle und ist mindestens 35000 Jahren alt[489].

Abbildung 44

Die Masken waren teilweise geschmückt, wahrscheinlich mit Federn oder einer Haartracht. Man kann davon ausgehen, dass die Träger der Maske noch weiter verkleidet waren. Ethnologische Vergleiche zeigen, dass Masken normalerweise mit prächtigen Kostümen aus Pflanzenfasern oder verschiedenen Stoffen getragen wurden. Die Maskenträger stellen entweder Götter, Geister, Totemtiere

[486] Hershman 2014 S. 8

[487] http://tinyurl.com/ylqhk2gb

[488] http://tinyurl.com/yo3va7dp

[489] Hershman 2014 S. 30

oder Ahnen dar. Sobald der Schamane das Kostüm anzieht, wird er zu einer Verkörperung des Dargestellten. Das Individuum verschwindet für die Zuschauer.

Die Masken werden sehr vielseitig verwendet. In ethnologischen Beispielen kann man sehen, dass sie zum Zwecke der Erziehung, sozialer, kultureller und wirtschaftlicher Integration, sozialer Kontrolle bis zur richterlichen und strafenden Funktion sowie Ausübung von politischer Macht genutzt werden. Im alten Ägypten hatten Totenmasken die Aufgabe, die Verstorbenen vor Unheil zu schützen. Die Masken werden unter bestimmten Riten hergestellt und sind magisch aufgeladen. Wie schon betont, wurden Übermodellierungen von Schädeln entdeckt, die vom Schädel entfernt wurden. Sie wurden mit großer Würde bestattet und nicht einfach weggeworfen. Man kann davon ausgehen, dass die Herstellung von Masken und den Übermodellierungen in einem ähnlichen Ritus vollzogen wurde. Die Maske war sehr wahrscheinlich der Ahne, so wie der Schamane mit Maske zu der verkörperten Wesenheit wird.

In Papua Neuguinea gibt es Masken, die aus menschlichen Schädeln gefertigt werden. Der Träger beißt auf einen Ast, der in der Gesichtspartie des Schädels verankert ist. Der Schädel selbst ist übermodelliert und künstlerisch gestaltet. Hier haben wir eine direkte Verbindung zwischen Masken und Schädelkult.

Masken, Maskentänze und Schamanismus gehen Hand in Hand.

Von den Ahnen, über den Göttern zu Gott

Wie schon mehrfach betont, dürfte die ursprüngliche Religion eine schamanistische / totemistische gewesen sein. Der Ahnenkult beziehungsweise seine Ausprägung als Schädelkult ist durchaus typisch. Die Frage, die sich jetzt stellt, ist, wie haben sich die Religionen der Vorzeit aus diesem schamanistischen Erbe entwickelt? Teile davon sind in einigen Religionen immer noch sichtbar und auch im Christentum finden sich Indizien, die eine mögliche Erklärung bieten.

Der Ahnenkult scheint die entscheidende Basis für den Ursprung der Religion gewesen zu sein. Er ist ein verbindendes Glied und bis heute in den Religionen spürbar. Religion setzt den Glauben an ein Leben nach dem Tod, in einer Welt, in der der Ahne noch weiter existiert. Im Schädelkult bleibt der Ahne ein Teil der Gemeinschaft, er hat eine aktive Funktion. Sehr wahrscheinlich reden die Menschen mit ihm, wenn auch nur in einem ritualisierten Kontext. Die Schädel hatten eine sehr lange Nutzungsdauer, wie einige Reparaturen zeigen. Auch die Puzzlemumien von Cladh Hallan sind ein Beleg dafür, dass die Verstorbenen sehr lange, teilweise Jahrhunderte, Teil der Gesellschaft blieben. Nach einigen Jahrhunderten dürften die Individuen vergessen worden sein, nur noch die Namen und einige Legenden blieben zu den Schädeln. Sie waren keine greifbaren Personen, sie wurden wahrscheinlich ein Teil der Mythen und mischten sich mit den Geschichten und Geistern. Am Ende der Jahrtausende, in denen der Schädelkult ein recht dominanter Teil der Religion gewesen war, wurden die Schädel teilweise auf Statuen gesetzt, einige wurden anscheinend durch Figuren ersetzt, wie in Lepenski Vir. Am Ende blieben nur Statuen und Figuren, die wir nun als Götter ansprechen können. Es scheint, dass aus den Ahnen, real existierenden Menschen, die Götter entstanden. Der Schamanismus wurde durch eine polytheistische Religion ersetzt, behielt aber einige Elemente bei, wie zum Beispiel die Stiersymbolik oder auch die Zuordnung von bestimmten Naturphänomenen. In Ugarit wurde geglaubt, dass die Götter und Dämonen aus dem Totenreich stammen[490].

---

[490] Schmidt 1999 S. 58

Am Anfang des Buches erwähnte ich schon die römischen *Manen*; Ahnengeister, die zu Göttern wurden. Sie fungieren in der römischen Mythologie als manifestierte, individuelle Wächter der Gräber. Auch in anderen Kulturen sind vergöttlichte Ahnen nicht ungewöhnlich. So finden sich in Japan die so genannten *Kami*. Dieser Begriff ist sehr vielfältig und kann Götter, Geister oder auch übersinnlichen Naturwesen bezeichnen. In einigen Schreinen werden auch Ahnengeister verehrt, die zu Göttern wurden. Relativ berühmt ist der *Kami* des Daimyos Nobunaga Oda (1534 – 1582), der in mindestens zwei *Shinto* Schreinen als *Kami* verehrt wird.

Vielleicht sprechen daher die einige der Autoren der Bibel von Gott als einen Verwandten[491]. Die Anrufung Gottes als einen Vater, könnte noch ein Indiz dafür sein.

Nun stellt sich die Frage, wie aus dem Polytheismus ein Monotheismus wurde. Jede Region des Nahen Ostens hatte andere Namen für ihre Götter, teilweise wurden einzelne Städte bestimmten Göttern geweiht, wie zum Beispiel Jericho dem Gott Yariḫ oder auch Jerusalem, wo JHWH der Hauptgott war. In biblischer Zeit gab ursprünglich eine heterogene Bevölkerung von Bauern und Hirten, die um Jerusalem den Staat Juda gegründet hatten. Im Laufe der Zeit dehnte sich dieser Staat aus und er verleibte sich die umliegenden Städte ein. Die lokalen Götter wurden nun aber nicht in das eigene Pantheon integriert, wie es viele andere Kulturen zu tun pflegten, die Bewohner Judas ersetzten sie durch JHWH und verboten die alten Kulte[492]. Das Gebot „Du sollst keine anderen Götter haben neben mir“ sagt nicht aus, dass es keine anderen Götter gibt, sondern es sagt aus, dass man keine anderen anbeten soll. Dieses Gebot dürfte ein direkter Überrest

[491] Ohler 2009 S. 13

[492] Wunn 2015 S. 246

dieser militärischen Expansion sein. In der Genesis 1, 26 findet sich der Satz:

> Laßt uns Menschen machen, ein Bild, das uns gleich sei, die da herrschen über die Fische im Meer und über die Vögel unter dem Himmel und über das Vieh und über die ganze Erde und über alles Gewürm, das auf Erden kriecht.

In dieser Formel benutzt JHWH den Plural „uns“, was ein die letzten Funken eines Polytheismus repräsentiert. Die Schöpfungsgeschichte in Genesis 1 dürfte in der Zeit des babylonischen Exils entstanden sein und es finden sich viele Gemeinsamkeiten zur Enūma eliš, dem babylonischen Schöpfungsmythos. Dies kann man zum Beispiel auch daran erkennen, dass JHWH anfangs über einer Urflut schwebt:

> Am Anfang schuf Gott Himmel und Erde. Und die Erde war wüst und leer, und es war finster auf der Tiefe; und der Geist Gottes schwebte auf dem Wasser.

Hier kann man sehen, dass Gott das Wasser nicht erschafft. Er erschafft lediglich den Himmel und die Erde. Diese Urflut dürfte die Göttin des Salzwassers Tiamat verkörpern.

Auch an dem Namen JHWH kann man die Veränderung vom Polytheismus zum Monotheismus sehen. JHWHs ursprünglicher Name war El. El war der höchste Gott der Ugariter und er ist heute noch in den Namen Bet-El, Israel, Michael, Gabriel, Uriel, usw. greifbar. In der Bibel kommt er oft in der Pluralform Elohim אֱלֹהִים vor. In einigen Bibelstellen wird er als El-Shaddai (Gott der Allmächtige) bezeichnet. Die exakte Bedeutung von Shadday ist unbekannt, aber sehr wahrscheinlich bedeutet der Name so viel wie „El, der Eine der Berge“ [493]. Hier sieht man den Ursprung JHWHs als eine Gottheit, die mit der Natur verbunden war. In Ugarit war El ein Schöpfergott, der unter der Erde wohnte. Er hatte eine Frau, die ʿAṯiraṯ hieß. Ein anderer ihrer Namen war Aschera. Dieser Name erscheint circa 40 mal in der Bibel, teilweise in Verbindung mit Kultsäulen. 1975 wurden zwei Scherben aus dem 8. Jahrhundert vor Christus gefunden, auf denen folgende Inschriften zu lesen waren:

> Ich segne euch bei JHWH von Samaria und seiner Aschera.

und

> Ich segne dich bei JHWH von Teman und seiner Aschera.

Die Formulierung „seiner Aschera“ weist darauf hin, dass hier die Verbindung zwischen Aschera und JHWH / El als Gattin noch vorhanden war. Der Fund einer anderen Scherbe weißt die Inschrift „Mattan“ auf: Eine Gabe für meine hohe Dame Elat“. Mattan dürfte der Name des Opfernden sein, Elat ist die weibliche Form von El und wird mit Aschera gleichgesetzt. Es scheint offensichtlich, dass JHWH ursprünglich eine Frau hatte. Dieser Kult wurde im Rahmen des Monotheismus verdrängt und schließlich zerstört. In Jeremia 17 spricht JHWH:

> Volk von Juda, eure Sünde ist tief in euer Herz und auf die Ecken eurer Altäre geschrieben. Unauslöschlich ist sie eingraviert, wie von einem Eisengriffel mit einer Spitze aus Diamant. Selbst eure Kinder

---

[493] Dever 2005 S. 257

> denken schon an die Opferaltäre und an die Pfähle, die der Göttin Aschera geweiht sind. Unter den dicht belaubten Bäumen, auf den Hügeln und auf den Bergen – überall habt ihr sie aufgestellt. Darum gebe ich euren Besitz und eure Schätze den Feinden zur Plünderung preis, ebenso all eure Opferstätten, denn im ganzen Land habt ihr dort gegen mich gesündigt. Ich hatte euch dieses Land für immer geschenkt; doch ihr werdet es wieder verlieren, und daran seid ihr selbst schuld! In einem Land, das ihr nicht kennt, werdet ihr euren Feinden dienen müssen.

Hier ist JHWH über den Kult verärgert und in Könige 2, 23 wird der Kult schließlich vernichtet:

> Und der König gebot [...], daß sie sollten aus dem Tempel des HERRN tun alle Geräte, die dem Ba´al und der Aschera und allem Heer des Himmels gemacht waren. Und sie verbrannten sie außen vor Jerusalem im Tal Kidron, und ihr Staub ward getragen gen Beth-El. Und er tat ab die Götzenpfaffen, welche die Könige Juda‘s hatten eingesetzt, zu räuchern auf den Höhen in den Städten Juda‘s und um Jerusalem her, auch die Räucherer des Baal und der Sonne und des Mondes und der Planeten und alles Heeres am Himmel. Und ließ das Ascherabild aus dem Hause des HERRN führen hinaus vor Jerusalem an den Bach Kidron und verbrannte es am Bach Kidron und machte es zu Staub und man warf den Staub auf die Gräber der gemeinen Leute.

Der Monotheismus ließ keine Göttin neben JHWH zu. Hier sehen wir vielleicht das Ende, der Dualität von Mann und Frau. Schon beim Göbekli Tepe gab es immer zwei T-Pfeiler, die im Zentrum der Anlage standen. Sollte es sich dabei um die Darstellung eines Mannes und einer Frau handeln, wäre mit der Vernichtung des Ascherakultes das Ende einer mehr als 9000 Jahre alten Tradition eingeläutet worden. Der Weg von den Ahnen, über den Göttern mit unterschiedlichen Funktionen und Aspekten, hin zu dem einen Gott war vollendet.

6. Fazit

Die Religion der Vorzeit zu verstehen, ist für uns schwer, vielleicht sogar unmöglich. Zu komplex und uneinheitlich sind die Sitten, zu variantenreich das religiöse System. Dazu kommt, dass der aktuelle Forschungsstand nur einen Bruchteil erfasst. Es gibt Kernpunkte, die wir archäologisch erfassen können. Wiederholen sich einzelne Muster, wie das Deponieren der Schädel am Herdfeuer oder auch immer wiederkommende Darstellungen mit den gleichen Inhalten wie Stieren oder Geschlechtsteilen, dann kann man Vermutungen, Hypothesen und vielleicht auch Theorien entwickeln, die uns näher an die Wahrheit bringen. Ob diese stimmen, wird wahrscheinlich nie vollkommen zu beweisen sein.

Die Bestattungssitten des präkermaischen Neolithikums und die Religion der damaligen Zeit zu verstehen, ist ebenso eine umfangreiche und nicht gerade leichte Aufgabe.

Den allgemeinen Ablauf nach dem Tode eines Mitgliedes der Gemeinschaft wohl war ein vielschichtiges, mehrstufiges und vermutlich über Jahre andauerndes Bestattungsritual. Zuerst wurde der Körper entweder bei- oder ausgesetzt, bis sich das Fleisch von Knochen gelöst hat. Ein Teil der Verstorbenen wurde in den Häusern der Siedlung, vermutlich in denen der Familie bestattet. Teilweise erfolgte dabei eine sekundäre Bestattung. Wie lange zwischen dem Tod des Individuums und der sekundären Bestattung lag, lässt sich nicht sagen. Sollte der Leichnam im Freien ausgesetzt worden sein, hätte der Tierfrass eine schnelle Bestattung ermöglicht. Jedoch sind Spuren auf den Knochen, die auf eine solche Art der Aussetzung sprechen würden auf dem normalen Knochenmaterial anscheinend nicht zu finden. Bei einer normalen Bestattung und anschließender Exhumierung würde ein sehr langer Zeitraum dazwischen liegen.

Bei dieser Phase wurden einigen Verstorbenen der Schädel oder zumindest Teile davon von den postkranialen Teilen getrennt, wo sie innerhalb des Kultes eine Verwendung fanden.

Entfleischungsspuren auf den Knochen stammen vermutlich von einer Reinigung der Knochen von dem noch nicht ganz zersetzten weichen Gewebe. Das könnte bedeuten, dass das Grab nach einer fest umgrenzten Zeit geöffnet und der Leichnam dann sekundär bestattet wurde, auch wenn das Fleisch noch nicht ganz zersetzt war.

Danach wurde der Schädel in einigen Fällen bemalt und / oder mit einem Gesicht aus Ton versehen. Teilweise könnte der Schädel auch mit einer Maske ausgestattet worden sein. Was dann geschah, lässt sich natürlich nicht so einfach sagen und bleibt der Fantasie des Einzelnen überlassen[494]. In einigen Siedlungen konnte man zumindest einen Teilaspekt eines Rituals rekonstruieren. Dort wurden die übermodellierten Schädel mit an Sicherheit grenzender Wahrscheinlichkeit auf den gefundenen kopflosen Statuen aufgebaut.

Wahrscheinlich wollte man mit den Ahnen kommunizieren, ihren Rat hören oder bei Streitfällen einen Schlichter finden. Dafür modellierte man den Schädeln ab dem PPNB ein Gesicht, mit dem man ihnen einen Teil ihrer Sinne wiedergab. Somit konnte der Ahne den Anrufenden hören. Von eher untergeordneter Bedeutung war wohl das Sehvermögen, da einige Schädel „geschlossene“ Augen hatten. Die Mandibula war bei dieser Art der Kommunikation natürlich auch nicht von Interesse, denn eine akustische Antwort war

---

[494] Ein Beispiel für eine solche Interpretation bot die Sendung „Jenseits von Eden“ aus der Reihe Terra X welche auf Phoenix am 08.07.09 gesendet wurde. Dort stand ein Mann mit einem Schädel in seinen Händen vor eine versammelte Menschenmenge die diesen Schädel fasziniert betrachteten. Dieses ist ein Motiv, dass immer wieder in den Medien auftaucht.

selbstverständlich nicht zu erwarten. Auch bei dem schon erwähnten Stamm der Kara sprechen die Ahnen in den Herzen und im Kopf der Nachfahren[495].

Wie ausgewählt wurde, wer innerhalb der Siedlung bestattet oder wessen Schädel aus dem Grab entnommen wurde, ist bis aus weiteres nicht zu beantworten. Es wurden sowohl die Schädel von Männern als auch Frauen entnommen. Das Alter spielte ebenfalls keine Rolle, sowohl Kinder als auch sehr alte Individuen wurden für diese Sitte erwählt. Da sich auch keine sozialen Differenzierungen zeigen, bleibt die Art der Auswahl vorläufig im Dunkeln. Zukünftige Funde und Erkenntnisse werden die Ergebnisse dieses Buches erweitern oder auch komplett negieren. Es reicht ein Fund, ein Schlüsselmoment, um alle vorherigen Erkenntnisse neu zu beleuchten.

[495] Shea 2010 Seite 88

7. Anhang

7.1 Andere Orte, die Nachweise von religiösen Handlungen aufweisen

Tell Abu Suwwan (Jordanien)

Nur etwa 31 km nördlich von ´Ain Ghazal findet sich eine weitere *mega-site* Siedlung des PPNB. Sie liegt in unmittelbarer Nähe der Stadt Jerash (Jarash / Gerasa), die für ihre römischen und frühchristlichen Funde berühmt ist. Die Siedlung wurde zuerst 1948 beschrieben und 1958 erstmals durch Diana Kirkbridge begangen. Es folgten kleinere Exkursionen, jedoch kam es erst im Jahre 2005 zu größeren Grabungskampagnen, die auch heute noch durchgeführt werden[496].

Gegraben wurden zwei Areale, die in 5 * 5 m großen Quadraten unterteilt wurden. Im Westen lag das Areal A, etwas nordöstlich davon das Areal B. Die Siedlung datiert in die Zeit des PPNB und endet im PN. Die kalibrierten C14 Daten schwanken zwischen 7470 und 5210 vor Christus

Die Siedlung weist viele Gemeinsamkeiten zu anderen Siedlungen der Zeit auf. Sowohl die Architektur als auch die Funde ähneln denen von ´Ain Ghazal.

2016 wurden einige übermodellierte Schädel entdeckt. Insgesamt wurden bisher acht Schädel geborgen, jedoch ist es derzeit noch unklar, wie viele davon übermodelliert wurden. Die wenigen Informationen sagen aus, dass die Orbitalhöhlen mit einer tönernen Masse gefüllt und die Augen mittels Obsidian dargestellt wurden[497]. Auch

---

[496] Al-Nahar 2010 Seite 1

[497] Maier 2017 Seite 31

im Jahr 2015 wurden zwei Schädel entdeckt, von denen einer möglichweise übermodelliert war. Der Schädel eines Mannes und einer Frau lagen in einer Grube mit dem Blick Richtung Westen[498]. Leider sind die übermodellierten Schädel noch nicht publiziert, jedoch scheinen diese großen Unterschiede zu den bis heute gefundenen zu haben[499].

Jabal Khashabiyeh (Jordanien)

Bei diesem Ort scheint es sich um ein Heiligtum zu handeln, das in die Zeit des PPNB datiert. Seit 2013 finden regelmäßig Grabungen statt, die bis heute andauern. 2022 fanden sich Hinweise darauf, dass sich hier ein Heiligtum befand. Neben großen Steingehegen, den so genannten *Wüstendrachen*, die zur Jagd benutzt wurden, fanden sich in Steine geritzte Gesichter. Bei einem der Drachen wurde eine Struktur gefunden, die als Heiligtum mit einem Altar genutzt worden sein könnte[500].

Tell Azzo (Irak)

In einem kleinen Bericht aus dem Jahr 1983 wurde erwähnt, dass in einem halafzeitlichen Tholos mehrere Bestattungen ohne Schädel entdeckt wurden. Leider konnten einige Strukturen des Tholos nicht erkannt werden, weshalb nicht klar ist, in welchem Zusammenhang die Toten mit dem Gebäude standen[501]. Die Funde sollen den kopflosen Bestattungen von Tell Arpachiyah und Yarim Tepe ähneln.

---

[498] http://tinyurl.com/ysv97svb

[499] Persönliche Nachricht von Prof. Rollefson Februar 2021

[500] http://tinyurl.com/yktjl3ps

[501] Killick 1983 Seite 206

Tell Hassuna (Irak)

Während einer Grabung im Jahre 1944 wurden drei Bestattungen entdeckt, denen der Schädel fehlte. Der erste lag in einem Getreidebehälter, indem er anscheinend hineingeworfen wurde. Die anderen beiden wurden in einem Haus gefunden. Sie wurden in Hohlräumen der Wände – einander gegenüber stehend – bestattet[502]. Die Verbindung von Wand und Bestattung ähnelt den Bestattungen von Basta und Ba´ja.

Yarim Tepe (Irak)

In Yarim Tepe II wurden drei isolierte Schädelbestattungen gefunden. Bei einem wurden noch einige weiter Knochen des Individuums entdeckt, die anderen beiden waren ohne weitere Knochen[503].

Tell Bouqras (Syrien)

In der auf circa 7000 vor Christus datierten Phase III des Tell Bouqras wurden in einem verbrannten Haus die Reste von sechs Menschen und mindestens zwei isolierte Schädeln entdeckt[504]. Hier haben wir auch wieder eine Verbindung zwischen Feuer und Bestattungen.

Seyh Höyük (Türkei)

1948 wurden fünf isolierte Schädel sowie die Langknochen von mindestens sechs Personen unter 20 Jahren in einer hallafzeitlichen Müllgrube entdeckt. Zwei der Schädel wurden als männlich, drei als weiblich identifiziert. Der Ausgräber meinte, dass sie nicht eines natürlichen Todes starben. Es gab es auch Belege für

---

[502] Lloyd 1945 Seite 267 und 274

[503] Merpert 1981 Seite 84

[504] Campbell 2007 Seite 133

Schädeldeformationen, die hier anscheinend den Frauen vorbehalten waren[505].

Nahal Yarmuth 38 (Israel)

2017 und 2018 wurde die kleine ins PPNB datierte Siedlung Nahal Yarmuth 38 ergraben. In dieser fanden sich mindestens 40 Bestattungen. Einige von ihnen waren Kollektivbestattungen, wie zum Beispiel ein Grab mit zwei Skeletten, die einander zugewandt waren. Gräber vom Erwachsenen mit Babys kamen ebenfalls vor. Bei vielen Leichen fehlte der Schädel. Es wird angenommen, dass es sich bei diesem Ort um einen Bestattungsplatz, ähnlich dem von Kfar Hahoresh gehandelt hat[506].

Tell Roim West (Israel)

Nördlich von Beisamoun liegt die neolithische Siedlung Tell Roim West. Besiedelt war sie in der Zeit des PPNB und des keramischen Neolithikums. Die ursprüngliche Größe der Siedlung dürfte circa 10000 m^2 umfasst haben, jedoch ist nur ein recht kleiner Bereich ergraben. Drei PPNB zeitliche Bestattungen konnten festgestellt werden. Ein Mann im Alter zwischen 30 und 40 Jahren, wahrscheinlich eine Frau im Alter zwischen 40 und 50 sowie ein Kleinkind, nicht älter als 1,5 Jahren, wurden unter den Fußböden der Häuser bestattet. Alle drei waren Primärbestattungen und sie lagen in einer Hockerstellung. Die Schädel der Personen wurden alle entnommen, wobei bei dem Kleinkind noch Teile des Kraniums im Grab verblieben sind. Bei der Frau fehlte auch die Mandibula. Bei dem Kleinkind fand sich eine Steinsetzung hinter dem Kopf des Kindes. Aus der

---

505 Senyürek 1951 Seite 429f

506 Gopher 2019 Seite 5f und Goring-Morris 2020 Seite 10

Zeit des keramischen Neolithikums stammen fünf Gräber, bei denen der Schädel immer vorhanden war[507].

Horvat Galil (Israel)

In Westgaliläa wurden drei Gräber in der PPNB zeitlichen Siedlung Horvat Galil entdeckt. Grab eins gehörte einem erwachsenen Mann. Das Grab wurde von einem Bulldozer stark zerstört. Es fanden sich einige postkraniale Knochen sowie Bruchstücke von Zähnen und des Schädels. In Grab zwei fanden sich die Überreste einer 20 – 25 Jahre alten Frau, der das Kranium fehlte. Bei dieser Frau fand sich die nur schlecht erhaltene Leiche eines 6 – 7 Jahre alten Kindes. Auch bei dem Kind fehlte das Kranium, die Mandibula war jedoch noch vorhanden. In Grab drei lagen die Überreste einer Frau, der ebenfalls das Kranium fehlte. Möglicherweise stand ihr Grab in Bezug zu zwei Steinsetzungen[508].

Nefud-Wüste (Saudi-Arabien)

In mehreren Arealen im Nordwesten Saudi-Arabiens finden sich riesige, rechteckige Mustatils genannte Anlagen im Wüstensand[509]. Diese, wie Plattformen wirkenden Gebilde, bestehen aus einer Umrandung von unbehauenen Steinen. Einen konkreten Nutzen konnte man bis heute nicht feststellen, da sie praktisch fundleer sind. Neuere Untersuchungen legen nahe, dass diese Objekte aus der Zeit von 5000 vor Christus stammen. Damals war diese Region sehr feucht und Grasland dominierte die Region. Hirten wanderten mit ihren Herden durch das Land und wahrscheinlich waren auch sie es, die

---

[507] Eshed 2015 Seite 119ff

[508] Hershkovitz 1988 Seite 120ff

[509] Schlott 2022, S. 17

diese Rechtecke schufen. Die Fundleere deutet darauf hin, dass sie nicht wirklich genutzt wurden. Der Bauprozess scheint das wichtige gewesen zu sein, nicht die Nutzung selbst. Möglicherweise handelt es sich bei den Mustatils um kultische Anlagen, in denen gefeiert oder geopfert wurde.

7.2 Abbildungsverzeichnis

Abbildung 2: Macalister 1921, Fig. 113
Abbildung 17: © Mirja Dahlmann
Abbildung 30: © Mellart 1963
Abbildung 7: © Rollefson
Abbildung 11: © Rollefson
Abbildung 33: „Fundkonzentration9_Innengraben_Grabung2007“: © GDKE-Speyer, Foto F. Haack
Abbildung 34: „Flasche_Elster-Saale-Stil-Verzierung“: © GDKE-Speyer, Foto F. Haack
Abbildung 35: „Kalottennest_Innengraben_Grabung2008“: © GDKE-Speyer, Foto F. Haack
Abbildung 36: „Schnittspuren_Scapula“: © GDKE-Speyer, Foto P. Haag-Kirchner
Abbildungen 1, 3 - 5, 8 - 9, 12 - 16, 22 - 28, 31, 32: © Wikipedia
Abbildungen 6, 10, 18 - 21, 29, 37 - 44: © Jörg Scheidt

Tafeln

Tafel 1, Abbildung 1, 2: © Rollefson
Tafel 2, Abbildung: © Rollefson
Tafel 2, Abbildung 2: © Wikipedia
Tafel 3, Abbildung 1, 2: © Martin Johnson, Conrad Fröhlich, Safari Museum, Chanute
Tafel 4, Abbildung 1, 2: © Martin Johnson, Conrad Fröhlich, Safari Museum, Chanute

7.3 Verwendete Literatur

Alkim U. B., Anatolien I: Von den Anfängen bis zum Ende des Zweiten Jahrtausend vor Christus, In: Archaeologia mundi, Genf 1968

Alt K. W., Benz M., Müller W., Berner M.E., Schultz M., Schmidt-Schultz T.H., et al., Earliest Evidence for Social Endogamy in the 9,000-Year-Old-Population of Basta, Jordan. PLoS ONE 8 /6 2013

Angel, J. L., Early neolithic skeletons from Çatal Hüyük: Demography and Pathology, In: AS 21, 1971, S. 77-98.

Arensburg B., Bar-Yosef O., Human remains from Ein Gev I, Jordan Valley, Israel. In: Paléorient 1/2 1973, S. 201-206

Arensburg, B.; Hershkovitz I., Nahal Hemar Cave. Neolithic Human Remains, In: Atiqot 18, 1988, S. 50-58.

Arensburg, B.; Hershkovitz I., Cranial deformation and Trephination in the middle East. In: Bulletins et Mémoires de la Société d'Anthropologie de Paris Année 1988 5-3, S. 139-150

Arsebück D., Light on the top of the black hill. Studies presented to Halet Cambel, Istanbul 1998

Aufderheide A. C., Overmodeled Skulls, Duluth 2009

Bailey G., Galanidou N., Peeters H., Jöns H., Mennenga M., The Archaeology of Europe's Drowned Landscapes, Berlin 2020

Bar-Yosef O., Goren N.,Natufian Remains in Hayonim Cave. In: Paléorient 1973 1/1, S. 49-68

Bar-Yosef Ofer, Arensburg Baruch. Human remains from Ein Gev I, Jordan Valley, Israel. In: Paléorient, 1973 1/2, S. 201-206

Bar-Yosef, O., Early Neolithic stone masks. In: Özdoğan, M. et al. (Hrsg.) From villages to towns. Studies presented to Ufuk Esin. Arkeoloji ve Sanat Publications 2003, S. 73-86.

Bacvarov K., Early Neolithic jar burials in southeast Europe: a comparative approach, In: Dokumenta Praehistorica XXXIII 2006, S. 101-106

Barker G., Goucher C., A World with Agriculture 12000 BCE – 500 CE. The Cambridge World History II, Cornwall 2015

Barrett J. C., The Living, the Dead, and the Ancestors: Neolithic and Early Bronze Age Mortuary Practices. In: Barrett J. C., Kinnes I. A. (Hrsg.), The Archaeology of Context in the Neolithic and Bronze Age: Recent Trends, Sheffield 1988, S. 30-41

Beckett R. G., Lohmann U., Bernstein J., A Unique Field Mummy Conservation Project in Papua New Guinea. In: Gill Frerking et al. (Hrsg,), Yearbook of Mummy Studies 1, München 2011, S. 11-18

Belfer-Cohen A., The Natufian Graveyard in Hayonim Cave, In: Parléorient 14/2 1988, S. 297-308

Bentur A., Ronen A. & Soroka I., A Plastered Floor from the Neolithic Village, Yiftahel (Israel), In: Parléorient 17/2 1991, S. 149-155

Benz M., Leben mit den Toten. In: Antike Welt 2/2021 S. 39-48

Biel, Peter, Goseck: Archäologie geht online, in AiD 6/2005 S. 36-38

Bienert H.-D., Kult und Religion in prähistorischer Zeit, 2000 (unpubliziert)

Bocquentin F., Kodas E., Ortiz A., Headless but still eloquent! Acephalous skeletons as witnesses of Pre-Pottery Neolithic North-South Levant connections and disconnections. In: Paléorient 42.2 2016, S. 33-52

Bocquentin F., Khalaily H., Samuelian N., Barzilai O., Le Dosseur G., Horwitz L. K., Emery-Barbier A., Renewed Excavation of the PPNB Site of Beisamoun, Hula Basin. In: Neo-Lithics 2 2007, S. 17-21

Bonogofsky, M & Malhi R, A sex-based DNA analysis of 8,500 year old "ancestor" skulls from the Levant", In: American Journal of Physical Anthropology 111, Issue S30, S. 110

Bonogofsky M., Cranial modelling and neolithic bone modification at Ain Ghazal: New Interpretations, In: Parleorient 27/2 2001, S. 141-146

Bonogofsky M., Neolithic plasterd skulls and railroading epistemologies, In: BASOR 331 2003, S. 1-10

Bonogofsky M., Anatolian plastered skulls in context: new discoveries and interpretations, In: 20. Arkeometri sonuçlari toplantisi, Ankara 2005, S. 13-26

Bonogofsky M., Anatolian plastered Skulls in context: New Discoveries and Interpretations, In: Journal of archaeological science 36/2 2009, S. 379-286

Bonogofsky M. (Hrsg.), Skull Collection, Modification and Decoration. In: British Archaeological Reports S1539, Oxford 2006

Boulton A., Butler C., Kafafi Z., Rollefson G. O. & Simmons A. H., Remedy for an 8500 year-old plastered human skull from Kfar Hahoresh, Israel, In: Journal of archaeological Science 17/1 1990, S. 107-110

Bott G., Die Erfindung der Götter: Essays zur politischen Theologie der Boviden-Hirten und Equiden-Hirtenkrieger des Neolithikums, Norderstedt 2009

Buck S., Mithras – Geschichte einer Gottheit, Wroclaw 2021

Bürkle H., Ahnen, Ahnenverehrung, Artikel in: Lexikon für Theologie und Kirche, Bd. 1, hg. von Kasper W., Freiburg 1993

Butler, C., The plastered skulls of 'Ain Ghazal: Preliminary findings, In: Hershkovitz 1989, S. 141-145

Brophy K. (Hrsg., MacGregor G. (Hrsg.), Ralston I. (Hrsg.), The Neolithic of Mainland Scotland, Edinburgh 2017

Campbell S. , The Dead and the Living in late neolithic Mesopotamia. In: Scienze dell' Antichità: Storia Archeologia Antropologia 14/1 2007, S. 125-140

Carter E., Campbell S. , Gauld S. , Elusive Complexity: New Data from late Halaf Domuztepe in South Central
Turkey. In: Paléorient 29/2 2003, S. 117-133

Carter E., Campbell S., Report on the 2004 excavation season at Domuztepe, In: Kazı Sonuçları Toplantısı 27/1 2004, S. 313-321

Carter E., On Human and Animal Sacrifice in the late Neolithic at Domuztepe In Sacred Killing. The Archaeology of Sacrifce in the ancient Near East, Wionna Lake 2012, S. 97-124

Cauvin J., The Birth oft he Gods and the Origins of Agriculture, Cambridge 2003

Chech M. et al, A New Reconstruction of the Shanidar 5 Cranium, In: Parleorient 25/2 1999, S. 143-146

Clarke D., Skara Brae, Edinburgh 2000

Collins B. J., Necromancy, Fertility and the dark Earth: The use of Ritual Pits in Hittite Cult. In: Magic Practices and Ritual in the Ancient World. Religion in the Graeco-Roman World, Leiden 2002, S. 224-241

Curry A., Paläodiät – Am Anfang waren Brot, Brei und Bier. In: Spektrum Geschichte 06/2021 S. 12-33

Cutting M., Wandmalereien und –reliefs im anatolischen Neolithikum. Die Bilder von Catal Höyük, in: Lichter 2007 S. 126-134

Davis N., Opfertod und Menschenopfer, Düsseldorf 1981

Deppmeyer K., Vom Amulett bis Zaubernagel. Zeichen, Wunder und Magie in der römischen Antike, Darmstadt 2022

Dever W. G., Did God have a wife? Archaeology and Folf Religion in ancient Israel, Cambridge 2005

Düring B. S. , Social dimensions in the architecture of Neolithic Catal Höyük, In: Anatolian Studies 51 2001, S. 1-18

Düring B. S. , Burials in Context: The inhumations of Catalhöyük East, In: Anatolian Studies 53 2003, S. 1-15

Eggert M. K. H., Riesentumuli und Sozialorganisation: Vergleichende Betrachtungen zu den sogenannten "Fürstenhügeln" in der späten Hallstattzeit. In: Archäologisches Korrespondenzblatt 18/1988, S. 263-274

Eshed VOR, Hershkovitz I., Goring-Morrison A. N., A Re-Evaluation of Burial Customs in the Pre-Pottery Neolithic B in Light of Paleodemographic Analysis of the Human Remains from Kfar HaHoresh, Israel. In: Paléorient 34/1 2008, S. 91-103

Eshed VOR, Nadel D., Changes in Burial Customs from the prepottery to the Pottery Neolithic Periods in the Levant: The Case-study of Tell Roim West, Northern Israel. In: Paléorient 41/2 2015, S. 115-131

Fansa M. (Hrsg.), Wohin die Toten gehen – Kult und Religion in der Steinzeit, Oldenburg 2000

Ferembach, D., Etude anthropologique des ossements humains neolithiques de Tell-Ramad (Syrie)., In: AAAS 19, 1969, S. 49-70.

Ferembach, D., Etude anthropologique des ossements humains neolithiques de Tell-Ramad, Syrie (Campagnes 1963-1966), In: L'Anthropologie 74, 1970, S. 247-253

Ferembach, D., Etude anthropologique. Les cranes surmodelés, In: Lechevallier 1978, S. 179-181

Fiedel S. , Intra- and inter-cultural variability in Mesolithic and Neolithic mortuary practices in the Near East, Pennsylvania 1979

Fleming A., The myth of the mother-goddess, In: World Archaology 1/1 1969, S. 247-259

Garfinkel Y., Hershkovitz I. & Arensburg B., Neolithic skeletal remains at Yiftahel, Area C (Israel), In: Parleorient 12/1 1986, S. 73-81

Garrard A. & Gebel H. G., The prehistory of Jordan: The state of research in 1986, In: BAR International Series 396 II, Oxford 1986

Garstang J., Prehistoric Mersin – Yümük Tepe in souther Turkey, Oxford 1953

Gauld, S. C., Oliver J. S. , Kansa S. W., Carter E., On the Tail End of Variation in Late Neolithic Burial Practices: Halaf Feasting and Cannibalism at Domuztepe, Southeastern Anatolia. In: Bioarchaeology and Behavior: The People of the Ancient Near East 2012. S. 8-34

Gebel H. G., Bienert H. D., The 1997 Season at Ba´ja, southern Jordan. In: Neo-Lithics 3 1997, S. 14-18

Gebel H. G., Walls. Loci of Focus. In: Magic Practices an Ritual in the Near Eastern Neolithic. Studies in Early Near Eastern Production, Subsistence and Environment 8 / 2002, S. 119-132

Gebel H. G., Die Jungsteinzeit Jordaniens, Leben, Arbeiten und Sterben am Beginn seßhaften Lebens, In: Salje 2004, S. 47-56

Gebel H. G., Hermansen B. D., Kinzel M., Ba´ja 2005: A Two-storied Building and collective Burials. Results oft he 6th Season of Excavation. In: Neo-Lithics 1/2006, S. 12-19

Gebel H. G., Kinzel M., Ba´ja 2007: Crawl Spaces, Rich Room Dumps, and High Energy Events. Results oft he 7th Season of Excavation. In: Neo-Lithics 1/2007, S. 24-33

Gopher A., et al., Nahal Yarmuth 38: a new and unique
Pre-Pottery Neolithic B site in central Israel. In: Antiquity, 93(371)

Goring-Morris N. & Birkenfeld M., Kfar Hahoresh, a cult and mortuary site, In: Past Horizons 5 2008, S. 20-25

Goring-Morris N., Belfer Cohen A., Highlighting the PPNB in the southern Levant. In: Neo-Lithics 20, S. 3-22

Goring-Morris N., Birkenfeld M., Williams J. K., Under Control: The use of Virtual Sections for stratigraphic Management in Multi-component Archaeological Sites. In: Neo-Lithics 2/2008, S. 17-23

Green M. A., Menschenopfer: Ritualmord von der Eisenzeit bis zum Ende der Antike, Düsseldorf 2002

Griffin P., Grissom C. & Rollefson G., Three late eighth millennium plastered faces from 'Ain Ghazal, Jordan, In: Parleorient 24/1 1998, S. 59-70

Gronenborn D., Scharl S. , Das Neolithikum als globales Phänomen. In: Otten T., Trier M., Rind M., Kunow J. (Hrsg.), Revolution Jungsteinzeit, Darmstadt 2016, S. 59-71

Haack F., Menschenopfer – Zerstörungsrituale mit Kannibalismus – Schädelkult. Die außergewöhnliche Anlage von Herxheim in der Südpfalz. In: Museum Herxheim (Hrsg.), Menschenopfer – Zerstörungsrituale mit Kannibalismus – Schädelkult. Der jungsteinzeitliche Ritualplatz von Herxheim, Herxheim 2014, S. 7-55

Haak W., Populationsgenetik der ersten Bauern Mitteleuropas – Eine aDNA-Studie an neolithischem Skelettmaterial, Mainz 2006

Haas VOR, Geschichte der hethitischen Religion Teil 1, Leiden 1998

Haller D., DTV Atlas Ethnologie, München 2005

Hauptmann H. & Özdogan M., Die neolithische Revolution in Anatolien, In: Lichter 2007 S. 26-36

Hauptmann H., Nevali Cori, In: Lichter 2007 S. 86-87

Hauptmann H. & Schmidt K., Anatolien vor 12000 Jahren-Die Skulpturen des Frühneolithikums, In: Lichter 2007 S. 67-82

Heller J., Bar-Yosef D. E., Mollusca from Yiftah'el, Lower Galilee, Israel, In: Parleorient 13/1 1987, S. 131-135

Helwing B., Reconsidering the Neolithic Graveyard at Tell Es-Sawwan, Iraq. In: Palèorient 42/1 2016, S. 123-136

Herbig J., Nahrung für die Götter – Die kulturelle Neuerschaffung der Welt durch den Menschen, München / Wien 1988

Hershkovitz I. & Gopher A., Human Burials from Horvat Galil : A Pre-Pottery Neolithic Site in the Upper Galilee, Israel, In: Parleorient 14/1 1988, S. 119-125

Hershkovitz I., Arensburg B., Cranial deformation and trephination in the Middle East, In: Bulletins et Mémoires de la Société d'Anthropologie de Paris 5/3 1988, S. 139-150

Hershkovitz I., People and Culture in Change. In: BAR International Series 508 I, Oxford 1989

Hershkovitz, I.; Galili, E., 8000 year-old human remains on the sea floor near Atlit, Israel, In: Human Evolution 5, 1990, S. 319-358

Hershkovitz I., Remedy for an 8500 Year-old Plastered Human Skull from Kfar Hahoresh, Israel, In: Journal of Archaeological Science 22 1995, S. 779-788

Hershkovitz I., Bar-Yosef O., Arensburg B., The pre-pottery Neolithic Population of South Sinai and there relations to other circummerditerranen Groups: An anthropological Study. In Paléorient 20/2 1994, S. 59-84

Hershman D., Face to Face – The oldest Masks in the World, Jerusalem 2015

Hijara I., Arpachiyah 1976. In: Iraq 42, 1980, S. 131-154

Hijara I., Three New Graves at Arpachiyah, In: World Archaeology 10/2 1978, S. 125-28

Hodder, I., The domestication of Europe Structure and contingency in neolithic societies, Oxford 1990

Holdermann C.-S. , Müller-Beck H., Simon U., Eiszeitkunst im süddeutsch-schweizerischen Jura, Stuttgart 2001

Hornung, Erik, Echnaton – Religion des Lichts, Düsseldorf 2003

Hrouda B., Mesopotamien – Die antiken Kulturen zwischen Euphrat und Tigris, München 2000

Jahnkuhn H., Einführung in die Siedlungsarchäologie, Berlin 1977

Janowski B., Kontakt mit dem Heiligen. In: Welt und Umwelt der Bibel 3/2017, S. 20-25

Jung E. F., Der Weg ins Jenseits : Mythen vom Leben nach dem Tode, Wiesbaden 1984

Kalicz N., Götter aus Ton – Das Neolithikum und die Kupferzeit in Ungarn, Budapest 1980

Kalicz N. & Raczeky P., Die Jungsteinzeit und die Kupferzeit (6000 vor Christus – 2800 vor Christus), In: Führer durch die archäologische Ausstellung des ungarischen Nationalmuseums – 400000 vor Christus – 804 n. Christus, Gyula 2003

Kaniuth K., Von Bestien und dörflicher Organisation, In: Antike Welt 2/2010, S. 64-71

Kansa S. H., Gauld S. C., Campbell S. , Carter E., Whose Bones are those? Preliminary Comparative Analysis of Fragmented Human and Animal Bones in the "Death Pit" at Domuztepe, a Late Neolithic Settlement in Southeastern Turkey. In: Anthropozoologica 44/1 2009, S. 159-172

Kegler J. F., Das Azilien von Mas d'Azil. Der chronologische und kulturelle Kontext der Rückenspitzengruppen in Südwesteuropa, Köln 2007

Kenyon, K. M., Excavations at Jericho, 1953, In: PEQ 85, 1953, S. 81-96.

Kenyon, K. M. Excavations at Jericho, 1956, In: PEQ 88, 1956, S. 67-82.

Kenyon, K. M., Digging up Jericho, London 1957.

Kenyon K. M., Excavations at Jericho I: The Tombs excavated in 1952 – 4, Jerusalem 1960

Kenyon K. M., Excavations at Jericho II: The Tombs excavated in 1955 – 8, Jerusalem 1965

Kenyon K. M., Observation on the article: "Five Plastered Skulls from Pre-Pottery Neolithic B. Jericho", by Eugen Strouhal in Paléorient, 1/2, 1973, In: Parleorient 2/1 1974, S. 211

Kenyon K. M., Archäologie im heiligen Land, Neukirchen Vluyn 1976

Kenyon K. M., Die Bibel im Licht der Archäologie, Düsseldorf 1980

Kenyon, K. M.; Holland T. A., Excavations at Jericho III, London 1981

Killick R., Roaf M., Excavation in Iraq, 1981 – 82. In: Iraq 45 1983 S. 199-224

Kinet D., "Baal ließ seine heilige Stimme erschallen". In: Welt und Umwelt der Bibel 1/2002, S. 43-48

Kindel C., Mord am Neckar. In: Geo Epoche 96/2019 S. 96-105

Kirkbride, D., Five seasons at the pre-pottery neolithic village of Beidha in Jordan. A summary, In: PEQ 98, 1966, S. 8-72.

Knipper C., Die Strontiumisotopenanalyse. Eine naturwissenschaftliche Methode zur Erfassung von Mobilität in der Ur- und Frühgeschichte. In: Jahrbuch des Römisch-Germanischen Zentralmuseums Mainz, Bonn 51.2004, S. 589–685

Kobusiewicz M., Der Übergang vom Spätpaläolithikum zum Neolithikum in Nordostafrika, In: Beiträge zur allgemeinen und vergleichenden Archäologie 2 1980, S. 337-350

Korn W., Megalithkulturen – Rätselhafte Monumente der Steinzeit, Stuttgart 2005

Kozłowski, S. K., Nemrik 9, A PPN Neolithic Site in northern Iraq. In: Parléorient 15/1 1989, S. 25-31

Kozłowski, S. K., Nemrik 9. In: Polish Archaeology in the Mediterranean 2 1990, S. 102–111

Kuckenberg M., Kultstätten und Opferplätze in Deutschland – Von der Steinzeit bis zum Mittelalter, Stuttgart 2007

Kurth, G.; Röhrer-Ertl, O., Beiträge zur Anthropologie und Populationsbiologie des Nahen Osten aus der Zeit vom Mesolithikum bis zum Chalkolithikum, In: Bonner Hefte zur Vorgeschichte 21, 1980, S. 31-203

Kurth, G.; Röhrer-Ertl, O., On the anthropolohy of the mesolithic to chalkolithic human remains from the Tell es-Sultan in Jericho, Jordan, In: Kenyon 1981 S. 407-499

Lange D., Origin of the Yoruba and "The Lost Tribes of Israel". In: Anthropos: International Review of Anthropology and Linguistics 106(2), S. 579-595

Lászlo, Révész, Mit Ránkhagytak a Századok, Miskolc 1994

Lechevallier, M.; Arensburg, B.; Smith, P.; Yakar, R.; Balfet, H.; Davis, S. ; Ducos, P.; Farrand, W. R.; Ferembach, D.; Hesse, A.; Le Brun, A.; Mienis, H. K.; Perlman, i.; Yellin, J.; Soliveres, O., Abou Gosh et Beisamoun. Deux Gisements du VIIe Millenaire avant l'Ere Chretienne en Israel, Paris 1978.

Leicht B., Frag die Tiere, sie lehren dich. In: Welt und Umwelt der Bibel 3/2017, S. 8-14

Lloyd S. , Safar F., Braidwood R. J., Tell Hassuna Excavations by the Iraq Government Directorate General of Antiquities in 1943 and 1944. In: Journal of Near Eastern Studies 4/4 1945, S. 255-289

Loy, T. H.; Wood, A. R., Blood residue analysis at Çayönü Tepesi, Turkey, In: JFA 16, 1989, S. 451-469

Lichter C. (HRSG.), Vor 12.000 Jahren in Anatolien – Die ältesten Monumente der Menschheit, Stuttgart 2007

Macqueen J. G., Secondary burial at Catal Höyük, In: Numen International Review for the History of Religions 25/3 1978, S. 226-239

Maguire P., Skara Brae – Northern Europe best preserved Village, Edinburgh 2007

Mahlstedt I, Die religiöse Welt der Jungsteinzeit, Stuttgart 2004

Mahlstedt I., Rätselhafte Religionen der Vorzeit, Stuttgart 2010

Maier B., Stonehenge – Archäologie, Geschichte, Mythos, München 2005

Maringer J., Vorgschichtliche Religion – Religionen im steinzeitlichen Europa, Köln 1956

Mashkour M., Sadeq Malek Shahmirzadi. 1999. Prehistoric Iran. Iran from the Earliest Times to the Dawn of Urbanism, In: Parleorient 27/2 2001, S. 150-151

Maxwell-Stuart P., Magic in the ancient World. In: Davis O., The Oxford illustrated History of Witchcraft an Magic, Oxford 2017, S. 1-29

Meier-Arendt W. (Hrsg.), Alltag und Religion – Jungsteinzeit in Ost-Ungarn, Frankfurt am Main 1990

Meiklejohn C. et al., Artificial cranial deformation in the Proto-neolithic and Neolithic Near East and its possible origin : Evidence from four sites, In: Parleorient 18/2 1992, S. 83-97

Mellaart J., Excavations at Catal Höyük, 1963, Third preliminary Report, In: Anatolien Studies XIV 1964, S. 39-120

Mellaart J., Excavations at Catal Höyük, 1965, Fourth preliminary Report, In: Anatolien Studies XVI 1966, S. 165-192

Mellaart J., Catal Hüyük, Stadt aus der Steinzeit, Bergisch Gladbach 1967

Mellaart J., Excavations at Hacilar, Edingburgh 1970

Mellaart J., The Neolithic of the Near East, London 1975

Meller H., Vom Jäger zum Bauern. Der Sieg des Neolithikums. In: Otten T., Trier M., Rind M., Kunow J. (Hrsg.), Revolution Jungsteinzeit, Darmstadt 2016, S. 20-28

Meller, H. (Hrsg.), Der geschmiedete Himmel – Die weite Welt im Herzen Europas vor 3600 Jahren, Stuttgart 2004

Merpert N. I., Munchaev R. M., Earliest Agricultural Settlements of Northern Mesopotamia, Moskau 1981

Meskell L., Nakamura C., Çatalhöyük Figurines In: Archiv Report 2005, S. 161-188

Meskell L., Refiguring the corpus at Çatalhöyük, Stanford Figurines Project, 2021

Meyer C., Heun M., Brandt G., Knipper C., Alt K. W., Zur Bioarchäologie des Neolithikums. In: Otten T., Trier M., Rind M., Kunow J. (Hrsg.), Revolution Jungsteinzeit, Darmstadt 2016, S. 93-101

Molleson T., Campbell S. , Deformed Skulls at Tell Arpachiyah: The Social Context. In: Green A., The Archaeology of Death in the Ancient Near East: Proceedings of the Manchester Conference, 16th-20th December 1992. Oxbow Monographs in Archaeology 51, Manchester 1995

Morenz L. D., Medienevolution und die Gewinnung neuer Denkräume. Das frühneolithische Zeichensystem (10./9. Jt. VOR Christus) und seine Folgen. Studia Euphratica 1 / 2014

Moroni C. & Lippert H., Die biblische Plagen – Zorn Gottes oder Rache der Natur, München 2009

Moses S. , Socialpolitical Implications of Neolithic foundation deposits and the possibility of child sacrifice: A Case Study at Catahöyük, Turkey. In Sacred Killing. The Archaeology of Sacrifce in the ancient Near East, Wionna Lake 2012, S. 57-78

Madea B., Preuss J. & Musshoff F., vom blühenden Leben zu Staub – der natürliche Kreislauf von Werden und Vergehen, In: Wiecorek 2007 S. 5-22

Müller J., Großsteingräber, Grabenwerke, Langhügel – Frühe Monumentalbauten Mitteleuropas, Stuttgart 2017

Müller-Karpe H., Religionsarchäologie. Archäologische Beiträge zur Religionsgeschichte, Frankfurt am Main 2009

Neubert S., Die Tempel von Malta, Bergisch Gladbach 1988

Neurath-Sippel U. (Hrsg.), Totenhochzeit – Hochzeit mir Kranz und Krone. Zur Symbolik im Brauchtum des Ledigenbegräbnisses, Kassel 2008

Newitz A., Catal Höyük – Leben über den Toten. In: Spektrum Geschichte 06/2022 S. 12-23

Nissen H. J. et al., Report on the excavations at Basta 1988, In: ADAJ XXXV 1991, S. 13-40

Nunn A., Unter dem Schutz des Löwen. In: Welt und Umwelt der Bibel 3/2017, S. 26-32

Ohler A., DTV Atlas Bibel, München 2004

Orschiedt J., Schädelkult, Artikel in: RGA, hg. von Beck H., Steuer H. & Timpe D., Berlin, 1998, S. 577-582

Orschiedt J., Ergebnisse einer neuen Untersuchung der spätmesolithischen Kopfbestattungen aus Süddeutschland. In: Nicholas J. Conard, Claus-Joachim Kind (Hrsg.): Aktuelle Forschungen zum Mesolithikum 1998, S. 147-160

Orschiedt J., Die Kopfbestattungen der Ofnet-Höhle: Ein Beleg für kriegerische Auseinandersetzungen im Mesolithikum, In: Archäologische Informationen 24/2 2001, S. 199-207

Orschiedt J.,Die Große Ofnet-Hohle: Ein steinzeitliches Massaker?. In: Krieg – eine archäologische Spurensuche, Stuttgart 2015, S. 99 -102

Otten T., Trier M., Rind M., Kunow J. (Hrsg.), Revolution Jungsteinzeit, Darmstadt 2016

Özbek M., Çayönü Yerlesmesindeki Kesik Insan Baslari, In: Arkeometri Sonuclari Toplantisi 2, 1986, S. 19-39

Özbek M. Culte des cranes humains a Cayönü, In: Anatolica XV 1988, S. 127-137

Özbek M., Yilman Y., Erim-Özdogan A. & Le Mort F. Feu et archéo-anthropologie au Proche-Orient (épipaléolithique et néolithique). Le lien avec les pratiques funéraires Données nouvelles de Çayönü (Turquie), In: Parléorient 26/2 2000, S. 37-50

Özbek M., Köşk Höyük (Niğde) Neolitik Köyünde Kil Sıvalı İnsan Başları, In: Journal of Faculty of Letters 1 2009, S. 145-162

Özdogan M., Özdogan A., Cayönü – A conspectus of rescent Work. In: Parléorient 15/1 1989, S. 65-74

Öztan A., Kösk Höyük, in: Lichter 2007 S. 129

Palmisano A., Ahnenverehrung, Artikel in: Handbuch religionswissenschaftlicher Grundbegriffe, hg. Von Cancik H., Stuttgart, Berlin, Köln 1988, S. 419-421

Pardee D., Kulte, Orakel und Opferungen. In: Welt und Umwelt der Bibel 1/2002, S. 54-57

Patel S. S. , World roundup, In: Archaeology 1 2010, S. 10-11

Perschke R., Kopf und Körper – Der „Schädelkult" im vorderasiatischen Neolithikum. In: Nils Müller-Scheeßel (Hrsg.): „Irreguläre" Bestattungen in der Urgeschichte: Norm, Ritual, Strafe...? Akten der Internationalen Tagung in Frankfurt a. M. vom 3. bis 5. Februar 2012, Bonn 2013, S. 95-110

Pilloud, M., Larsen C., "Official" and "practical" kin: Inferring social and community structure from dental phenotype at Neolithic Çatalhöyük, Turkey. In: American journal of physical anthropology 145 2011, S.519-30

Porter A., Schwartz G. M. (Hrsg.), Sacred Killing. The Archaeology of Sacrifce in the ancient Near East, Wionna Lake 2012

Price N., The Viking Way – Magic an Mind in Late Iron Age Scandinavia, Havertown 2019

Rademacher C., Die Kathedrale der Kunst. In: Geo Epoche 96/2019 S. 48-61

Ranke K., Ahnenglaube und Ahnenkult, Artikel in: RGA, hg. Von Beck H., Steuer H. & Timpe D., Berlin, 1998, S. 112-114

Reichholf J. H., Warum die Menschen sesshaft wurden – Das größte Rätsel unserer Geschichte, Frankfurt am Main 2008

Reuter E., Gott hat (k)eine tierische S. . In: Welt und Umwelt der Bibel 3/2017, S. 14-18

Röcher H.-P., Krieg und Gewalt: Zu den Kopfdepositionen in der Großen Ofnet und der Diskussion um kriegerische Konflikte in prähistorischer Zeit, In: Praehistorische Zeitschrift 77/1, S. 1-28

Röder B., Hummel J., Kunz B., Göttinnendämmerung – Das Matriarchat aus archäologischer Sicht, Königsförde 2001

Röhrer-Ertl, O., Die neolithische Revolution im Vorderen Orient. Ein Beitrag zu Fragen der Bevölkerungsbiologie und Bevölkerungsgeschichte, München & Wien 1978

Röhrer-Ertl, O.; Frey, K.-W., Zwei Fälle von Homicid aus dem präkeramischen Neolithicum der Arabia Petraea, In: GMJ 133, 1987, S. 507-537

Rollefson G. O., Ain Ghazal (Jordan): ritual and ceremony, In: Parleorient 9/2 1983, S. 29-38

Rollefson G. O., Ain Ghazal (Jordan): ritual and ceremony II, In: Parleorient 12/1 1986, S. 45-52

Rollefson G. O., The Aceramic Neolithic of the Southern Levant: The View from 'Ain Ghazal, In: Parleorient 15/1 1989, S. 135-140

Rollefson G. O., Ain Ghazal (Jordan): ritual and ceremony III, In: Parleorient 24/1 1998, S. 43-58

Rollefson G. O., Expanded Radiocarbon Chronology from ´Ain Ghazal.In: Neo-Lithics 2 1998, S. 8-10

Rollefson G. O., Schmandt-Besserat D. & Rose J. C., A Decorated Skull from MPPNB Ain Ghazal, In: Parleorient 24/2 1998, S. 99-104

Rollefson G. O. & Simmons A. H., The Early Neolithic Village of 'Ain Ghazal, Jordan: Preliminary Report on the 1983 Season, In: BASOR Supplement 23, S. 35-52.

Rollefson G. O. & Simmons A. H., The 1983 season at 'Ain Ghazal: preliminary report, In: ADAJ 28 1984, S. 13-30.

Rollefson G. O. & Simmons A. H., The Neolithic Village of 'Ain Ghazal, Jordan: Preliminary Report on the 1984 Season, In: BASOR Supplement 24, S. 145-164.

Rollefson, G. O., Simmons, A. H., The neolithic settlement at 'Ain Ghazal. – In: Garrard 1986 S. 393-421.

Rüdiger Mai, Klaus, Die Bronzehändler – Eine verborgene Hochkultur im Herzen Europas, Frankfurt/Main 2006

Russel N. & Mcgowan K. J., Dance of the cranes: Crane symbolism at Çatalhöyük and beyond, In: Antiquity 77, 2003, S. 445-455

Russel N., Hunting Sacrifice in Catal Höyük. In: Porter A., Schwartz G. M. (Hrsg.), Sacred Killing. The Archaeology of Sacrifce in the ancient Near East, Wionna Lake 2012, S. 79-96

Salje B., Riedl N. & Schauerte G., Gesichter des Orients. 10.000 Jahre Kunst und Kultur in Jordanien, Mainz 2004

Saul F. P., Saul J. M., Trepanation: Old World and New World. In: Greenblatt S. H., Dagi T. F., Epstein M. H. (Hrsg.): A History of Neurosurgery. In Its Scientific and Professional Contexts. Park Ridge 1997, S. 29–36

Scham S. The World's first Temple, In: Archaeology 6 2008, S. 22-27

Scharl S. , Neolithische Revolution – Was ist das?. In: Otten T., Trier M., Rind M., Kunow J. (Hrsg.), Revolution Jungsteinzeit, Darmstadt 2016, S. 41-45

Schediwy D., Vater, Mutter, fremdes Kind. In: Spektrum Geschichte 06/2022 S. 24-33

Scheidt J. Das Beinhaus von Oppenheim. In: Oppenheimer Hefte. 40, Oppenheim 2011, S. 17-41

Scheidt J., Hellstern M., Ein übermodellierter Schädel der Dayak. In: Grundmann K. , Aumüller G. (Hrsg.): Das Marburger Medizinhistorische Museum – Museum Anatomicum. (= Marburger Stadtschriften zur Geschichte und Kultur, Band 98). Marburg 2012, S. 84–86

Schenk A., Gesang des Himmels: Galbe – Schamanin des Altai, Frankfurt am Main 2006

Simek R., Monster im Mittelalter – Die phantastische Welt der Wundervölker und Fabelwesen, Köln 2015

Schirmer, W., Drei Bauten des Cayönü Tepesi, In: RM Boehmer & H. Hauptmann (Hrsg.) Beiträge zur Altertumskunde Kleinasiens. Festschrift für Kurt Bittel, Mainz 1983, S. 463-476

Schirmer W., Zu den Bauten des Cayönü Tepesi, In: Anatolica XV 1988, S. 139-159

Schlott K., Rätselhafte Rechtecke dienten uralten Ritualen. In: Spektrum der Wissenschaft Kompakt 03/2022, S. 16-17

Schmidt B., Der unheimliche Tod. In: Welt und Umwelt der Bibel 1/2002, S. 58-60

Schmidt K., Göbekli Tepe, Southeastern Turkey. A Preliminary Report on the 1995-1999 Excavations, In: Parleorient 26/1 2000, S. 45-54

Schmidt K., Sie bauten die ersten Tempel, München 2006

Schmidt K., Die Steinkreise und die Reliefs des Göbekli Tepe, in: Lichter 2007 S. 83-96

Schmidt K., Göbekli Tepe – Enclosure C. In: Neo-Lithics 2/2008, S. 27-32

Schmitt R. Magie im Alten Testament. Alter Orient und Altes Testament. Veröffentlichungen zur Kultur und Geschichte des Alten Testaments Bd. 313 / 2004

Schultz M., Schmidt-Schultz T.H., Gresky J., Kreuz K., Berner M., Die Menschen von Basta und Ba'ja im akeramischen Neolithikum, In: Salje 2004, S. 57-60

Schultz M., Der Neandertaler aus der kleinen Feldhofer Grotte – Versuch einer Rekonstruktion seines Gesundheitsstatus, In: Uelsberg 2006 S. 123-132

Schwertheim E. & Winter E. (Hrsg.), Religion und Region. Götter und Kulte aus dem östlichen Mittelmeerraum, In: Asia Minor Studien 45, Bonn 2003

Schyle D., Die Entstehung des Neolithikums im Vorderen Orient. In: Otten T., Trier M., Rind M., Kunow J. (Hrsg.), Revolution Jungsteinzeit, Darmstadt 2016, S. 47-57

Senyürek M., Tunaken S. , The Skeletons from Seyh Höyük. Belleten 60, S. 439-453

Shea N., Rituale und Rache, In: National Geographic Deutschland 4/2010, S. 82-107

Shishlina N. I., Decoration of Skulls: Funerary Rituals of the Yamnaya and Catacomb Cultures in the Eurasian Bronze Age, In: Bonogofsky 2006 S. 59-66

Silistreli, U., 1985 Köşk Höyüğü, In: VIII. Kazı Sonuçları Toplantısı. I, Ankara 1986, S. 173-179.

Simmons A. H., A Plastered Human Skull from Neolithic Ain Ghazal, Jordan. In: Journal of Field Archaeology 17 1990, S. 107-110

Simmons A. H., Boulton A., Butler, C., Kafafi, Z.; Rollofson G. O., A plastered human skull from neolithic 'Ain Ghazal, Jordan., In: JFA 17 1990, S. 107-110.

Simmons A. H., Köhler-Rollefson I., Rollefson G. O., Mandel R., Kafafi Z., 'Ain Ghazal: A Major Neolithic Settlement in Central Jordan. In: Science 240 1988, S. 35-39

Skourtanioti E., et al, Genomic history of Neolithic to Bronze Age Anatolia, Northern Levant and South Caucasus. In: Cell 181 2020, S. 1158-1175

Slon VOR, Sarig R., Hershkoviz I., Hamoudi K., Ianir M., The plastered Skulls from the Pre-Pottery Neolithic B Site of Yiftahel (Israel) – A computed Tomography-Based Analysis. PLoS ONE 9(2): e89242, 2014

Smith P., Family Burials at Hayonim. In: Paléorient 1973 1/1, S. 69-71

Sołtysiak A., Wiercińska A., Kozłowski K., Human remains from Nemrik, Iraq. An insight into living conditions and burial customs in a Pre-Pottery Neolithic village. In: Paléorient 41.2 2015, S. 101-114

Sperlich W., Zypern – die Toteninsel der Steinzeit, In: Bild der Wissenschaft 2/2007, S. 70-76

Sinney L., Wie die Bauern Europa eroberten. In: Spektrum Geschichte 1/21, S. 12-37

Springer, Tobias, Der Goldkegel von Ezelsdorf – Buch – Ein Meisterwerk bronzezeitlicher Goldschmiedekunst, Bonn 1999

Srejovic D., Lepenski Vir: Eine vorgeschichtliche Geburtsstätte europäischer Kultur, Bergisch Gladbach 1973

Srejovic D., Lepenski Vir: Eine vorgeschichtliche Geburtsstätte europäischer Kultur, Mainz 1981

Stodder A. L.-W., The Taphonomy of Cranial Modification in Papua New Guinea: Implications for the Archaeology of Mortuary Ritual, In: Bonogofsky 2006 S. 77-90

Stordeur D., Des crânes surmodelés à Tell Asawad de Damascéne (PPNB – Syrie), In : Parleorient 29/2 2003, S. 106-119

Strouhal E., Five Plastered Skulls from Pre-Pottery Neolithic B Jericho: Anthropological Study, In: Parleorient 1/2 1973, S. 231-247

Szostek K., Glab H.,Kaczanowski K., An analysis of the content of macro- and microelements in the teeth of an Early Neolithic population from Nemrik (Iraq), In: Studies in Historical Anthropology, vol. 3:2003[2006], S. 19-29

Toth N., White, T., Assessing the ritual cannibalism hypothesis at Grotta Guattari. In: Bietti A., G. Manzi (Hrsg.), Quaternaria Nova, Vol. I, 1990-1991, Proccedings of the International Symposium « The fossil man of Monte Circeo : fifty years of studies on the neandertals in Latium » 1992, S. 213-222

Tsuneki A., Tell el-Kerkh as a Neolithic Mega Site. In: Orient 48 2012, S. 29-65

Ucko P. J., Ethnography and archaeological interpretation of funerary remains, In : World Archaeology 1/1 1969, S. 263-280

Uelsberg G. (Hrsg.), Roots : Wurzeln der Menschheit, Mainz 2006

Vadetskaia E. B., The Yenisei Mummies with Modeled Skulls and Masks from Siberia, In : Bonogofsky 2006 S. 67-76

Veit U., Studien zum Problem der Siedlungsbestattungen im europäischen Neolithikum, In : Tübinger Schriften zur Ur- und frühgeschichtlichen Archäologie 1, Münster / New York 1996

Verhoeven M., Transformations of society : the changing role of ritual and symbolism in the PPNB and the PN in the Levant, Syria and south-east Anatolia, In: Parleorient 28/1 2002, S. 5-13

Verhoff M. A., Forensische Osteologie : Problematische Fragestellungen, Berlin 2008

Vieweger D., Archäologie in der biblischen Welt, Göttingen 2003

Villa P., et. al., Cannibalism in the Neolithics. In : Science 233 1986, S. 431-437

Wahl J., « …um Kopf und Kragen » Schädelkult, Kannibalismus und Totenbehandlung in der Alt- und Mittelsteinzeit. In : Wieczorek A., Rosendahl W. (Hrsg.), Schädelkult – Kopf und Schädel in der Kulturgeschichte des Menschen, Regensburg 2011, S. 45-52

Watkins, T., The beginning of the neolithic: Searching for meaning in material culture change, In: Paleorient 18 1992, S. 63-75.

Weeks L., Alizadeh K., Niakan L., Alamdari K., Zeidi M., Khosrowzadeh A., McCal B., The Neolithic Settlement of Highland SW Iran: New Evidence from the Mamasani District. In: Iran 44, S. 1-31

White T. D. & Folkens P. A., The Human Bone Manual, San Diego 2005

Wieczorek A., Tellenbach M. & Rosendahl W. (HRSG.), Mumien – Der Traum vom ewigen Leben, Mainz 2007

Wieczorek A., Rosendahl W. (Hrsg.), Schädelkult – Kopf und Schädel in der Kulturgeschichte des Menschen, Regensburg 2011

Wieczorek A., Rosendahl W., Schlothauer A. (Hrsg.), Der Kult um Kopf und Schädel, Neustadt a. d. Weinstraße 2011

Wunn I., Wohin die Toten gehen. Kult und Religion in der Steinzeit, Oldenburg 2000

Wunn I., Götter, Mütter, Ahnenkult. Religionsentwicklung in der Jungsteinzeit, In: Beiheft der Archäologischen Mitteilungen aus Nordwestdeutschland Nr. 36, Leidorf 2001

Wunn I., Die Religionen in vorgeschichtlicher Zeit, In: Religionen der Menschheit 2, Stuttgart 2005

Wunn I., Götter, Gene, Genesis. Die Biologie der Religionsentwicklung, Heidelberg 2015

Yarrow H. C., Indianische Totenriten, Uhlstädt-Kirchhasel 2010

Zeeb-Lanz A., Haack F., Zerhackt und begraben: Herxheims rätselhafte Tote. In: Archäologie in Deutschland 5/2006, S. 8-13

Zeeb-Lanz A., Kannibalismus in Herxheim. In: Biologie in unserer Zeit 44/3 2014, S. 172-180

Zeeb-Lanz A., Arbogast R.-M., Bauer S. , Boulestin B., Coupey A.-S. , Denaire A., Haack F., Jeunesse C., Schimmelpfennig D., Turck R., Human Sacrifices as "Crisis Management"? The Case of the Early Neolithic Site of Herxheim, Palatinate, Germany. In Murray C. A. (ed.), Diversity of Sacrifice. Form and Function of Sacrificial Practices in the Ancient World and Beyond. Albany: State University of New York Press (IEMA Proceedings, vol. 5) 2016, S. 171-189

Zeeb-Lanz A.(Hrsg.), Ritualised Destruction in the early neolithic site of Herxheim (Palantine, Germany). In: Forschungen zur pfälzischen Archäologie 8.1, Speyer 2016

Zeeb-Lanz A., Herxheim – Rätselhafte Rituale am Ende der Bandkeramik. In: Archäologie in Deutschland 2/2017, S. 8-13

Zink M., Der Geier ist der Boss, In: Bild der Wissenschaft 2/2007, S. 60-61

Zink M., Türkei – Wiege der Zivilisation, Stuttgart 2008

Internetquellen

http://www.archaeology.org/online/news/glue.html

http://www.english.imjnet.org.il

http://faculty.smu.edu/jowillia/kfar_hahoresh/kfar_hahoresh.htm

http://cs.astronomy.com/asycs/blogs/astronomy/2009/01/22/early-human-settlements-and-the-stars.aspx

http://www.catalhoyuk.com/

http://menic.utexas.edu/ghazal/

http://www.asia.si.edu/jordan/html/jor_mm.htm

http://ancientneareast.tripod.com/Jericho_Tell_Sultan.html

http://www.geo.de/GEO/kultur/geschichte/55864.html?t=img&p=3

http://www.spiegel.de/wissenschaft/mensch/0,1518,568559,00.html

http://www.outoftime.de/tod-imkulturvergleich /indones/ batak.html

http://antiquity.ac.uk/projgall/goringmorris/index.html

http://www.hadashotesi.org.il/report_detail_eng.asp?search=&id=1102&mag_id=115

http://www.arthistory.upenn.edu/smr04/101910/Slide20.jpg

https://www.iranicaonline.org/articles/prehistory-of-iran-artificial-cranial-modifications

http.//www.exoriente.org/

www.bibelwissenschaft.de

https://www.astronomie.de/astronomische-fachgebiete/archaeoastronomie/himmelsscheibe-von-nebra/neues-von-der-nebra-scheibe/

https://www.thenationalnews.com/mena/2022/02/23/jordanian-archaeologists-find-art-and-childrens-toys-made-by-stone-age-hunters/

https://archaeologik.blogspot.com/2021/12/sammeln-verboten-wegen-antikenhehlerei.html?m=1

https://www.archaeologie-online.de/nachrichten/rekonstruktion-einer-jungsteinzeitlichen-maske-aus-bad-schussenried-3045/
https://www.erlebnisreisentibet.com/bestattungsgewohnheiten
https://www.dainst.blog/the-tepe-telegrams/2018/07/18/looking-beneath-the-surface-geophysical-surveys-at-gobekli-tepe/
https://www.nationalgeographic.de/geschichte-und-kultur/die-geburt-der-zivilisation

Jörg Scheidt

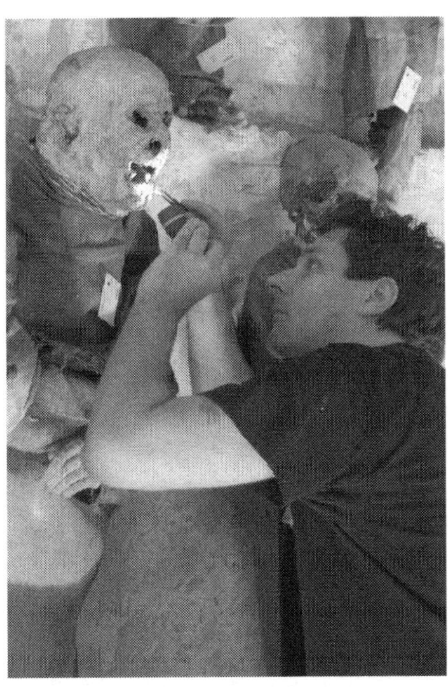

studierte Vor- und Frühgeschichtliche Archäologie, Christliche Archäologie und Geschichte an der Rheinischen Friedrich-Wilhelms-Universität in Bonn. Seine Schwerpunkte waren Bestattungssitten und religionsgeschichtliche Entwicklungen. Während seiner Tätigkeit als Archäologe arbeitete er u. a. in Rom, Palermo, Stockholm und Kutna Hora und verfasste mehrere Artikel für einschlägige Zeitschriften wie z. B. ***Archäologie in Deutschland***. Darüber hinaus schrieb Artikel für Filmmagazine und andere Zeitschriften. Der Autor lebt derzeit zusammen mit seinen vier Katzen in Wuppertal wo er Vorträge hält und manchmal archäologische Beiträge für Fernsehen und Radio verfasst.

Olaf M. Ismantorp

Die Motivik des abgeschlagenen Kopfes in der nordgermanischen Textüberlieferung

Kontexte und Interpretationen

192 Seiten, 8 farbige Abb.,
14,8 x 21 cm, Hardcover
ISBN 978-3-939459-82-8
18,00 €

Das Abschlagen von Köpfen zählt naturgemäß zu den häufigsten Ursachen des gewaltsamen Todes in den eisenzeitlichen Kulturen Europas. Allgegenwärtig sind in der altisländischen Sagaliteratur Formuliereungen wie „Hann hjó af honum hǫfuðit" („Er schlug ihm den Kopf ab"), die dieses Verfahren der Tötung überliefern. Zu den literarischen Schilderungen vom Abschlagen des Kopfes lassen sich zahlreiche archäologische Funde stellen, in denen kopflose Menschen gefunden wurden. Schließlich zählen zwei zentrale Figuren der nordischen Mythologie, der „Urriese" Ymir und Mímir, der Berater des Gottes Óðinn, zum literarischen Inventar derer, die enthauptet wurden und deren Köpfe zu postmortalen Bedeutung gelangten. Die vorliegende Studie unternimmt den Versuch, den verschiedenen Varianten des Motivs vom abgeschlagenen Kopf in der Saga- und Eddaliteratur sowie einzelnen Skaldenstrophen nachzuspüren, diese zu systematisieren und zu interpretieren. Dabei wird immer wieder der Blick auf archäologische Funde gerichtet, um die Distanz zwischen Text- und Sachquellen, zumindest ansatzweise, zu überbrücken.